遇见铁路 问道设计

王利锋 杜学清 门勇 曹从庆 张鲲 著

西南交通大学出版社
·成都·

图书在版编目（CIP）数据

遇见铁路：问道设计 / 王利锋等著. —成都：西南交通大学出版社，2023.7
ISBN 978-7-5643-9405-9

Ⅰ. ①遇⋯ Ⅱ. ①王⋯ Ⅲ. ①铁路工程 – 工程设计 Ⅳ. ①U2

中国国家版本馆 CIP 数据核字（2023）第 140427 号

Yujian Tielu · Wendao Sheji

遇见铁路·问道设计

王利锋　杜学清　门勇　曹从庆　张鲲　著

责任编辑	姜锡伟
助理编辑	赵思琪
封面设计	GT 工作室

出版发行	西南交通大学出版社 （四川省成都市金牛区二环路北一段 111 号 西南交通大学创新大厦 21 楼）
邮政编码	610031
发行部电话	028-87600564　028-87600533
网址	http://www.xnjdcbs.com
印刷	成都蜀通印务有限责任公司

成品尺寸	170 mm × 230 mm
印张	17.5
字数	259 千
版次	2023 年 7 月第 1 版
印次	2023 年 7 月第 1 次
书号	ISBN 978-7-5643-9405-9
定价	68.00 元

图书如有印装质量问题　本社负责退换
版权所有　盗版必究　举报电话：028-87600562

前言
PREFACE

生命是一场旅行，当我们仰望巍巍高山，俯察浩瀚江海，涉足苍茫尘世，凝眸人生波涛时，不由赞叹世界之博大，人类之微渺，极目而望未能即，举足远涉不可至。在孤寂中前行，探索辽远世界，叩问内心，不断审视，不断充实，让生命隽永深沉。

遇见铁路，逢山开路，遇水搭桥，穿越山岭，跨越江海。深感其系统之庞大、结构之复杂，关乎国家命脉、深涉百姓福祉，有缘遇见，邂逅一段波澜壮阔、沁人心扉的旅程。

问道设计，踏勘山川，研究机理，集成系统，构建工程，绘制精彩人生。精雕细琢，认真负责，无愧于心，不止于行。在设计中追求卓越，在创新中实现跨越。

感恩成长在这个伟大的时代，一切都是最好的安排，在最美的年华设计铁路，在这里倾注了心血，挥洒了青春，放飞了梦想，成就了自我；曾经山重水复、举步维艰，曾经峰回路转、柳暗花明；有过激越、昂扬，也曾失落、低沉；经过彻夜的思索，激烈的争执，反复的修改，在自我和他人的世界中穿梭，在自然与社会的约束中选择，在成功中砥砺奋进，在挫折中淡然释怀。这就是我们生活的方式，是我们共同的记忆。

艾青说过："为什么我的眼里常含泪水？因为我对这土地爱得深沉……"生命中有些充实和精彩值得你用一生去奋斗，不论时光流逝、岁月更迭，铁路情怀永远烙在我们心底。

本书由中铁二院工程集团有限责任公司王利锋，中国铁路成都局集团有限公司车辆部杜学清、门勇、曹从庆，中国铁路成都局集团有限公司成都动车段张鲲联合著成，感谢团队的合作。

感谢中铁二院工程集团有限责任公司正高级工程师王利军、艾宗良、刘金松对书稿提出的审核意见，感谢同事伍泓桦、王栋、李鹏涛提供的素材。

在本书编写过程中，我们查阅了大量的图书、期刊、论文等资料，书中尽量将这些作者录入参考文献，但部分资料未查找到作者，无法署名，在这里深表抱歉，同时感谢这些默默为铁路事业做出贡献的人。

该著作分为两部分：第一部分，遇见铁路，阐述了铁路的基本技术状况，供铁路行业内外人员阅读；第二部分，问道设计，分析了设计理论、方法，主要供铁路行业内人员阅读。

由于时间仓促，书中难免存在不足之处，期望各位读者给予批评指正。

王利锋

2023 年 6 月

目录 CONTENTS

1 遇见铁路

1.1 铁路发展史……………………………………………………002
  1.1.1 蒸汽机车时期………………………………………………002
  1.1.2 内燃机车时期………………………………………………003
  1.1.3 电力机车时期………………………………………………004
  1.1.4 高速列车……………………………………………………005
  1.1.5 磁浮列车……………………………………………………007
  1.1.6 重载列车……………………………………………………007

1.2 铁路主要运输技术……………………………………………008
  1.2.1 国　　铁……………………………………………………009
  1.2.2 城市轨道交通………………………………………………020
  1.2.3 磁　　浮……………………………………………………036
  1.2.4 车同轨………………………………………………………047
  1.2.5 展望铁路……………………………………………………049

1.3 我国铁路概况…………………………………………………054
  1.3.1 路网规划……………………………………………………054
  1.3.2 发展简史……………………………………………………057
  1.3.3 铁路现状……………………………………………………065

1.4　移动装备 …………………………………………… 072
 1.4.1　机　车 ………………………………………… 072
 1.4.2　车　辆 ………………………………………… 082
 1.4.3　动车组 ………………………………………… 087
 1.4.4　城　轨 ………………………………………… 090

1.5　固定设施 …………………………………………… 092
 1.5.1　桥　梁 ………………………………………… 092
 1.5.2　隧　道 ………………………………………… 108
 1.5.3　路　基 ………………………………………… 114
 1.5.4　轨　道 ………………………………………… 119
 1.5.5　运维设备 ……………………………………… 125
 1.5.6　旅客站房 ……………………………………… 130

1.6　供电、通信、信息、信号系统 …………………… 132
 1.6.1　供电系统 ……………………………………… 132
 1.6.2　通信系统 ……………………………………… 134
 1.6.3　信息系统 ……………………………………… 136
 1.6.4　信号系统 ……………………………………… 137

1.7　施工工法及装备 …………………………………… 140
 1.7.1　桥墩建造 ……………………………………… 140
 1.7.2　桥梁架设 ……………………………………… 143
 1.7.3　隧道开挖 ……………………………………… 150
 1.7.4　轨道铺设 ……………………………………… 158

1.8　铁路建造系统 ……………………………………… 161
 1.8.1　投资单位 ……………………………………… 161

1.8.2 建设单位·················163
1.8.3 设计单位·················163
1.8.4 施工单位·················163
1.8.5 运营单位·················164
1.8.6 装备单位·················166

1.9 铁路效应··················172

2 问道设计

2.1 何为设计··················174
 2.1.1 完备的知识体系·················175
 2.1.2 系统的工程技能·················196

2.2 设计之源··················198
 2.2.1 解读工程·················198
 2.2.2 复杂系统·················201
 2.2.3 知识赋能·················205
 2.2.4 逻辑思维·················210
 2.2.5 理性设计·················213

2.3 设计应走向何方·················217
 2.3.1 构建系统技术·················217
 2.3.2 追踪重大方向·················221
 2.3.3 推进创新引领·················224
 2.3.4 探索技术前沿·················226
 2.3.5 提供优质服务·················230
 2.3.6 开拓工程咨询·················233

2.4 设计积累与价值挖掘 ············ 235
2.4.1 学术论文 ············ 235
2.4.2 申报专利 ············ 241
2.4.3 科学研究 ············ 245
2.4.4 评优评奖 ············ 254

2.5 工程设计成果鉴赏 ············ 254
2.5.1 工程设计理论篇 ············ 254
2.5.2 工程设计方法篇 ············ 256
2.5.3 工程设计系统篇 ············ 258
2.5.4 工程设计辩论篇 ············ 259
2.5.5 铁路专业技术篇 ············ 260

2.6 致敬最美设计师 ············ 263
2.6.1 创造历史 ············ 263
2.6.2 追问设计 ············ 264

参考文献 ············ 265

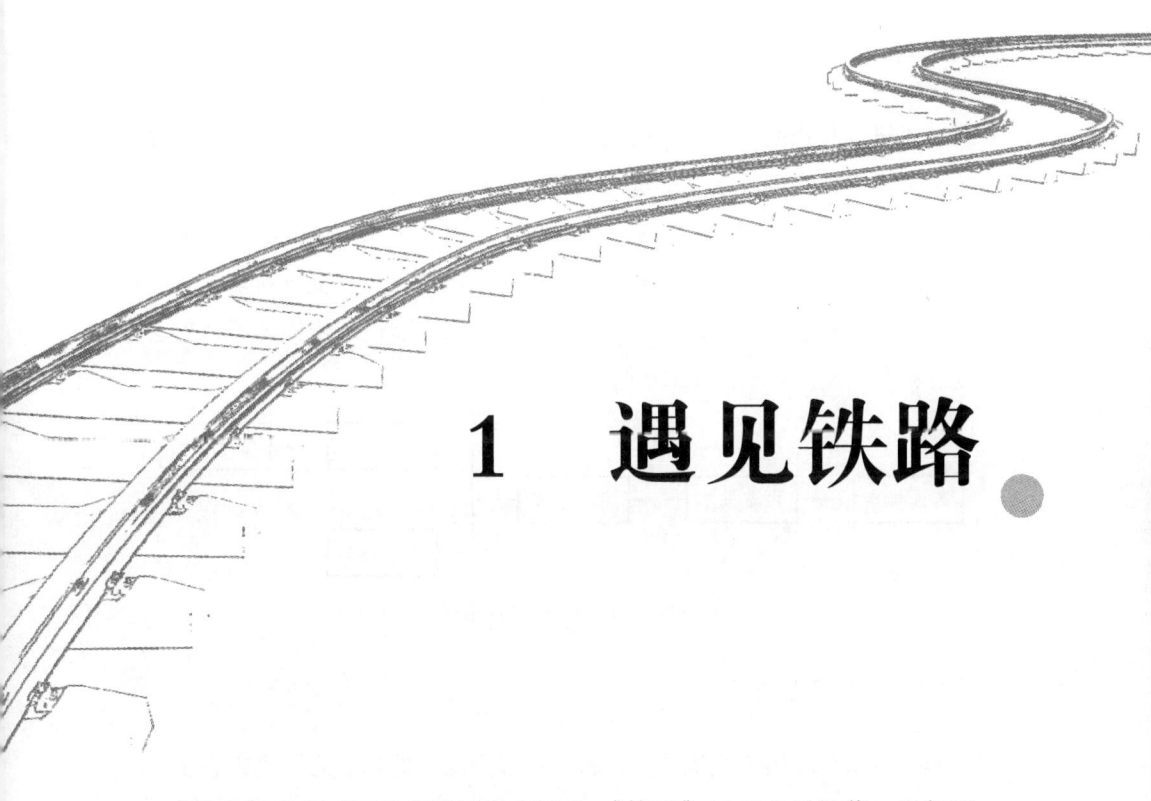

1　遇见铁路

《易经》有言"天地交而万物通也",《管子》曰"山川涸落,天气下,地气上,万物交通",《国富论》:"在一切改良中,以交通运输改良最为有效"。交通是国民经济发展的基础,是联系生产、分配、交换和消费的桥梁和纽带,是国民经济中基础性、先导性、战略性产业,是重要的服务性行业,交通的重要性是不言而喻的。

20世纪初,我国民主革命的伟大先行者孙中山先生在考察世界各国的经济和交通后得出一个结论:"交通为实业之母,铁道又为交通之母"。铁路作为五大交通运输方式(铁路、管道、公路、航空、水路)之一,是国家战略性、先导性、关键性的重大基础设施,是国民经济大动脉,是重大民生工程和综合交通运输体系骨干,在社会生活中发挥着重要的作用。铁路运输具有运量大、运费较低、准点率高、安全性高、能耗小等优点。

1.1 铁路发展史

技术进步是铁路技术发展的强大推力,世界范围的三次技术革命,对铁路技术发展进程产生了重大影响。铁路起源和发展从机车技术发展中可见一斑,铁路机车相继走过蒸汽机车、内燃机车、电力机车阶段。在电力机车阶段,铁路机车技术得到更充分的发展,主要在高速列车、重载列车方向得到长足的发展,磁悬浮(以下简称"磁浮")技术的发展进一步提升了列车运行速度。机车发展路线如图1.1.1所示。

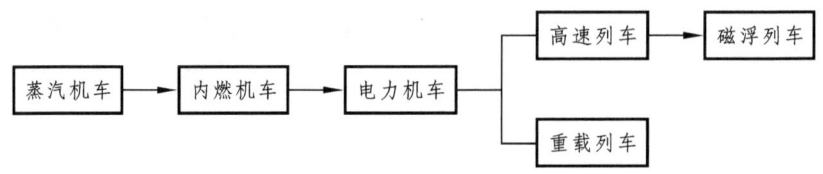

图1.1.1　机车发展路线

1.1.1　蒸汽机车时期

蒸汽机车是利用蒸汽机,把燃料(一般用煤)的化学能转变成热能,再转变成机械能,而使机车运行的一种机车。蒸汽机车的优点是结构简单、成本低;缺点是热效率太低、体型笨重。

1814年,英国人乔治·斯蒂芬森研制了世界上第一台蒸汽机车。

1822年5月23日,在英国斯托克顿,开工修建世界上第一条铁路——斯托克顿—达林顿铁路,线路长度约为32 km,历经3年多时间修建成功。1825年9月27日,斯蒂芬森亲自驾驶他同别人合作设计制造的"旅行者号"蒸汽机车在新铺设的铁路上以速度24 km/h试行,如图1.1.2所示,并获得成功,标志着世界上第一条铁路正式通车运营。斯蒂芬森确定的轨距4 ft 8.5 in(1 ft = 0.304 8 m,1 in = 0.025 4 m,即轨距为1 435 mm)成为世界上大多数铁路轨距的标准尺度。

从此以后,一些比较发达的国家竞相仿效开始修建铁路,法国、美国、德国、比利时、加拿大、俄罗斯、意大利等陆续建成铁路。

图 1.1.2　斯托克顿—达林顿铁路

1881年我国唐胥铁路通车时，唐山开平矿务局工程处的中国工人凭借时任的英国工程师金达的几份设计图纸，利用矿场起重锅炉和竖井架的槽铁等旧材料试制出中国第一辆简易蒸汽机车——中国火箭号（见图1.1.3）。

图 1.1.3　蒸汽机车

1.1.2　内燃机车时期

内燃机车是以内燃机（一般用柴油）作为原动力的机车。相比蒸汽机车，内燃机车的优点是起动迅速、功率大、热效率较高；缺点是构造复杂、制造和维修费用大、环境污染大。

1924年，苏联研制出世界上第一台电力传动内燃机车。

1958年9月9日，中国第一台内燃机车"巨龙"号在北京长辛店机车车辆厂研制成功，质量60 t，牵引功率600 hp（1 hp = 0.735 498 75 kW），最高运行速度85 km/h，机车的3万多个配件全部是中国制造。后期改名为东风（DF）型，从1964年开始批量生产，逐渐研制出 DF_2、DF_3 等多代内燃机车。

DF_{11} 型内燃机车和 DF_{12} 型内燃机车如图1.1.4和图1.1.5所示。

图1.1.4　DF_{11} 型内燃机车

图1.1.5　DF_{12} 型内燃机车

1.1.3　电力机车时期

电力机车是指从接触网或供电轨中获取电能，再通过电动机驱动车辆行驶的机车。

电力机车的优点是热效率比内燃机车高一倍，且具有功率大、牵引力大、速度快、维修量少、运营费用低、便于实现多机牵引、能采用再生制动、节约能量等优点，而且不会造成空气污染，噪声小。

电力机车的运营是从地下铁道开始的，1890年英国伦敦首先用电力机车在5.6 km长的一段地下铁道上牵引车辆，这是世界上第一辆电力机车。

1958年，我国第一台电力机车试制成功，命名为6Y1型，1968年更名为"韶山1型"，1980年基本定型量产。韶山1型电力机车（SS_1）是中国铁路的第一代国产客、货两用干线电力机车，后期逐渐研制出 SS_2、SS_3 等多代机车。其中，SS_3 型电力机车和 SS_9 型电力机车如图1.1.6和图1.1.7所示。

图1.1.6　SS_3型电力机车

图1.1.7　SS_9型电力机车

1.1.4　高速列车

自铁路诞生以来，轮轨列车速度的世界纪录几乎被英、法、德三国包揽。轮轨列车运行速度刷新情况见表1.1.1。

表 1.1.1　轮轨列车运行速度刷新情况（1964 年前）

时间	机型	速度/(km/h)	国家
1904 年 5 月	GWR 3700 Class 3440 型蒸汽机车	164	英国
1938 年 7 月	Mallard 蒸汽机车	202.7	英国
1939 年 6 月	DRG SVT 137 155 型柴油机车	215	德国
1955 年 3 月	Jeumont-Schneider BB 9004 型电力机车	331	法国

由于普速铁路线路标准较低，加上单个机车牵引电机功率有限，后期大多数国家的研究转向在高速铁路中寻求更高速度。

高速铁路起源于日本，1964 年 10 月 1 日，东京奥运会前夕，连接东京与新大阪之间的东海道新干线正式运营，列车最高运行速度 210 km/h，从此开启了高速铁路的时代。

随着高速铁路技术的发展，高速列车技术也在飞速地发展，运行速度不断提升。我国的高速列车经过了第一代 CRH 型、第二代 CRH380 型，目前第三代复兴号 CR 型动车组最高运营速度达到 350 km/h，CR400AF 型动车组和 CR400BF 型动车组如图 1.1.8 和图 1.1.9 所示。

图 1.1.8　CR400AF 型动车组

图 1.1.9　CR400BF 型动车组

目前，高速列车开行速度 250 km/h 及以上的国家有中国、日本、法国、德国、意大利、西班牙、比利时、荷兰、瑞典、英国，正在积极建设或规划建设的还有瑞士、奥地利、丹麦、加拿大、澳大利亚、美国、俄罗斯、韩国、印度等国。高速列车技术可分为轮轨技术和磁浮技术，目前世界上大多数国家的高速列车采用轮轨技术。

1.1.5　磁浮列车

1922 年，德国工程师赫尔曼·肯佩尔（Hermann Kemper）提出了电磁悬浮原理。德国从 1968 年开始研究磁浮列车，专攻常导磁浮技术，目前技术已经成熟。

1.1.6　重载列车

重载铁路是指行驶列车总重大、行驶大轴重货车或行车密度和运量特大的铁路，主要用于运输大宗原材料货物。

世界重载运输是从 20 世纪 50 年代开始出现并发展起来的，第二次世界大战后各国经济复苏及工业化进程的加快，对原材料和矿产资源等大宗商品的需求量增加，导致这些货物的运输量增加。铁路部门从扩大运能、提高运输效率和降低运输成本出发的同时也希望提高列车的重量，于是出现了重载铁路。美国、加拿大、澳大利亚、南非、巴西等国通过发展重载运输，劳动生产率显著提高，取得了良好的经济和社会效益。截至2021年年底，美国建造了重载Ⅰ级铁路20.4万千米，稳居世界第一。

我国自20世纪80年代开始重载运输技术研究和工程建设，经过40多年的技术积累，我国重载铁路技术已经走在了世界的前列。1992年我国第一条双线电气化重载运煤专线——大秦线全线通车（见图1.1.10），最大牵引质量2万吨；2014年大秦线运用5 000辆轴重27 t即270 kN、载重80 t的C_{80E}通用敞车，成功进行了3万吨重载列车运营试验。

图 1.1.10　大秦铁路

1.2　铁路主要运输技术

传统的轨道交通按照服务对象、速度标准、管理主体等，可分为国家铁路（以下简称"国铁"）、城际铁路、市域（郊）铁路、城市轨道交通4类。为简化研究，也有学者把铁路分为两类：国铁（含城际铁路）、城市轨道交通

1 遇见铁路

[含市域（郊）铁路］。国铁主要承担路网通道功能，服务于跨区域和城市之间的运输需求，城市轨道交通顾名思义承担城市内部通勤功能，服务于城市内部生活和通勤出行。

国铁技术主要向两个方向发展：重载、高速，俗称"多拉快跑"。高速铁路多采用轮轨技术，磁浮技术由于悬浮技术的天然优势，可进一步提升运行速度。另外，我国地域广阔，高原铁路和跨海轮渡也是一种特殊环境下的运输方式。

城轨主要侧重于采用多种制式技术，适应城市经济文化发展需求。国铁和城市轨道交通技术组成如图1.2.1所示。

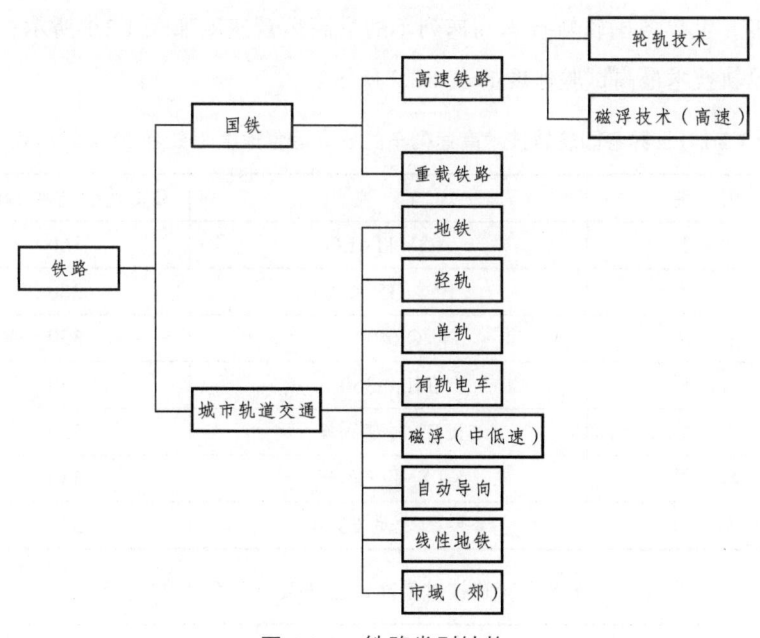

图 1.2.1 铁路类别结构

1.2.1 国 铁

1. 高速铁路

世界各国对高速铁路定义略有不同。1970年5月日本71号法律《全国新干线铁路整备法》中规定：列车在主要区间能够以 200 km/h 及以上速度运行的干线铁路称为高速铁路。1985年5月联合国经济委员会规定：客运专线300 km/h，客货混线250 km/h为高速铁路。我国《铁路主要技术政策》（铁道部令第34号）规定：高速铁路为新建设计开行250 km/h（含预留）及以上动车组列车，初期运营速度不小于200 km/h的客运专线铁路。高速铁路无疑是铁路行业最具代表性、最热门的研究内容。

1）主要特点

（1）运行速度快。

速度快是高速铁路技术水平最主要的标志，各国都在不断提高列车的运行速度，世界各国轮轨技术高速列车的最高运营速度如表1.2.1所示，世界各国轮轨技术最高试验速度如表1.2.2所示。

表1.2.1 世界各国轮轨技术高速列车的最高运营速度（截至2022年年底）

国 别	车 型	最高运营速度/(km/h)
意大利	AGV ITALO	360
日 本	E5、H5系列	360
中 国	CR400	350
西班牙	Talgo 350	350
德 国	ICE3高速列车	330
韩 国	KTX高速列车	330
英 国	欧洲之星E320	320

表1.2.2 世界各国轮轨技术最高试验速度（截至2022年年底）

类 型	速度/(km/h)	时 间	创造纪录的线路及列车
试验线路最高试验速度	574.8	2007年4月3日	法国：巴黎东南试验线，TGV3-V150列车
运营线路最高试验速度	487.3	2011年1月9日	中国：京沪高铁，CRH380BL
运营线路交汇试验最高相对速度	840	2022年10月11日	中国：郑徐高铁，CR400

1 遇见铁路

（2）输送能力大。

输送能力大是高速铁路的主要技术优势之一，目前各国高速铁路几乎都能满足最小行车间隔 3~4 min 的要求。一条双线高速铁路年均输送能力 1.6 亿人次，完成相同的运量高速公路需要 8 车道，但用地宽度不足高速公路的一半。

（3）安全性好。

高速铁路由于在全封闭环境中自动化运行，又有一系列完善的安全保障系统，所以其安全程度是任何交通工具无法比拟的。高速铁路的事故率及人员伤亡率也远远低于其他现代交通运输方式，特别是日本新干线，自 1964 年至今仍保持死亡率为 0。据多年的统计数据，事故死亡率高铁∶飞机∶汽车为 1∶7.8∶1 067。

（4）正点率高。

高速铁路全部采用自动化控制，受气候变化影响小，可以适应自然环境，进行全天候运营。

（5）舒适方便。

高速铁路列车内布置舒适，座席宽敞，运行平稳、减震、隔音。速度 350 km/h 动车组运行车内噪声为 66 dB；民航客机在平稳飞行时，舱内噪声为 70~90 dB；普通客车运行中车内噪声为 86 dB。从座椅间距对比看，航空经济舱座位间距为 81 cm，大巴车间距为 78 cm，而高铁二等座座椅间距就达到 98 cm。

（6）能源消耗低。

据日本的统计数据，各类交通运输工具平均每人每千米的能耗，如以普通铁路每人每千米的能耗为 1.0，则高速铁路为 1.42，公共汽车为 1.45，小汽车为 8.2，飞机为 7.44，高速铁路的能耗显然是最低的。

（7）环境影响小。

高速铁路是绿色交通工具，符合减排低碳的要求，其环保性明显优于汽车和飞机。高铁二氧化碳排放量仅为飞机的 6%、汽车的 11%。速度 350 km/h 动车组运行中车外噪声为 93 dB，飞机起飞时舱外噪声约为 140 dB，客车运行中车外噪声约为 95 dB。

（8）经济效益好。

高速铁路带动了庞大的产业链，加速了地区间的资源交流，间接经济效益良好。

（9）投资高、技术门槛高。

在中国 350 km/h 速度标准铁路投资大约为 2 亿元/km，而在国外所需投资大约是中国的 2 倍。另外，高速铁路轮轨耦合、牵引制动控制等核心技术让很多国家望尘莫及。

2）高速铁路主要技术

高速铁路技术，是中国铁路行业最具代表性的技术，主要包括勘察设计、工程建造、高速列车、牵引供电、运营管理、安全保障等各个方面。

（1）工程建造技术。

中国是世界上唯一能在各种气候环境和复杂地质条件下建设高铁的国家，覆盖了高寒、高温、干旱、风沙等特殊气候环境，以及软土、黄土、冻土、岩溶等复杂地质条件。比如：哈尔滨—大连高铁（高寒高铁）、海南环岛高铁（热带地区环岛高铁）、兰州—乌鲁木齐高铁（沙漠高铁）、西安—成都高铁（45 km 25‰ 大坡道高铁）、北京—张家口高铁（智能高铁）等。

中国掌握世界上最全面的桥梁设计建造技术，掌握各种环境气候和复杂地质修建隧道技术，掌握大型铁路客站设计建造技术，实现了铁路与民航、地铁、市内道路的综合布局及各种交通运输方式之间的无缝换乘。

（2）高速动车组技术。

通常认为高速铁路动车组涉及九大关键技术（动车组总成、车体、转向架、牵引变压器、主变流器、牵引电机、牵引传动控制系统、列车控制网络系统、制动系统），近年来各国不断推出新型动车组，技术性能进一步提升。

我国新一代动车组复兴号 CR400AF 于 2017 年 6 月 26 日在京沪高铁首发。采用全新低阻力流线型头型和车体平顺化设计，相比上一代和谐号 CRH380A 型动车组，列车阻力降低 7.5%~12.3%，能耗下降；列车容量更大，旅客乘坐空间更加宽敞；列车设置智能化感知系统，建立了强大的安全监测系统，全车部署2 500余处监测点，能够全方位实时监测。新一代动车组的升级大幅提升了安全、经济、舒适、节能环保等性能，能够适应中国地域广阔，环境复杂，长距离、高强度运行的需求。

日本东海道新干线新型动车组 N700S 于 2020 年 7 月 1 日投入运营，该动车组安装了世界首创的"电池供电自力运行系统"。动车组因自然灾害导致长时间停电时可利用这种大容量锂离子蓄电池为驱动系统供电。电池供电自力运行系统采用毫米波传输系统，将车辆记录的大量数据传输到地面，通过在车辆基地设立的数据分析中心，对车辆的健康状态进行 24 h 不间断监测。该系统能分析比 N700A 更庞大的数据，可在故障征兆阶段实现设备的调查及维修。安装的转向架振动检测系统和空气弹簧压力检测系统，可通过地面转向架温度检测装置检测转向架早期异常；该系统能让 8 辆编组的全动力动车组实现运行速度达 360 km/h。

西门子 Velaro Novo 列车于 2021 年完成整车耐久性试验。与现有的 Velaro 列车相比，成本将下降 20%，运行速度在 300 km/h 时能耗将减少 30%，列车质量将减少 15%。3M4T 编组动车组可实现运行速度 360 km/h。Velaro Novo 列车采用同步永磁电机，相比上一代异步电机，不仅体积小，而且功率效率更大，在 200 m 长的列车上用 12 个永磁电机可实现 8 000 kW 的输出功率，而同样情况下，Velaro 列车则需要 16 个异步牵引电机。其采用内框架转向架，轴承布置于车轮内侧，使得转向架能够被全封闭，因为尺寸比 Velaro 型列车用的更小，故这种转向架质量更轻。内置式轴承结构将大大减轻电机和拖车转向架的质量，因而簧下质量更小，可确保行驶更平稳，磨损更少；Velaro Novo 的车身采用搅拌摩擦焊接技术制造，这项技术不仅在焊接板材时需要的能量更少，而且返工较少，焊缝质量更高；Velaro Novo 的车身采用了一种新型的铝型材，它可以将车身蒙皮的厚度从 Velaro 的 4 mm 减少到 2 mm。

（3）列车控制技术。

列车运行控制系统是保障行车安全和正点运行的关键系统，被称为高速铁路的"大脑和中枢神经"。

世界各国多采用固定闭塞方式，即基于轨道电路分级速度控制模式。日本新干线采用数字 ATC 列控系统，欧盟采用 ETCS-2（European Train Control System，欧洲列车控制系统）级列控系统。我国 200～250 km/h 线路采用 CTCS-2（China Train Control System，中国列车控制系统）级列控系统，300 km/h 及以上线路采用 CTCS-3 级列控系统。

（4）牵引供电技术。

中国成功研制并应用大张力接触网、高强度接触导线和远程监控等成套装备，形成了能够满足动车组长大编组和重联运行、3 min 追踪，持续速度 350 km/h 稳定受流和安全可靠运行的供电系统，建成了世界上规模最大的高速铁路牵引供电数据采集与监视控制系统（Supervisory Control And Data Acquisition，SCADA），牵引供电技术整体达到世界领先水平。

（5）运营管理技术。

中国拥有世界上规模最大的高速铁路网，构建了"国铁集团（中国国家铁路集团有限公司，以下简称"国铁集团"）-铁路局-车站"三级调度指挥体系，掌握了复杂路网条件下高铁列车运行计划编制和动车组运用综合调度技术，解决了不同动车组编组、不同速度、不同距离、跨线运行等运输组织难题，实现了列车运行设计最小追踪间隔 3～5 min。负责我国铁路运维的国铁集团，以 150 万的员工人数雄踞世界第一庞大运维体系。

（6）风险防控技术。

中国构建了闭环管理的高速铁路安全保障体系，通过固定设施及移动装备进行实时监测检测、防灾安全监控、机械化养护维修等措施，可对高铁运行进行全过程跟踪监测、全系统定期检测。

2. 重载铁路

国际重载运输协会 2019 年规定，重载铁路应满足以下三条中的至少两条：每列列车的牵引质量不少于 8 000 t；车辆轴重不小于 270 kN；铁路线路长度不少于 150 km 的区段，货运量不少于 4 000 万吨。

1）列车模式

重载列车模式主要分为 3 种：

（1）重载单元列车。

列车固定编组，货物品种单一，运量大而集中，在装卸地之间循环往返运行。重载单元列车的使用以北美铁路为代表。我国在大秦线曾用 C_{70}、C_{76}、C_{80} 等铁路货车开行这种重载列车。

（2）重载组合列车。

两列或两列以上列车连挂合并，使列车的运行时间间隔压缩为零。重载组合列车的使用以俄罗斯为代表。我国大秦线开行的 $4\times5\,000$ t 和 $2\times10\,000$ t 列车为这种重载列车。

（3）重载混编列车。

单机或多机重联牵引，由不同型式和载重的列车混合编组而成。我国京沪、京广、京哈等大干线开行的 5 000 t 货物列车为这种重载列车。

2）重载铁路技术发展

（1）采用大牵引质量列车。

为提高运输效率，世界各国都在追逐更高牵引质量列车，重载列车编组一般牵引质量能达到 1 万~4 万吨。

2001 年 6 月 21 日，澳大利亚必和必拓公司（BHP Billiton）用 8 台机车牵引着 682 节车厢组成一辆总长 7.353 km 的重载列车，装载着 82 262 t 铁矿石，总质量 99 734 t，从纽曼（Newman）的炎帝矿（Yandi mine）一路开到了 275 km 外的黑德兰港（Port Hedland），创造了有史以来最重、最长货物列车的世界纪录，至今这个纪录仍然未被打破。

（2）大轴重货物列车。

采用大轴重货物列车，提高单辆货车载重，可进一步提高牵引质量。重载列车轴重普遍在 23 t 以上，矿石货物列车轴重高达 40 t，澳大利亚开始研制适应轴重 45 t 甚至 50 t 的货物列车转向架，各国的重载货物列车轴重分布如表 1.2.3 所示。

表 1.2.3　各国重载货物列车轴重分布（截至 2022 年年底）

序号	国家	轴重/t
1	美国	29.8、32.43、35.72、37.5、39
2	加拿大	29.8、32.43、35.7、39、40
3	巴西	29.8、32.5
4	南非	26、28、30、37.5
5	俄罗斯	23、25、27、30
6	中国	23、25、27、30
7	澳大利亚	35、36、37.5、40

我国大秦线已经采用轴重为 27 t 铝合金车体 C_{80} 型（见图 1.2.2）和不锈钢车体 C_{80B} 型敞车（见图 1.2.3）；先后研制了 30 t 轴重 C_{90} 型运煤专用敞车和 KM_{96} 型、KM_{98} 型、KM_{100AH} 型自卸式煤炭漏斗车。C_{96} 型运煤专用敞车各项适应性试验已在瓦日线完成，正安排投入运输考验；KM_{96} 型、KM_{98} 型、KM_{100AH} 型煤炭漏斗车在朔黄铁路投入运输考验，重载列车运输技术进入快速发展时期。

（3）重载列车技术不断发展。

货物列车采用铝合金、浴盆式结构，实现大轴重、轻自重、低重心、大净空、少维修的目标，通过 5G 网络服务，列车同步操纵系统不断提高升级。

（4）开展智能化、数字化研究应用。

世界首例干线铁路无人驾驶重载列车已在澳大利亚哈莫斯利铁路正式投入运营，巴西也在开展类似研究。

3. 高原铁路

高原铁路具有缺氧、寒冷、冻土等不良地质，以及长大坡道、长大隧道等特点，因其独特恶劣的自然环境，一直困扰着铁路建设。高原铁路建设存在以下难题：

（1）对工程实施带来挑战。交通不便、施工环境恶劣等问题的存在，为施工装备、材料运输以及作业环境带来挑战。

图 1.2.2 C_{80} 型货物列车（浴盆式）

图 1.2.3 C_{80B} 型货物列车

（2）旅客、司机供氧问题。由于高原缺氧，机辆制造、乘务交路必须考虑氧气供应问题。

（3）机车牵引适应高海拔、大坡道、积雪的环境。为适应高海拔、大坡道、积雪等环境，机车需有足够的牵引力。

（4）高原强紫外线、稀薄空气对机车性能的影响。包括：稀薄空气引起各类电气设备外部绝缘放电电压值下降；开关电器灭弧能力下降，通断能力降低，使用寿命缩短；电能损耗加剧，绝缘老化和金属腐蚀加剧；高原球状闪电具有很强的破坏力；强紫外线使有机材料劣化。

（5）运维设施布点需充分考虑人性化需求。由于高原缺氧、强紫外线的恶劣环境对运维人员的生理影响较大，运维设施布点需充分考虑恶劣环境因素。

目前，我国为适应拉林铁路而生产的双源动力动车组如图 1.2.4 所示，已修建的高原铁路——青藏铁路如图 1.2.5 所示。

图 1.2.4　拉林铁路双源动力动车组

图 1.2.5　青藏铁路

4．跨海铁路

跨海铁路是解决跨海运输的一种方式。2003 年，我国第一条跨海铁路——粤海铁路（见图 1.2.6）建成，铁路线路总长度为 345 km。粤海铁路轮渡总航线约为 22.5 km，北起广东湛江的北港，南抵海南海口的南港，以及 4 艘轮渡船组成。

1 遇见铁路

图 1.2.6 粤海铁路

摆渡列车的"粤海铁一号"是中国自行设计、自行建造的列车渡船,由上海江南造船厂建造,排水量 12 400 t,设计最小航行速度 15 n mile/h(1 n mile/h = 1.852 km/h),总长 165.4 m、宽 22.6 m,吃水深度为 5.5 m,载车质量 4 080 t,是尾端开敞式渡船。从下到上三层甲板分别用于装载火车、汽车和旅客,主甲板为火车甲板。最底层的火车甲板有 4 条长约 145 m 的铁轨,可装载每节长 14 m 重 80 t 的货物列车 40 辆,也可装载每节长 26.5 m 的旅客列车 18 节。同时,第二层的汽车甲板还可装载汽车 56 辆。渡船后半部设置旅客舱室,可载旅客 1 360 人。

1.2.2 城市轨道交通

国际现代建筑协会（Congrès International d'Architecture Modern，CIAM）于 1933 年 8 月在雅典会议上制定的一份关于城市规划的纲领性文件《雅典宪章》，明确了城市的 4 大功能：居住、工作、游憩和交通。1977 年 12 月，一些城市规划设计师聚集于利马（Lima），以《雅典宪章》为出发点进行了讨论，提出了《马丘比丘宪章》，强调城市交通运输以公共交通为主，半个世纪以来世界各地城市基本遵循这个规则。

城市轨道交通是城市公共交通的骨干，具有节能、省地、运量大、全天候、无污染（或少污染）又安全等特点，属绿色环保交通体系，特别适应于大中城市。

截至 2019 年年底，全球共有 75 个国家和地区的 520 座城市开通城市轨道交通，运营里程达到 28 198 km，其中，城轨通车里程最长的 4 个国家如图 1.2.7 所示，中国以 6 730 km 雄踞世界第一。

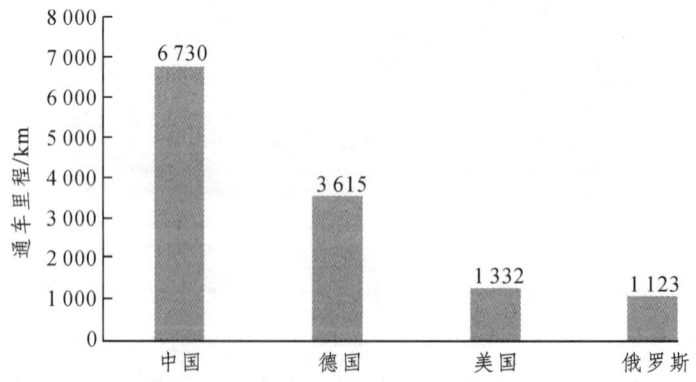

图 1.2.7 截至 2019 年年底城轨通车里程最长的 4 个国家

城市轨道都是按照轨道类型来划分，总共有 8 种交通方式，包括：地铁、轻轨、有轨电车、市域（郊）铁路、线性地铁、单轨铁道、自动导向交通系统、磁浮交通系统。其中以地铁、轻轨、有轨电车和单轨铁道为经常采用的方式。

1. 地　铁

地铁顾名思义就是修在城市地下的铁路，为适应城市的特殊需要，地铁具有运量大、速度快、安全、准时、舒适、污染少、节约城市土地资源等优点；缺点就是建设费用高，我国地铁工程投资在6亿元/km以上。

最早提出建设地铁的是一位名叫查尔斯·皮尔逊的律师。在19世纪中叶，英国伦敦街头交通堵塞严重，据说受到老鼠钻地洞的启发，他提出让火车在地下跑起来，以解决城市交通运输问题，并于1843年为伦敦市设计了世界上最早的城市地铁系统。10年后，英国议会批准同意在法林顿和主教路之间修一条长约6.2 km的地铁轨道，英国最终在1863年建成世界上第一条地铁——伦敦大都会地铁（见图1.2.8），采用蒸汽机车牵引。

图1.2.8　英国伦敦大都会地铁

我国的城市轨道交通发展起步于20世纪50年代，1956年上海制定了我国第一部轨道交通规划方案——《上海轨道交通规划》，我国第一条城市轨道交通线——北京地铁1号线，于1969年10月1日建成通车。目前，我国已有许多城市修建或规划地铁线路，如图1.2.9所示为我国四川省成都市建成运营的成都地铁7号线。

图 1.2.9　成都地铁 7 号线列车

2．轻　轨

轻轨是在有轨电车基础上发展起来的，由电力牵引、轮轨导向，列车运行在专用行车道上，属于中运量城市轨道交通系统。轻轨大部分在高架上，小部分在地面上。我国轻轨工程投资约 3 亿元/km。

轻轨最突出的优点就是投资较小、运输量大，建设快，管理也较地铁系统容易。其适应性很强，既可作为中小城市轨道交通网络的主干线，也可作为大城市或特大城市轨道交通网络的补充，国内很多城市也在筹划修建中，发展前景广阔。

长春轻轨是我国第一条轻轨，于 2002 年开通运营，如图 1.2.10 所示。

图 1.2.10　长春轻轨列车

3. 有轨电车

有轨电车具有悠久的历史，早在1879年，德国工程师维尔纳·冯·西门子在柏林的博览会上首先尝试使用电力带动轨道车辆。1881年，在德国柏林市举办的世界贸易博览会上，西门子公司展出了一种采用电力牵引的列车，该列车为3节编组的小功率有轨电车，只能乘坐6人，在400 m长的轨道上往返运行，这是世界上第一辆有轨电车。

1883年，英国人福柯修建了英国第一条有轨电车线路，长2 km，轨距为2 ft，后来调整至2 ft 9 in。这条线路至今仍在运营，是世界上仍在运营的最古老的有轨电车线路。

1888年美国人斯波拉格在里士满改进了车辆的集电装置、控制系统、电动机悬挂方式及驱动方式等，于是出现了现代有轨电车。

中国最早的有轨电车诞生于北京，在1899年，由德国西门子公司修建，该有轨电车线路连接了郊区的马家堡火车站与永定门。我国于2007年在天津建成运营了我国第一条现代有轨电车线路。

现代有轨电车（见图1.2.11）是指以城市道路为基础，主要在地面铺设轨道，采用电力牵引的低地板有轨电车，以部分独立或完全共享路权形式、人工驾驶、信号优先控制方式运行，其输送能力介于传统公交汽车及轻轨之间，我国现代有轨电车工程投资约1亿元/km。

图 1.2.11　现代有轨电车

现代有轨电车分为钢轮钢轨和胶轮导轨两种形式，在国内都有应用，前者如长春有轨电车等，后者如天津滨海线有轨电车等。

1）钢轮钢轨有轨电车

钢轮钢轨有轨电车具有以下优点：

（1）车辆制造和维修技术与地铁列车 B 型车相近，运营管理和维修经验丰富。

（2）可以利用地铁列车 B 型车的网络维修资源，维修、保养方便，费用较低。

（3）转弯半径小，爬坡能力强。最小转弯半径可达到 18 m，最大爬坡能力可达 60‰，大大增加了有轨电车行驶的灵活性。

（4）车辆轴重小，列车运行噪声小。

（5）车辆编组灵活，可更好地适应客流量变化较大的需要。

（6）建设周期短、节省投资，运营维护成本低，环境适应性较强。

（7）采用电力牵引，环保并且能耗低，能耗仅为小型汽车的 1/9，公交车的 1/4。

钢轮钢轨有轨电车具有以下缺点：

（1）运量较小，只适合中、低运量线路。

（2）若采用半封闭路权，需占用道路资源，对道路交通造成一定影响。

2）胶轮导轨有轨电车

胶轮导轨有轨电车具有以下优点：

（1）该系统的轨道由类似道路的行车道和一条引导车辆运行的特殊导轨组成，不需铺设大规模的轨道，结构简单，节省造价和工期。

（2）车辆采用橡胶轮胎，爬坡能力强，运行噪声低。

（3）采用流线型车辆设计，具有较好的流动感和设计感。

胶轮导轨有轨电车具有以下缺点：

（1）线路制式与已有轨道交通系统无法实现资源共享，其维修、保养设施也需要单独设置。

（2）胶轮车辆惰行时间短，能耗较大。

（3）车辆采用单轨导向，脱轨后无法控制，安全性较差。

（4）国产化率低，造价相对较高。

4. 单 轨

单轨交通方式相对于地铁、轻轨和有轨电车而言，其走行原理与结构形式迥然不同。后三者都有一个共同点，那就是车辆行驶在轨道的两根钢轨之上。而单轨交通供车辆行驶，对车辆进行支承、稳定和导向的架空轨道钢轨为单根轨道，车辆骑跨在轨道梁上运行。单轨交通方式分为：跨座式、悬挂式两种。车辆在轨道上方运行称为跨座式单轨交通，车辆悬挂在轨道下方称为悬挂式单轨交通，也叫空轨或空铁。

1）跨座式单轨

跨座式单轨具有以下优点：

（1）所占空间小。线路多数为架空线，占地小，体量轻巧，透光性好。

（2）跨座式单轨使用橡胶轮胎，车辆运行噪声低。

（3）跨座式单轨系统的爬坡能力较好，最大爬坡能力可达 60‰。

跨座式单轨具有以下缺点：

（1）地下铺设成本高。

（2）跨座式单轨使用的转辙器使车辆有短暂时间必须悬空，故有脱轨的安全隐患。

（3）跨座式单轨线路两侧没有可站立的路轨，而且离地面很高，紧急疏散困难。如果在线路的两旁建有可供人行的紧急通道，则桥梁体量加大。

（4）线路运量等级较低，与大运量轨道交通无法实现资源共享，其维修、保养设施均需单独设置。

（5）对极端气温适应性差。

（6）轨道梁和道岔施工精度要求高，通常需专业施工，工期不易保证。

（7）橡胶轮胎磨耗易产生粉尘，污染环境。

（8）应用条件有限，没有形成产业规模。

2）悬挂式单轨

悬挂式单轨具有以下优点：

（1）转向架和运行轨道置于轨道梁内，不脱轨、安全可靠、运行噪声低、环境适应性好、曲线半径最小到30 m，实施条件要求低。

（2）轨道梁、道岔梁、桥墩等由工厂加工预制、现场拼装，施工工期短，对环境影响小。

（3）桥梁基本采用钢结构、截面尺寸小，可在狭窄的道路面上"立足"，最大限度利用现有空间和道路资源。系统拆卸简单，可根据发展需要，随时延长或改变路线，相对于地铁、轻轨具有拆卸、移动方便的优势。

（4）悬挂式单轨列车造型美观，可随地形起伏，伴沿途风景，使轨道交通与自然景观相得益彰。采用大玻璃车窗设计，乘客乘坐环境变得敞亮舒适，可在高空欣赏景色。

悬挂式单轨具有以下缺点：

（1）线路运能较低，对大、中城市骨干交通走廊的适应性较差。

（2）车辆悬挂在空中，紧急疏散和救援比较困难。

（3）与其他轨道交通无法实现资源共享，其维修、保养设施均需单独设置。

3）建设情况

我国第一条跨座式轨道交通于2004年11月6日在重庆2号线投入运营，因"列车穿楼"成为"网红车站"的李子坝站就位于2号线（见图1.2.12）。2022年8月26日，我国首列悬挂式单轨列车——"光谷光子号"成功下线（见图1.2.13），服务于武汉光谷空轨旅游线，2023年5月11日试乘，成都大邑、湖北恩施均在建设悬挂式单轨。我国悬挂式单轨系统综合造价约1.0亿~2.0亿元/km。

图1.2.12　重庆2号线跨座式单轨

图1.2.13　武汉光谷悬挂式单轨

5. 市域（郊）铁路

市域（郊）铁路是联络城市的市区与郊区的轨道交通系统。它的运行特点接近国铁，往往与国铁路网设有联络线，甚至共用一条轨道系统。随着城市范围的扩大，市域（郊）铁路也不再局限于市域结合部分，而是泛指以市中心为核心，覆盖周围地区的快速轨道交通系统。

成灌市域铁路如图1.2.14所示。

图1.2.14　成灌市域铁路

市域（郊）铁路极大地拓展了城市的空间，降低了城市中心区的人口密度，减缓市内交通拥挤，提高了城市的生活质量。

6. 线性地铁

线性地铁即采用线性电机驱动的电动车组，线性电机是将旋转电机的转子和定子分开。其原边铁心和线周安装在车辆转向架上，次边反应板安装在轨道上，当电流通过线性电机的原边线圈时，会产生向前方向的磁场，通过这个磁场和轨道反应板相互作用会产生牵引力，使列车前进；改变磁场的方向，可以使列车后退。由于要保证一定的牵引力，电机原边与轨道反应板的间距必须控制在一定的范围内。

线性电机具有以下优点：

（1）采用线性电机的车辆地板面大大降低，从而降低车体尺寸，相比传统地铁，减少隧道断面一半，因而可以大幅度降低建筑成本。

（2）由于是非黏着驱动系统，而不是依靠轮轨之间的摩擦力驱动，车辆可以在80‰大坡度线路上运行。

（3）因其转向架驾驶系统易于操纵，可以在50 m小曲线半径线路上平稳运行。

（4）由于驱动系统没有任何旋转部分，无齿轮传动的噪声，其运行噪声可以维持在很低的水平。

我国第一条线性地铁于2005年12月26日在广州4号线正式运营（见图1.2.15），该线性电机车辆以南车四方机车车辆有限公司（现为中车青岛四方机车车辆股份有限公司）为主联合设计制造而成。

图 1.2.15　广州 4 号线地铁

7. 自动导向交通系统

自动导向交通系统是一种车辆采用橡胶车轮，以导轨引导方向，在两条平行的轨道上通过计算机控制自动运行的新型轨道交通系统，简称 AGT（Automated Guided Transit，无人驾驶轨道交通）系统或 APM（Automated People Mover，自动旅客捷运）系统。

自动导向交通系统最早在 20 世纪 60 年代由美国西屋电气公司研发成功，日本和法国随之跟进，各自开发出了风格各异的产品。

自动导向交通系统是一种自动化程度很高的中小运量的交通工具，完全由计算机自动控制，行车密度范围可以根据乘客的多少随时调整，能够以高密度的行车组织方式运行，使用灵活，方便快捷。这种系统采用橡胶车轮，黏着力大，爬坡能力强，还可以通过小半径曲线，对于复杂的地形适应性非常好。自动导轨系统主要用于穿梭式或者环路式的旅客运输，大型机场的登机厅与机场主楼之间的旅客运输，游乐场所以及大型社区范围内的旅客运输等。对于城市中运量的旅客运输，这种新型交通方式可发挥很大作用。

自动导轨交通系统的最大特点就是实现了车辆的无人驾驶。它的核心技术包括导轨技术和自动化控制技术。导轨导向分为两种方式，一种是两侧导向，一种是中央导向。两侧导向技术的导轨设置在轨道两侧，通过走行轮与两侧导轨接触实现车辆转向。中央导向技术是将导轨设置在轨道中间，通过车辆底部成对配置的水平轮接触导轨进行转向。自动导轨系统的轨道通常采用高架式的钢筋混凝土长条形板带，满足车辆的橡胶轮在上面行驶的要求。车辆供电采用 DC 750 V 的外部电源。

广州 APM 线于 2010 年 11 月 8 日开通运营，上海浦江 APM 线（见图 1.2.16）于 2018 年 3 月 31 日开通试运营。

图 1.2.16　上海浦江 APM

8. 中低速磁浮

目前，磁浮技术主要分为高速磁浮和中低速磁浮，对于城市轨道交通，主要采用中低速磁浮。

磁浮系统具有以下优点：

（1）牵引力不受轮轨黏着系数的限制，列车爬坡能力强；可实现最大坡度 70‰。

（2）由于车辆的板式电机贴近地面，构造尺寸小，可采用小轮径和低地板，列车转弯半径小，最小线路平面曲线半径为 50 m。

（3）由于牵引系统没有机械传动，车辆承载依靠磁场，无轮轨接触摩擦，运行噪声小。

磁浮系统具有以下缺点：

（1）以高架为主，地下成本高。

（2）磁浮系统应用成熟度低，在我国尚处于新兴技术发展阶段，在城市轨道交通领域的应用经验还有待总结。选用这项技术方案时，应进行充分的技术经济比较。

（3）车辆的生产周期长，工期长，且购置费用较高。

（4）磁浮系统制式特殊，难以与城市现有的其他轨道交通进行资源共享。

（5）为了保证反作用板和车上"电机"的合理间隙，对线路安装（轨道、反作用板）和维护的技术要求较高。

（6）磁浮系统比传统钢轮钢轨系统多耗电 6.25%～7.5%。

9. 其他交通制式

（1）齿轨。

齿轨铁路在国外起步较早，最初主要应用于山区矿藏、木材等资源的运输，后逐渐应用于旅游，已有 150 多年的历史。第一条齿轨铁路是位于英国的米德尔顿铁路，主要用于煤矿运输；第一条载客的齿轨铁路是美国华盛顿山齿轨铁路，于 1871 年正式开通运营。目前，全球范围已有 20 多个国家建成登山铁路、观光铁路等齿轨铁路 180 余条，总里程达 3 000 余千米，技术成熟可靠。

齿轨新制式轨道交通主要依靠齿轮齿条进行驱动，在传统钢轮钢轨铁路的基础上，在列车走行机构上安装齿轮，在轨道上安装齿条，依靠齿轮和齿条的啮合作用提供牵引力和制动力，从而驱动列车在轨道上行走，最大坡度一般为 250‰。瑞士的皮拉图斯山齿轨铁路，最大坡度甚至达到 480‰，最大运行速度为 30 km/h。

2019 年，我国首个齿轨铁路都江堰—四姑娘山山地轨道交通项目开工建设，线路全长 122.692 km，起于成灌城际都江堰站，止于四姑娘山镇，全线设车站 12 座，采用 1 000 mm 轨距，最大坡度为 120‰，采用"轮轨+齿轨"双制式的牵引模式，在轮轨段最高运行速度可达 120 km/h，在齿轨段最高运行速度可达 40 km/h（见图 1.2.17）。2022 年 11 月 24 日，服务该线的我国首列齿轨列车在中车资阳机车有限公司成功下线，项目预计 2026 年建成通车。

1 遇见铁路

图 1.2.17 都江堰—四姑娘山齿轨铁路

（2）智轨列车。

智轨列车全称为智能轨道快运列车，也叫电子导向胶轮系统，是我国自主首创的新型城市轨道交通制式。

智轨列车是为解决"城市病"量身定做的，既能作为一线城市大运量轨道交通的补充，也可作为二、三线城市的客运主体，还能承担新区到新区、中心到旅游区等特色线路的运输，并能与现有的公共交通系统充分结合，打造地下、地面和空中的立体化交通网络，为解决现代城市交通运输难题提供全新的解决方式。

智轨列车是融合了现代有轨电车和公共汽车各自优势的新型交通工具，不需要铺设轨道，以智能前视系统识别路面虚拟轨道，采用"虚拟轨道跟随控制"技术，控制列车行驶在既定虚拟轨道上，为解决大中城市出行难带来了新的选择和体验。智轨快运系统具有投资成本低，工程投资约 0.3 亿～0.6 亿元/km。

2019年12月，四川宜宾智轨T1线（见图1.2.18）正式开通运营，线路全长18.9 km，设计速度70 km/h，最大载客307人，是全球第一条投入商业化运营的智轨线路。目前，开通的项目有株洲智轨A1线等，西安智轨正在建设中。

图1.2.18 智轨交通

（3）导轨式胶轮系统。

导轨式胶轮系统采用道路交通的轮胎技术，即列车的车轮不再是传统的钢轮，取而代之的是橡胶车轮，其行走的轨道亦有别于传统的钢轮用路轨，如图1.2.19所示，最高速度可达80 km/h。重庆云巴是第一条导轨式胶轮电车线路，于2021年开通运营。

图1.2.19 导轨式胶轮系统

（4）公铁两用。

2021年，世界上第一辆可以在公路和铁路上行驶的双模式巴士列车在日本四国地区投入使用。公铁两用列车如图1.2.20所示。

图1.2.20　公铁两用列车

10. 主要经济技术指标对比

各种制式轨道交通经济技术指标对比如表1.2.4所示。

表1.2.4　各种制式轨道交通经济技术指标对比

指标	地铁	轻轨	有轨电车	跨座式单轨	悬吊式单轨	自动导向交通系统	中低速磁浮
单向每小时最大客运量/万人	3~6	2.5~5	1~1.5	2.5~3.5	≤1	≤1	2~3
建设成本/亿元	6~10	3~4	1	2~3	1~2	0.5~1	1.5~2
平均线路长度/m	15~25	15~25	不限	15~25	10~20	5~15	15~25
正线最大坡度/‰	40	30	60~80	60~80	60~80	60~80	70
正线最小水平曲线半径/m	300	200	20	50	50	50	50
每单元长度/m	25~40	25~40	20~30	约30	约30	约30	约30
编组长度/m	180	120	75	120	60	60	120
供电方式	DC 1 500 V	DC 1 500 V	DC 750 V	DC 1 500 V	DC 750 V	DC 750 V	DC 1 500 V
最大运行速度/（km/h）	80~120	80~100	60~80	60~80	50~70	60~80	100
轴重/t	12~18	8~12	约6	约11	约8	约5	约6

1.2.3 磁　浮

磁浮列车是一种现代高科技轨道交通工具，它通过电磁力实现列车与轨道之间无接触的悬浮和导向，再利用直线电机产生的电磁力牵引列车运行。磁浮技术彻底摆脱了轮轨列车的轮轨黏着、弓网关系、轮轨损伤问题等的束缚，因而使速度、运量、功率、轴重、舒适度和安全性等达到更好的结合。

1．技术概述

磁浮列车具有以下优点：

（1）克服了传统轮轨铁路提高速度的主要障碍。

第一条轮轨铁路出现在 1825 年，经过 110 多年努力，其运营速度才突破 200 km/h，又花了近 20 年才达到 300 km/h，虽然技术还在完善与发展，继续提高速度的余地已不大，但发展技术的难度却很大。

世界上第一个磁浮列车的小型模型是 1969 年在德国出现的，可仅仅 10 年后的 1979 年，磁浮列车技术就创造了 517 km/h 的速度纪录。目前技术已经成熟，可进入 500 km/h 实用运营的建造阶段。

（2）运行速度高。

常导磁浮列车速度可达 400～500 km/h，超导磁浮列车速度可达 500～600 km/h。对于客运来说，提高速度的主要目的在于缩短乘客的旅行时间，因此，运行速度的要求与旅行距离的长短紧密相关。各种交通工具根据其自身速度、安全、舒适与经济的特点，分别在不同的旅行距离中起骨干作用。按总旅行时间考虑，300 km/h 的高速轮轨与飞机相比在旅行距离小于 700 km 时才优越。而 500 km/h 的高速磁浮，比飞机优越的旅行距离将达 1 500 km 以上。

磁浮高速铁路的最高速度如表 1.2.5 所示。

表 1.2.5　磁浮高速铁路的最高速度（截至 2022 年年底）

类型	速度/(km/h)	时间	创造纪录的线路及列车
试验线路最高试验速度	603	2015 年 4 月 21 日	日本：山梨磁浮试验线，L0 型列车
运营线路最高试验速度	501	2003 年 11 月 12 日	中国：上海磁浮示范运营线，TR08 型列车等
最高运营速度	430	2006 年 4 月 27 日	同上

（3）列车能耗低。

据日本研究与实际试验的结果，在同为 500 km/h 的速度下，磁浮列车每座位·千米的能耗仅为飞机的 1/3。据德国试验，当 TR 系列磁浮列车运行速度达到 400 km/h 时，其每座位·千米能耗与速度 300 km/h 的高速轮轨列车持平；而当磁浮列车运行速度也降到 300 km/h 时，它的每座位·千米能耗可比相同速度的轮轨铁路低 33%。从运力方面分析，传统高速电动列车每吨功率水平达到了 20 kW/t，而依靠常导长定子驱动的高速磁浮列车可达到 100 kW/t 水平。因此更高速度的轨道交通，优先选择磁浮技术是合理的。

（4）乘坐平稳舒适、噪声低。

列车运行时处于悬浮状态，没有轮轨之间的振动和摩擦，磁浮列车运行平稳，且噪声非常低，车内噪声约 40 dB，是高铁动车组的 60%。

（5）占地面积少、转弯半径小、爬坡能力强。

磁浮铁路占地面积较少，当采用高架线时，其效果将更加突出。磁浮正线最小曲线半径可达 75 m，最大爬坡可达 70‰，可适应较为复杂地形的地区，并能大量地减少工程数量，降低工程造价。

（6）安全可靠。

磁浮车体两侧是"抱"在轨道上的，不存在脱轨掉道的问题。由于采用冗余结构等措施，能确保其运行安全可靠。

（7）无轮轨磨损，寿命长，机械维修工作量非常低。

（8）使用电力牵引。

无空气污染,加之其低噪声的特点,有利于环境保护,特别适合作为城市内和市域区的交通工具。

(9)低辐射。

中低速磁浮列车的车厢内电磁场强度最大值仅为国际容许值的10%,远低于常用家电,也就是说乘坐中低速磁浮列车比待在家里所受的辐射量还小。

2. 磁浮技术

磁浮技术发源于德国,并最早申请了该项技术专利。由于悬浮、导向和驱动方式不同,用于磁浮的材料不同,各种磁浮列车差异很大。

(1)按照磁浮受力方式划分。

按照磁浮受力方式划分,可分为电磁吸力型(Electro Magnetic Suspension,EMS)和电动斥力型(Electro Dynamic Suspension,EDS)两种。

EMS(见图1.2.21)列车利用导磁材料与电磁铁之间的吸引力实现车体悬浮,一般采用车辆环抱导轨运行。对置于导轨下方的悬浮电磁铁通电励磁而产生磁场,与轨道上的铁磁性构件相互吸引,将列车向上吸起悬浮于轨道上,列车通过控制悬浮磁铁的励磁电流来保证稳定的悬浮间隙,一般为8~12 mm,故对线路精度的要求较高,列车通过直线电机驱动列车行走。这种悬浮方式由于采用磁铁异性相吸的原理,磁场在磁铁和铁磁轨道间或在直线电机的初级、次级线圈之间基本可以形成闭合回路,磁场向外界扩散较少,电磁污染程度很低,磁场对人的影响可以忽略不计。

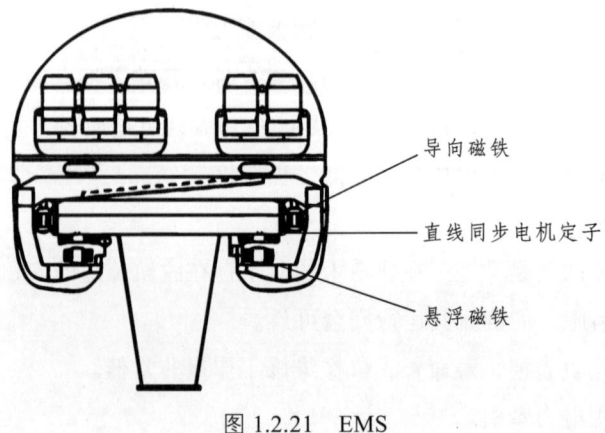

图 1.2.21 EMS

EDS（见图1.2.22）列车运动时车载磁体与安装在轨道上的闭合线圈或导电板相互作用产生感应电流，两者磁场相互作用对车体产生向上的斥力实现悬浮，一般悬浮高度为100~150 mm，列车运行一般由同步直线电机牵引。与电磁吸力悬浮不同的是，电动斥力悬浮要求达到一定的速度才可实现，故主要应用在高速超导磁浮列车领域。电动斥力悬浮系统在应用速度下，悬浮间隙较大，不需要进行主动控制，但由于采用磁铁同性相斥的原理，车载磁铁磁场与轨道上的闭合线圈或导电板产生的磁场不能闭合，故其电磁污染比电磁吸力悬浮要大许多。

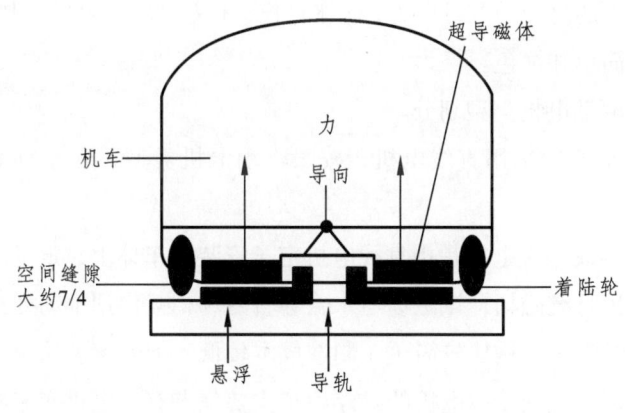

图1.2.22　EDS

（2）按导磁材料划分。

按照导磁材料划分，可分为常导磁浮和超导磁浮两种。

常导磁浮利用良性导磁材料与电磁铁相互作用支撑列车悬浮；超导利用了超导材料的零电阻特性，导体没有了电阻，电流流经超导体时就不发生热损耗，电流可以毫无阻力地在导线中形成强大的电流，从而产生超强磁场。

（3）按照导磁材料温度状态划分。

按照导磁材料温度状态，超导磁浮列车可分为低温超导和高温超导两种。

液氮的工作温度为77 K（1 K = 1 ℃ + 273.15，故77 K为 – 196.15 ℃），

采用适合该工作温度的超导材料制作线圈绕组的磁浮称为高温超导磁浮；液氦的工作温度为 4.2 K（-269 ℃），采用适合该工作温度的超导材料制作线圈绕组并且采用液氦作为超导绕组冷剂的磁浮称为低温超导磁浮。

高温超导也称"钉扎磁浮"，高温超导体拥有一种特殊的"钉扎力"，它能够保持磁浮列车一直处于轨道上，即使跑偏了也能给拉回来，出现安全事故的概率极低。低温超导磁浮现在部分已经投入了或即将投入商业应用，运行速度最高接近 600 km/h。而高温超导磁浮则还在实验阶段，相比电磁悬浮和电动悬浮，高温超导磁浮更便于在真空管道中运行，它充分利用了超导体在永磁轨道上的悬浮力和导向力，能够自稳，不需要用电力来控制其稳定性，因此也更加简单和绿色环保。

（4）按驱动电机类型划分。

磁浮列车普遍采用直线电机，按照驱动电机类型，可分为短定子和长定子。

短定子直线感应电机是指直线电机定子安装在车体上，定子侧通入三相交流电时产生行波磁场，该磁场与永磁导轨磁场相互作用推动列车前进。短定子异步直线电机结构比较简单，制造成本较低，但效率和功率因数相对较低。采用短定子直线感应电机的磁浮列车主要优点有：电机变流器放在车辆内，增加车体的成本和质量，但是总变流器成本相对采用长定子同步直线电机更低；轨道铺设的直线感应电机次级板一般由铝和钢复合而成，成本也相对低。由于短定子直线感应电机驱动需要外界不断地向车体供电，因此列车高速运行时会降低供电可靠性，故通常运用在中低速磁浮列车领域。

长定子同步直线电机是指直线电机定子安装在导轨上，车体所处的导轨定子通入三相交流电时产生行波磁场，该磁场与车体磁极磁场相互作用推动列车前进，与同步旋转电机工作原理相似。导轨定子通电段一直跟随车体位置向前移动以保证车体移动的供电连续性。长定子同步直线电机驱动的列车运行时，车内的照明用电和空调用电是利用车载绕组产生的感应电流供电，能量使用效率非常高；停车时则使用车载蓄电池供电，车载蓄电池可以在列车运行过程中进行充电，实现了车与轨的完全无接触受流。采用长定子同步直线电机的磁浮列车主要优缺点：电机与悬浮共用一个磁体，降低了车体质量和成本；轨道上铺设定子绕组和旁路变流器，因此轨道成本增加。长定子直线电机供电不需要传到车体即可驱动磁浮列车，规避了磁浮列车从导轨处获取驱动电能所产生的诸多问题，并且在电机效率和推力输出方面优势明显，故主要应用于高速磁浮列车领域。

（5）按运行速度划分。

按运行速度，可分为中低速、高速两种。中低速磁浮列车运行速度为 100~120 km/h，高速磁浮列车运行速度为 400~600 km/h。

一般中低速磁浮采用装在车辆上的短定子异步感应直线电机，高速磁浮采用装在轨道上的长定子同步感应直线电机。目前，商业化的中低速磁浮列车最高运行速度为 100 km/h，继续提速至 140~160 km/h 时所需要的比功率尚不高（10~15 kW/t），采用车载驱动的短定子方案即能够实现且较经济，只需在轨道上铺设铝感应板。但速度要提至 160 km/h 以上乃至更高，短定子方案的功率就难以满足，必须采用高速磁浮的长定子方案，将整个轨道上全部铺设铁心和三相定子绕组，这样可成倍增加驱动功率，但轨道造价、维护成本和难度也就相应增加。

悬浮列车技术如图 1.2.23 所示。

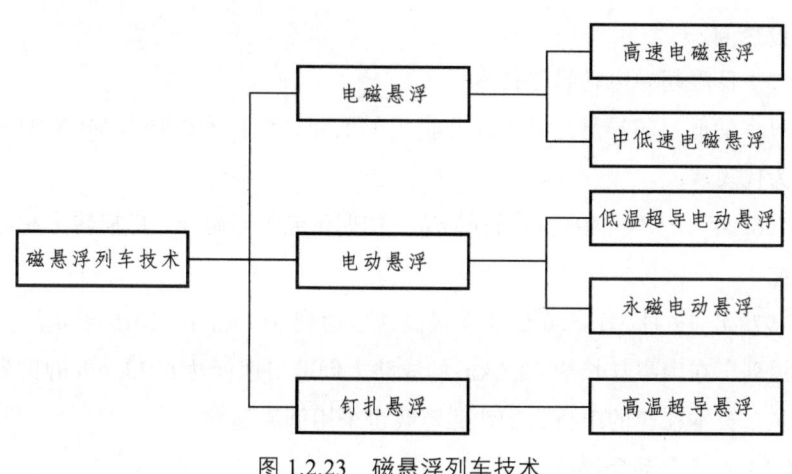

图 1.2.23　磁悬浮列车技术

3. 国内外磁浮列车的技术发展

(1) 高速电磁悬浮技术。

该技术以德国磁悬浮列车 TransRapid(TR) 系列为代表,采用常导磁吸式,运行速度可达到 300~500 km/h,我国绝大部分磁悬浮技术大都采用这种方式。

德国于 1968 年开始研究磁浮交通,也是最早采用电磁吸力型悬浮的国家,其研究以常导磁浮为主。德国克劳斯马菲公司于 1969 年开发出第一个电磁悬浮模型 TR01,采用常导、长定子直线同步电机及导轨驱动,后相继制造出 TR02、TR03 等。2008 年 7 月推出的 TR09 车,最高试验速度可达 501 km/h,意味着该公司的磁浮技术已经逐渐成熟。

(2) 中低速悬浮技术。

常导中低速悬浮技术以日本研发的 HSST(High Speed Surface Transport,超高速地面运输机)技术为代表。

中低速磁悬浮交通能很好契合城市发展需要,在日本名古屋东部丘陵线自 2005 年至今的商业运营中得到了充分的体现,其几年的安全应用成果促使中、美、韩等国努力研发中低速悬浮技术,引起了该制式的交通规划和建设热潮。

(3) 低温超导电动悬浮技术。

日本的低温超导悬浮技术走在世界的前列,该技术以日本 MLX 型磁浮列车为代表。

1962 年,日本开始进行磁浮研究,初期研究常导磁浮,后期转为超导磁浮研究。

1978 年 12 月 ML-500 试验车最高速度达到 517 km/h。2015 年 4 月,L0 型磁浮列车在山梨县长约 42.8 km 的线路上创造出速度达 603 km/h 的世界最高纪录。日本在建的中央新干线磁浮线也采用低温超导。

(4) 永磁电动悬浮技术。

无论是电磁悬浮还是超导悬浮,都是不稳定悬浮,要靠复杂的控制技术实现悬浮,即使控制做得非常完善也不能保证永不失磁。永磁技术具有五大方面的优势:一是悬浮力强,二是经济性好,三是节能性强,四是安全性好,五是平衡性稳定。

(5)高温超导悬浮技术。

1999年12月30日,西南交通大学研制出世界上第一辆高温超导悬浮试验列车"世纪号",为高温超导奠定了基础。2004年,德国累斯顿莱布尼茨固体与材料研究所和莫斯科航空学院相继研制出载人高温超导悬浮试验车。2005年12月,日本在山梨试验线采用高温超导悬浮列车,其运行速度达到553 km/h,该列车不再使用日本原有的液氮低温超导技术。2011年,德国建成了80 m的高温超导磁悬浮环形线;2014年,巴西也建成200 m的试验线。

4. 我国磁浮列车

(1)上海磁浮示范线(见图1.2.24)。

2006年4月正式运营,线路西起浦东市区轨道交通2号线的龙阳路站,东到浦东国际机场,全长30 km,采用德国常导磁吸型技术。

图1.2.24 上海磁浮列车

(2)长沙磁浮线(见图1.2.25)。

2016年5月正式运营,线路西起长沙南站的磁浮高铁站,东到长沙黄花国际机场的磁浮机场站,全长18.5 km,3辆编组,设计速度140 km/h。长沙磁浮是国内首个自主知识产权的中低速磁浮交通线路。该核心技术源于西南交通大学的短定子常导磁吸型技术，是迄今为止世界最长中低速电磁磁浮线路。

图 1.2.25　长沙磁浮列车

（3）北京的 S1 线（见图 1.2.26）。

2016 年 12 月正式运营，线路西起长沙南站的磁浮高铁站，东到长沙黄花国际机场的磁浮机场站，全长 10.2 km，采用短定子常导电磁悬浮技术，6 辆编组，设计速度 120 km/h。

图 1.2.26　北京磁浮列车

（4）凤凰磁浮（见图 1.2.27）。

2022 年 5 月正式运营，线路西起张吉怀高铁凤凰古城站，东到 209 绕城线方向的民俗园隧道口，全长 9.121 km，采用短定子常导电磁悬浮技术，3 辆编组，可 3+3 混编，设计速度 100 km/h。

1　遇见铁路

图 1.2.27　凤凰磁浮列车

（5）清远磁浮旅游专线（见图 1.2.28）。

线路西起广清产业园东北部，东到长隆华南虎种源基地，全长 8.14 km，采用短定子常导电磁悬浮技术，3 辆编组，可 3+3 混编，设计速度 120 km/h，计划 2023 年年底开通运营。

图 1.2.28　清远磁浮列车（在建中）

045

（6）中车常导磁浮（见图1.2.29）。

2019年5月，中国第一款速度600 km/h磁浮样车下线，由中车四方研发，采用常导高速磁浮技术。2020年6月，该车在上海同济大学成功试跑，悬浮10 mm，速度600 km/h，车内噪声79 dB。2021年1月研制出成套系统，开始联调联试，计划于2025年进行高速考核，预计在2030年前投入商业化运营。

图1.2.29　中车常导磁浮列车

（7）西南交大高温超导磁浮（见图1.2.30）。

2021年1月13日，世界首条高温超导高速磁浮工程化样车及试验线在西南交通大学正式启用。这是中国研发的第二款高速磁悬浮列车，采用钉扎磁浮（高温超导磁浮）技术。该试验线位于西南交通大学牵引动力国家重点实验室，验证段全长165 m。

图1.2.30　西南交大高温超导磁浮列车

（8）中国航天科工高速飞行列车。

当前，世界上对外宣布开展大于1 000 km/h运输系统研究的公司主要有三家，包括美国的HTT（Hyperloop Transportation Technologies，超级铁路交通技术）公司、Hyperloop One公司以及中国航天科工集团有限公司。

2022年5月24日，由中国航天科工集团有限公司等单位联合在山西大同市阳高线开工建设高速飞车试验线，目标速度1 000 km/h。

1.2.4　车同轨

《史记·秦始皇本纪》："一法度衡石丈尺，车同轨，书同文字"，秦始皇统一中原后，实行"车同轨"（见图1.2.31），规定车辆上两个轮子的距离一律改为6尺（约1.4 m），使车轮间的距离相同，实现了全国各地车辆的互通，世界各地铁路轨道的轨距是否也一致呢？

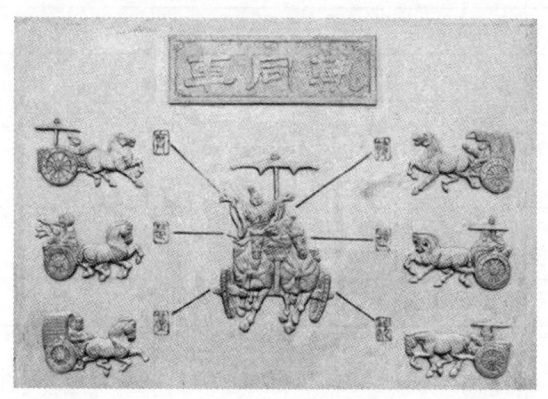

图1.2.31　车同轨

铁轨诞生于英国的煤矿运输，使用马匹拉车，轨间距为4 ft 8.5 in（即1 435 mm）。因此，一般认为铁路轨距来源于马车两个车轮之间的距离，或者是两匹并排的马匹距离。1825年，铁路轨距被蒸汽机车发明者斯蒂芬森采用之后，随铁路技术扩散到美国、德国等地，逐步成为铁路轨距标准。1846年，英国出台《铁路轨道标准法》，将1 435 mm确定为标准轨距。国际铁路协会在1937年规定1 435 mm为标准轨距。中国最早的铁路都是英国人自建和帮建，轨制上完全沿袭英制，也采用 1 435 mm 作为标准轨距。

世界总共存在有 40 多种轨距，如表 1.2.6 所示为部分各国铁路轨距的使用情况。其中，约 60% 的铁路采用 1 435 mm 轨距，如中国、美国、加拿大等采用标准轨距；而在俄罗斯及独联体国家，使用的则是 1 520 mm 的宽轨。俄罗斯的这一轨距标准要追溯到久远的沙俄时代，其初衷是出于对国家安全的考量，倘若敌军入侵，不同的轨距让对方的军队补给运输变得困难。如图 1.2.32 所示为一种轨距为 1 000 mm 的米轨机车。

表 1.2.6　各国铁路轨距的使用情况

轨距/mm	使用的国家或地区
1 676	阿根廷、孟加拉国、印度、加拿大、巴基斯坦、美国、智利、斯里兰卡
1 668	葡萄牙、西班牙
1 600	澳大利亚、巴西、爱尔兰、新西兰
1 524	芬兰、美国、巴拿马
1 520	俄罗斯、哈萨克斯坦、白俄罗斯、吉尔吉斯斯坦、土库曼斯坦、乌兹别克斯坦、乌克兰、格鲁吉亚、立陶宛、爱沙尼亚、拉脱维亚、蒙古和阿富汗以及一些东欧国家等
1 435	欧洲和亚洲的大多数国家（包括中国、朝鲜、韩国）、日本新干线高速铁路以及澳大利亚
1 372	日本（部分私营铁路）
1 067（卡普轨距）	英国（斯内山铁路）、安哥拉、澳大利亚、博茨瓦纳、加纳、厄瓜多尔、印度尼西亚、日本（新干线高速铁路除外）、南非、加拿大（1880—1930 年）、哥斯达黎加、马拉维、莫桑比克、纳米比亚、新西兰、尼加拉瓜、尼日利亚、俄罗斯（萨哈林岛南部铁路）、苏丹、坦桑尼亚、洪都拉斯、瑞典
1 050	苏丹、叙利亚
1 000（米轨）	阿根廷、孟加拉国、贝宁、巴西、玻利维亚、布基纳法索、越南、印度、柬埔寨、喀麦隆、肯尼亚、老挝、马来西亚、马里、缅甸、巴基斯坦、波兰、葡萄牙、塞内加尔、坦桑尼亚、泰国、突尼斯、乌干达、西班牙、瑞士、俄罗斯、中国（云南省及台湾地区部分线路）
950	意大利、厄立特里亚

续表

轨距/mm	使用的国家或地区
914	哥伦比亚、秘鲁、加拿大、塞内加尔、危地马拉、美国、西班牙、俄罗斯、新安索思洞穴铁路（阿布哈兹）
762	澳大利亚、智利、印度、塞拉利昂、美国
750	希腊、波兰、俄罗斯、瑞士等国，实际上 750 mm、760 mm、762 mm 轨距的铁路机车车辆经常是可以兼容的
610	澳大利亚、印度、南非共和国、英国、美国
600	19 世纪和 20 世纪上半叶法国、希腊、波兰、瑞典、英国的军事和工业专用线，波兰供中小学参观和实习的专用铁路

图 1.2.32　米轨机车

1.2.5　展望铁路

1. 国　铁

（1）高速化。

高速化成为全球现代交通发展的重要目标。

在轮轨技术方面，不断突破制约轮轨高速列车速度提升的理论极限，研发更高速度的铁路技术。目前，其他国家高速铁路运行速度多处于 250 km/h，而我国的高速铁路最高运行速度已达到 350 km/h。2022 年 11 月 28 日，成渝中线开工建设，大足石刻站至简州站段作为提速试验段设计速度为 400 km/h，拟采用设计的 CR450 动车组。日本铁道综合技术研究所以新干线列车提速至 400 km/h 为目标，开展了大量的研究工作，一方面追求更高速度，要提高为更大的功率，提高转矩；另一方面也要研究减速、停车技术，要能跑也能停，提出采用风阻制动技术。

在磁浮技术方面，2015 年 4 月，日本 JR（Japan Railways）公司制造的 L0 磁浮列车在山梨线创造出了 603 km/h 的世界最高载人行驶速度纪录。中国上海磁浮设计最高运行速度为 430 km/h。目前，中国中车股份有限公司和西南交通大学各自开展着速度 600 km/h 高速磁浮技术的研究。

综合近年来的技术成果：列车运行速度 400～600 km/h，以轮轨技术为主；速度 600～1 000 km/h，以磁浮技术为主；速度 1 000 km/h 及以上，探索真空管道磁浮技术。

（2）智能化。

国铁集团王同军在《智能铁路总体架构与发展展望》中提出智能铁路总体架构，智能化成为铁路未来发展的方向，利用云技术、物联网技术、BIM（建筑信息模型）、智能传感、大数据挖掘、5G 通信等新兴技术，实现了运行故障自诊断、自动驾驶、智能行车、智能服务等功能，比如：温度调节、车内压力调节、信息推送、娱乐系统、便民服务等。以智能装备、智能控制、智能检测、智能运输、智能管理为主要内容，打造智能铁路系统。党的二十大报告提出："加快发展数字经济，促进数字经济和实体经济深度融合"。

2016 年我国在东环—惠州城际铁路以及佛山—肇庆城际铁路中首次实现了速度 200 km/h 的动车组无人驾驶，目前只有中国、澳大利亚和法国在研究推广高铁无人驾驶技术。

相比机车和动车组，货车的智能监测系统还较为落后，依托地面铁路车辆运行安全监控系统实现轴温、轴承等监测，但对于车辆自身的参数，如：车体振动、摇枕振动、制动系统的压力及制动缸行程、车钩纵向力等，地面设备却监测不到。近年来，逐渐开始发展智能监测系统，2019 年，车辆定位追踪管理系统、制动故障预测预警系统、轴温无线探测系统相继在国能铁路装备有限责任公司列车上安装、运用。2020年,中国国能集团有限公司相继完成了108辆C80型敞车无线ECP(Electronically Controlled Pneumatic,电气控制气动)制动系统的装车改造,完成具有智能监测功能的智能漏斗车试制。

(3)互通化。

2022年12月14日,中共中央、国务院印发了《扩大内需战略规划纲要(2022—2035年)》:支持重点城市群率先建成城际铁路网,推进重点都市圈市域(郊)铁路和城市轨道交通发展,并与干线铁路融合发展。国铁和市域(郊)铁路的融合将成为当前一个重要的课题。

(4)低碳化。

各个国家正在追求低碳技术。《欧洲绿色协议》希望在2050年前,欧盟的交通运输产生的温室气体(二氧化碳)排放量减少90%。我国承诺2030年前实现"碳达峰",2060年前实现"碳中和"。党的二十大报告指出:"推动经济社会发展绿色化、低碳化是实现高质量发展的关键环节。"

目前要取代内燃牵引,主要方式是采用锂电池,目前尚无一种锂电池能与铁路电力牵引完美匹配。法国Saft公司最近开发了LTO(Lithium Titanium Oxide)电池,它在恶劣环境中具有安全性、可靠性和长寿命等优点,其寿命是其他锂电池的3~5倍,可以接受大于其额定值10倍的充电,非常满足快速充电需求。

近年来氢燃料技术也逐渐进入铁路运输行业,自2006年日本研发世界首列搭载氢燃料电池和蓄电池的E995系混合动力列车以来,法国阿尔斯通、JR东日本、德国西门子、英国Vivarail等多个制造商开展了氢燃料的研发与试验。

德国铁路股份公司宣布,该公司所运营的德国列车将在2040年之前完全停止使用柴油,转而使用生物燃料作为主要的替代品。2022年8月24日,德国运营商EVB在库克斯港至不来梅港和布克斯特胡德的线路上,正式开启了氢动力进入客运服务,线路所用氢能源列车由阿尔斯通研发制造。该线路长度100 km,是世界上第一条100%氢能源列车服务的线路。

2019年11月,我国中车青岛四方机车车辆股份有限公司研制的氢燃料电池有轨电车在佛山高明正式投入使用，该有轨电车最高运行速度70 km/h，车辆的车顶设置了6个140 L的储氢瓶，加氢一次大约用时10 min，可连续走行100 km。2016年4月，世界首列商用型燃料电池/超级电容混合动力100%低地板现代有轨电车在中车唐山机车车辆有限公司下线，该有轨电车装用Ballard公司生产的FCveloCity型燃料电池，采用2动1拖编组，最大载客量336人，一次加氢需5 min，可持续行驶40 km，最高运行速度70 km/h。《中国氢能产业基础设施发展蓝皮书》提到，2030年，氢能产业将成为我国新的经济增长点和新能源战略的重要组成部分。

2021年10月29日，由中车大同电力机车有限公司研制的首台氢燃料电池混合动力机车正式在美丽的草原——内蒙古自治区的锦白铁路投入运行。中车大同电力机车有限公司研制的氢燃料电池混合动力机车设计速度达到80 km/h，满载氢气可单机连续运行24.5 h。

2022年12月28日，中车长春轨道客车股份公司联合成都轨道交通集团有限公司共同研制的具有自主知识产权的首列氢能源市域列车在成都下线。列车采用4编组，最高速度160 km/h，内置"氢能动力"系统为车辆运用提供强劲持久的动力源，可实现600 km的超长续航。

2022年8月24日，德国首条运行氢能列车的铁路线路在北部下萨克森州正式启用，线路长约100 km，此前这条线路主要运行柴油列车。该线路运行由法国阿尔斯通公司设计、在德国组装的14编组的氢能载客列车"Coradia iLint"。该列车使用纯氢气作为燃料，从环境空气中收集氧气，在燃料电池中将这两种气体转化为电能，行驶时只产生蒸汽和冷凝水，且噪声很低。

（5）走出去。

中国铁路走出去，实质表现为标准走出去。亚吉铁路、中老铁路、埃及斋月十日城铁路、雅万高铁等，都推动中国标准走出去。

亚吉铁路，是埃塞俄比亚至吉布提的标准轨距铁路，是非洲大陆一条连接埃塞俄比亚和吉布提以货运为主的铁路，是东非地区首条标准轨距电气化铁路，是落实"一带一路"倡议和中非合作论坛约翰内斯堡峰会"十大合作计划"的早期收获，是中非"三网一化"和产能合作的标志性工程，是中国企业在海外建设的第一条全产业链"走出去"的铁路,被誉为"新时期的坦赞铁路"。亚吉铁路西起埃塞俄比亚的瑟伯塔站,东至吉布提的多拉雷港站,全长752.7 km,设置45座车站,设计速度120 km/h。2012年,亚吉铁路开工建设;2016年10月5日,亚吉铁路埃塞俄比亚段建成通车;2017年1月10日,亚吉铁路吉布提段建成通车;2018年1月1日,亚吉铁路开通商业运营。

中老铁路是一条连接中国云南省昆明市与老挝万象市的电气化铁路,由中国按国铁Ⅰ级标准建设,是第一个以中方为主投资建设、共同运营并与中国铁路网直接连通的跨国铁路。线路全长1 004 km,包括:昆明南站至玉溪站段,全长79 km,设计速度200 km/h;玉溪站至磨憨站段,全长507 km,设计速度160 km/h;磨丁站至万象南站段,全长418 km,设计速度160 km/h。2010年5月21日,昆玉段开工建设;2015年12月2日,磨万段开工建设;2016年4月19日,玉磨段开工建设;2021年12月3日,中老铁路全线通车运营。

埃及斋月十日城铁路项目是中国和埃及在"一带一路"的倡议下务实合作取得的重大成果,由中国中铁股份有限公司(以下简称"中国中铁")和中国航空技术国际控股有限公司(以下简称"中航国际")联合承建。埃及斋月十日城铁路项目是埃及第一条电气化铁路项目,全长约67.85 km。2022年12月12日,斋月十日城市郊铁路项目一、二期线路正式投入运营。

雅万高铁设计速度350 km/h,连接印度尼西亚的首都雅加达和第四大城市万隆,全长142 km,建成之后,雅加达至万隆的铁路旅行时间将从3 h多,缩短为40 min。雅万高铁采用的是"中国技术、中国标准、中国装备",是中国高铁首次全系统、全要素、全产业链在海外落地。雅万高铁于2018年6月全面开工,预计2023年8月开通运营。

2. 城 轨

(1)互联互通。

针对国内都市圈多种轨道交通,解决不同标准、不同设备、不同轨距、不同供电制式、不同信号系统下移动装备互操作与无缝衔接等重大技术成为当前的重要课题。

（2）提高轨道网络换乘便捷性。

优化线网结构，提高网络整体客流直达性，不同线路站台换乘不宜大于3 min。

（3）智慧地铁。

建立基础信息平台，实现全自动运行，实现智慧服务、智慧管理、智慧运维。

（4）绿色建造。

推动绿色建筑、装配式建筑、海绵城市、综合管廊技术，道床采用新型阻尼弹簧隔振系统技术，降低对居民的噪声干扰。

2022年8月18日，中国城市轨道交通协会发布了《中国城市轨道交通绿色城轨发展行动方案》，从6个方面落实绿色交通：绿色城轨、城轨交通碳达峰碳中和、绿色城轨与碳达峰碳中和、绿色城轨与绿色转型、绿色城轨与绿色建筑、绿色城轨与智慧城轨。

（5）人文车站。

车站融入当地文化，注重人文艺术，成为城市一道靓丽风景线。

（6）TOD综合开发。

TOD（Transit-Oriented Development，以公共交通为导向的开发）综合开发是优化城市空间格局、提升城市能级和品质、重塑城市经济地理的重要举措。

1.3 我国铁路概况

1.3.1 路网规划

《孙子兵法》有云："不谋全局者，不足以谋一域"。铁路建设，规划先行，铁路工程设计是在路网规划的框架下进行的，因此，作为设计师首先需解读路网规划，知悉工程设计之源。铁路规划是经过对我国未来经济、政治、

1 遇见铁路

科技等方面进行充分评判做出的。早在1920年，孙中山在其著作《建国方略》中，规划建设16万千米铁路，由于当时的中国国力所限，未能实现。

近年来我国铁路主要规划如下：

1.《中长期铁路网规划》

2016年7月13日，国家发展和改革委员会（以下简称"国家发改委"）、交通运输部、中国铁路总公司联合发布了《中长期铁路网规划》（发改基础〔2016〕1536号），部分内容如下：

"……展望到2030年，基本实现内外互联互通、区际多路畅通、省会高铁连通、地市快速通达、县域基本覆盖。

"——完善广覆盖的全国铁路网。连接20万人口以上城市、资源富集区、货物主要集散地、主要港口及口岸，基本覆盖县级以上行政区，形成便捷高效的现代铁路物流网络，构建全方位的开发开放通道，提供覆盖广泛的铁路运输公共服务。

"——建成现代的高速铁路网。连接主要城市群，基本连接省会城市和其他50万人口以上大中城市，形成以特大城市为中心覆盖全国、以省会城市为支点覆盖周边的高速铁路网。实现相邻大中城市间1~4小时交通圈，城市群内0.5~2小时交通圈。提供安全可靠、优质高效、舒适便捷的旅客运输服务。

"——打造一体化的综合交通枢纽。与其他交通方式高效衔接，形成系统配套、一体便捷、站城融合的铁路枢纽，实现客运换乘'零距离'、物流衔接'无缝化'、运输服务'一体化'。"

2.《新时代交通强国铁路先行规划纲要》

2020年8月，国铁集团出台了《新时代交通强国铁路先行规划纲要》。纲要提出，到2035年，率先建成现代化铁路强国。铁路网内外互联互通、区际多路畅通、省会高效连通、地市快速通达、县域基本覆盖、枢纽衔接顺畅，网络设施智慧升级，有效供给能力充沛。全国铁路网达到20万千米左右，其中高铁7万千米左右。20万人口以上城市实现铁路覆盖，其中50万人口以上城市高铁通达。

3.《中华人民共和国国民经济和社会发展第十四个五年规划和 2035 年远景目标纲要》

2021 年 3 月 11 日,《中华人民共和国国民经济和社会发展第十四个五年规划和 2035 年远景目标纲要》提出,到 2025 年,全国铁路营业里程将达到 17 万千米左右,其中高铁(含城际铁路)5 万千米左右,铁路基本覆盖城区人口 20 万以上城市,高铁覆盖 98% 城区人口 50 万以上城市。"十四五"期间,在建、已批项目规模达到 3.19 万亿。

4.《"十四五"铁路科技创新规划》

2021 年 12 月,国家铁路局《"十四五"铁路科技创新规划》(国铁科法〔2021〕45 号)发展目标为"到 2025 年,铁路创新能力、科技实力进一步提升,技术装备更加先进适用,工程建造技术持续领先,运输服务技术水平显著增强,智能铁路技术全面突破,安全保障技术明显提升,绿色低碳技术广泛应用,创新体系更加完善,总体技术水平世界领先。"

5.《现代综合交通枢纽体系"十四五"发展规划》

2022 年 2 月,交通运输部、国家铁路局、中国民用航空局、国家邮政局和中国国家铁路集团有限公司联合印发了《现代综合交通枢纽体系"十四五"发展规划》(简称《枢纽规划》)。这是首次由多部门和单位联合印发的综合交通枢纽类规划,具有很强的指导性,将推动我国综合交通枢纽体系发展迈上新台阶。

6.《"十四五"新型城镇化实施方案》

2022 年 6 月,《国家发展改革委关于印发"十四五"新型城镇化实施方案的通知发改规划》(国函〔2022〕52 号)方案提出,提高都市圈交通运输连通性便利性,统筹利用既有线与新线因地制宜发展城际铁路和市域(郊)铁路。基本贯通综合运输大通道,提高铁路和高速公路城市覆盖率。建设城市群一体化交通网,加快推进京津冀、长三角、粤港澳大湾区城际铁路和市域(郊)铁路建设,有序推进成渝地区双城经济圈和其他重点城市群多层次轨道交通建设,到2025年新增城际铁路和市域(郊)铁路运营里程3 000 km,基本实现主要城市间2 h通达。

7.《加快建设交通强国五年行动计划(2023—2027年)》

2023年3月,交通运输局、国家铁路局、民用航空局、国铁集团联合发布《加快建设交通强国五年行动计划(2023—2027年)》:到2027年,全国铁路营业里程达到17万公里左右,其中高速铁路5.3万公里左右,普速铁路17万公里左右。

8. 各省市规划

《中长期铁路网规划》是国家级规划,各省(区、市)既要贯彻落实《中长期铁路网规划》,又要根据本地实际情况出发,编制省(区、市)级规划,为当地铁路建设提供重要依据,又要注意与相邻地区的规划做到相互协调。比如《贵州省"十四五"综合交通运输体系发展规划》。

9. 地铁规划

地铁规划由各个城市自主编制,报住房城乡建设部(以下简称"住建部")审批。编制方案主要根据《国务院关于城市优先发展公共交通的指导意见》(国发〔2012〕64号)、《国务院关于加强城市基础设施建设的意见》(国发〔2013〕36号)、《住房城乡建设部关于加强城市轨道交通线网规划编制的通知》(建城〔2014〕169号)、《关于发展现代有轨电车的指导意见》等要求编制线网规划和建设规划。

1.3.2 发展简史

我国铁路发展较晚,清政府对铁路较为排斥,认为铁路"失我险阻,害我田庐,妨碍我风水"。1865年,英国商人杜兰德在北京宣武门外沿着护城河修建了一条长约500 m,有小型蒸汽机车行驶的模型铁路供人观赏,这是中国出现最早的一条铁路。不久,清政府以"见者诧骇,谣诼纷起"为由,勒令将其拆除。

1. 吴淞铁路（见图1.3.1）

1875年，英国在未征得清政府同意的情况下，在上海擅自修建了从吴淞镇到上海的吴淞铁路，于1876年7月建成。吴淞铁路是全长14.5 km，轨距0.76 m的单线铁路，是中国办理客货运输业务的第一条铁路。中国也因此成为继日本及印度之后第三个修建铁路的亚洲国家。在经营了一年多后，清政府用28.5万两白银将其赎回并拆除。

图1.3.1　吴淞铁路

2. 唐胥铁路（见图1.3.2）

唐胥铁路是连接唐山至胥各庄的运煤铁路，线路全长9.7 km，1881年建成通车，因清政府怕火车"震动山陵"，最初只准用骡马拖拉车辆。唐胥铁路是清政府主张兴建的第一条官督商办铁路，是中国真正成功保存下来并加以实际应用的第一条铁路，也是中国第一条采用1 435 mm轨距的铁路。唐胥铁路揭开了中国自主修建铁路的序幕。

图1.3.2　唐胥铁路

3. 京张铁路（见图 1.3.3）

甲午战争失败后，清政府逐渐认识到铁路的重要性。1905 年 9 月开工修建京张铁路，京张铁路连接北京市的丰台区和河北省的张家口，经八达岭、居庸关、沙城、宣化等地至河北张家口，线路全长约 200 km，1909 年 8 月建成通车。京张铁路是清政府自行兴建的第一条完全由中国人自行设计施工的铁路，总设计师是我国杰出的工程师、铁路工程专家——詹天佑，建造了我国第一座铁路隧道——京张铁路八达岭隧道，全长 1 091 m。京张铁路动工时，西方报纸曾发文讥讽："中国造此路之工程师尚未诞生！"，詹天佑等工程技术人员顶着压力迎难而上，创造性地运用了"人"字形铁路，使火车能在山区陡坡通行。

图 1.3.3　京张铁路

4. 成渝铁路（见图 1.3.4）

成渝铁路是连接成都至重庆的铁路，线路全长 505 km，是新中国成立后建成的第一条干线铁路，还是第一条完全由中国人自己设计、施工，完全采用国产材料建成的铁路。成渝铁路是第一条出四川的铁路，从此"蜀道难，难于上青天"成为历史。1950 年 6 月 15 日，在成都举行成渝铁路开工典礼，邓小平莅临致辞，贺龙亲手将一面绣有"开路先锋"的锦旗授予当时的筑路大军，几十万筑路大军用灯笼、火把照明，用钢钎、大锤、十字镐开凿，尽显英雄气概。1952 年 7 月建成通车，时任西南军政委员会主席刘伯承发布命令嘉奖西南铁路工程局两年修通成渝铁路。

图 1.3.4 成渝铁路

5. 宝成铁路（见图 1.3.5）

宝成铁路是连接宝鸡至成都的铁路，线路全长 668 km，工程于 1952 年 7 月 1 日从成都端动工，1954 年 1 月宝鸡端也开始施工，建成的新会龙场隧道长 4 245 m，是当时最长的铁路隧道，1956 年 7 月建成通车。1958 年 6 月开始进行电气化改造，1975 年 7 月完成铁路电气化工程改造。宝成铁路是我国第一条电气化铁路，是新中国成立后第一个十年重大建设成果之一，工程由铁道第二勘察设计院（现中铁二院）设计。

图 1.3.5 宝成铁路

宝成电气化铁路的供电制式最初设想是按苏联使用的 3 000 V 直流电压

制。唐山铁道学院（现西南交通大学）曹建猷教授通过对大量资料的分析，并结合我国的特点，认定我国应选择工频交流电压制。1957 年，宝成铁路采用 25 kV 工频单相交流制被国家正式批准，至此，25 kV 工频（50 Hz）单相交流制也成为我国电气化铁路供电标准。

6. 成昆铁路（见图 1.3.6）

成昆铁路连接成都至昆明，1958 年 7 月全面动工建设，1970 年 7 月全线开通运营，历时 12 年，线路全长 1 096 km。成昆铁路是铁道部西南铁路工程局设计分局（现中铁二院）设计，沿线地质条件复杂，有"地质博物馆"之称，有三分之二路程经过高山、深涧、沟壑、大河，除地形复杂外，沿途还是滑坡、泥石流、崩塌、山体错落等几十种地质灾害的高频发生地，先后有 2 000 多人为修建成昆铁路献出宝贵的生命。成昆铁路是我国在世界上收获荣誉最高的工程，创造了 18 项中国铁路之最，13 项世界铁路之最。1984 年 12 月，中国成昆铁路建成、美国阿波罗宇宙飞船登月、苏联第一颗人造地球卫星上天，被联合国并称为"象征 20 世纪人类征服自然的三大奇迹"。

2022 年 12 月 26 日，新成昆铁路全线开通运营，线路全长 915 km，线路规划的"裁弯取直"让新成昆铁路长度较老成昆铁路缩短了 181 km，有效化解了多种地质风险，攻克了世界性建设难关。成都至昆明的时间大幅缩短，最快时间为 7.5 h。

图 1.3.6　成昆铁路

7. 大秦铁路（见图1.3.7）

大秦铁路连接山西省的大同市与河北省的秦皇岛市，线路全长653 km，1992年建成通车。大秦铁路是中国第一条重载铁路，牵引质量达到2万吨。大秦铁路由铁道第三勘察设计院（现中国铁路设计集团有限公司，以下简称"中国铁设"）设计。

图1.3.7　大秦铁路

8. 粤海铁路（见图1.3.8）

粤海铁路由"两线一渡"工程组成，即广东省境内的湛江至海安铁路（线路全长139 km）、琼州海峡铁路轮渡（线路全长24 km）、海南省境内的海口至叉河西环铁路（线路全长182 km），于2003年1月7日建成通车。粤海铁路由铁道第二勘察设计院（现中铁二院）设计，是我国第一条跨海轮渡铁路。

图1.3.8　粤海铁路

1 遇见铁路

9. 秦沈铁路（见图 1.3.9）

秦沈铁路南起秦皇岛站，北至沈阳北站，2003 年 10 月建成通车，线路长度 404 km。秦沈铁路由铁道第三勘察设计院（现中国铁设）设计，是中国第一条高速铁路，设计运行速度为 200 km/h，最高运行速度为 300 km/h。

图 1.3.9　秦沈铁路

10. 上海磁浮（见图 1.3.10）

上海磁悬浮是世界上首条投入商业化运营的磁悬浮列车示范线，全长 30 km，于 2006 年 4 月正式投入营运。

图 1.3.10　上海磁浮

11. 青藏铁路（见图 1.3.11）

青藏铁路连接青海省西宁市与西藏自治区拉萨市，线路全长 1 956 km。青藏铁路由中铁第一勘察设计院集团有限公司（以下简称"铁一院"）设计，工程分为两期，一期工程东起西宁市，西至格尔木市，于1958年开工，1984年5月建成通车；二期工程东起格尔木市，西至拉萨市，2001年6月29日开工，2006年7月建成通车。青藏铁路是世界上海拔最高、线路最长的高原铁路。通过采用防冻土融化、热棒单向导热、路基铺设通风管等技术克服了高原冻土难题。

图 1.3.11　青藏铁路

12. 京津城际铁路（见图 1.3.12）

京津城际铁路连接北京南站经天津站至滨海站，全长约 166 km，2008年8月建成通车。京津城际铁路由铁道第三勘察设计院（现中国铁设）设计，是我国第一条运行速度超过 300 km/h 的高速铁路，至此，我国迈入快速建设高速铁路时期。

图 1.3.12　京津城际

13. 北京地铁 1 号线

北京地铁 1 号线是我国第一条城市轨道交通线，线路全长 30.5 km，工程于 1967 年开工，1969 年 10 月 1 日建成通车。由于当时的主导思想是"战备为主，兼顾交通"，所以当时并没有对公众开放。1971 年 1 月 15 日，北京地铁正式对外开放运营。

1.3.3 铁路现状

我国已经基本建成布局合理、覆盖广泛、层次分明、安全高效的铁路网络，为构建现代流通体系、畅通国民经济循环提供了铁路运输基础设施保障。

1. 铁路运营里程

根据国家铁路局发布的铁道统计公报，近几年我国大陆地区的铁路及高铁运营里程如图 1.3.13 所示。

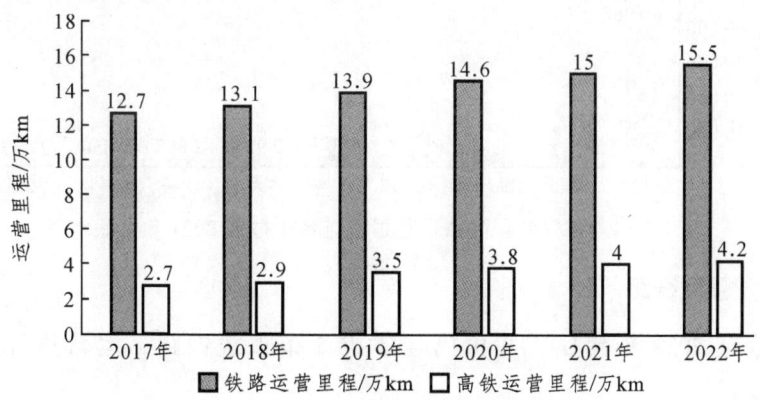

图 1.3.13　2017—2022 年铁路运营里程柱状图

2. 机车车辆配属

根据国家铁路局铁道统计公报，近年来铁路机车车辆配属见表 1.3.1。从表中可以看出，近 5 年机车、客车配属量基本不变；货车配属量缓慢增加，年平均增幅 5%；动车组平均年投放 200 多标准列。

表 1.3.1　2018—2022 年铁路机车车辆配属数据表

车型	2018 年	2019 年	2020 年	2021 年	2022 年
机车/内燃机车/万台	2.1/0.8	2.2/0.8	2.2/0.8	2.17/0.78	2.21/0.78
客车/万辆	7.2	7.6	7.6	7.8	7.7
货车/万辆	83	87.8	91.2	96.6	99.7
动车组/标准列	3 256	3 665	3 918	4 153	4 194

3. 高速铁路

经过 40 多年的发展，我国成功建设了世界上规模最大、现代化水平最高的高速铁路网，"四纵四横"高铁网已经形成，"八纵八横"高铁网正加密成形，高铁已覆盖全国 92% 的 50 万人口以上的城市。世界高铁运营里程排名前 9 的国家如图 1.3.14 所示（其中，我国高铁运营里程占世界高铁总里程的 70% 以上）。

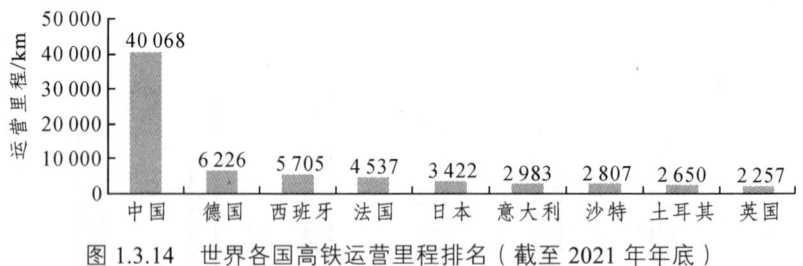

图 1.3.14　世界各国高铁运营里程排名（截至 2021 年年底）

4. 重载铁路

截至 2022 年年底，我国已经建成 5 条重载铁路，运营里程达到 5 378 km。

（1）大秦铁路。

大秦铁路西起山西省大同市韩家岭站，东至河北省秦皇岛市柳村南站，线路全长 653 km，是中国新建的第一条双线电气化重载运煤专线，列车重载运营速度 100 km/h，1992 年年底全线通车，最大牵引质量 2 万吨。2018 年，大秦铁路每天开行 1 万吨、1.5 万吨、2 万吨重载列车 90 多列，日均运量 130 万吨以上。2014 年 4 月 2 日，一列由 4 台 HX_D1 机车牵引，编组 320 辆，满

1 遇见铁路

载3万吨煤炭的试验列车成功开行,实现了我国铁路重载列车牵引质量从2万吨到3万吨的跨越。

(2)瓦日线。

瓦日线西起山西省吕梁市兴县瓦塘镇,东至山东省日照港,线路全长1 260 km,是世界上第一条按30 t重载铁路标准建设的铁路,牵引质量1万吨,于2014年12月30日正式建成通车。

(3)浩吉铁路。

浩吉铁路原名蒙华铁路,北起内蒙古鄂尔多斯市境内的浩勒报吉南站,南到京九铁路吉安站,线路全长1 813.5 km,是世界上一次性建成的最长的重载煤运铁路,设计速度120 km/h,2019年9月28日开通运营,设计牵引质量1万吨。

(4)唐包铁路。

唐包铁路东起河北省唐山市曹妃甸北站,西至内蒙古包头东站,线路全长1 054 km,2015年12月全线投产运营,牵引质量1万吨。

(5)朔黄铁路。

朔黄铁路西起山西省神池县神池南站,东至河北省沧州市黄骅港口货场,正线总长598 km。1999年11月1日全线建成通车。2014年8月开行了30 t轴重,编组110辆KM_{98}型车辆,实现万吨级牵引质量。2020年7月29日,全球最大牵引力电力机车"神24"下线,单机功率可达28 800 kW,可在12‰的坡道上单机牵引万吨货物列车。

5. 高原铁路

高原铁路具有高寒缺氧、多年冻土、环境保护、长大坡道、长大桥隧等特点,给工程建造带来了全新的挑战。

(1)青藏铁路。

建设进藏铁路是中国人近百年来追逐的梦想,1918年,孙中山先生在《建国方略》中提出建设青藏铁路。20世纪美国现代火车旅行家保罗·索鲁在《游历中国》一书中写道:"有昆仑山脉在,铁路永远到不了拉萨"。

新中国成立后，中国铁路人花费了近50年终于打通了第一条进藏铁路——青藏铁路，线路全长1 956 km。一期工程西宁—格尔木，1958—1984年，全长814 km，平均海拔3 000 m；二期格尔木—拉萨，2001—2006年，全长1 142 km。青藏铁路由铁一院设计。

青藏铁路是海拔最高的铁路，高海拔、冻土成为建造铁路主要的难题。线路过了格尔木，便进入了昆仑山脉，海拔陡然上升，必须建设昆仑山隧道，这里环境恶劣，含氧量只有平原的50%，最低温度为-30 ℃。线路过了昆仑山脉便进入了冻土地带，冻土对温度变化非常敏感，受热融化下沉，遇冷冻结膨胀。

青藏铁路的建成创造了新的世界纪录，比如：风火山隧道（见图1.3.15），海拔5 010 m，是世界第一高的冻土铁路隧道；唐古拉站（见图1.3.16），在海拔5 067 m冻土区，是世界海拔第一高的火车站。

图1.3.15　风火山隧道

图1.3.16　唐古拉站

（2）川藏铁路。

川藏铁路是中国第二条进藏铁路，东起四川省成都市、西至西藏自治区拉萨市，线路全长约 1 800 km，设计速度 200 km/h。川藏铁路工程需要面对崇山峻岭、地形高差、地震频发、复杂地质、季节冻土、山地灾害、高原缺氧以及生态环保等建设难题。川藏铁路集合了山岭重丘、高原高寒、风沙荒漠、雷雨雪霜等多种极端地理环境和气候特征，跨越 14 条大江大河、21 座 4 000 m 以上的雪山，被称为"最难建的铁路"。

川藏铁路分为三段建设，其中成都至雅安段、林芝至拉萨段分别于 2018 年 12 月、2021 年 6 月开通，中间雅安至林芝段于 2021 年 12 月开工，计划 2032 年开通。

川藏铁路由中铁二院总体设计，铁一院和中铁二院分段设计。

6. 城市轨道

根据中国城市轨道交通协会城市轨道交通统计报告，截至 2022 年 12 月 31 日，中国累计有 55 个城市投运城轨交通线路 10 287.45 km（统计数据不包括港澳台地区），其中地铁 8 008.17 km，占比 77.84%，中国内地各城市城轨交通运营线路情况见图 1.3.2。

表 1.3.2　全国城轨交通运营线路统计（截至 2022 年年底）　单位：km

序号	城市	合计	地铁	轻轨	跨座式单轨	市域快轨	有轨电车	磁浮交通	自动导向轨道系统	电子导向胶轮系统	导轨式胶轮系统
1	北京	868.37	722.08			115.33	20.76	10.2			
2	上海	936.17	795.37			56	49.4	29.11	6.29		
3	天津	293.14	233.03	52.25			7.86				
4	重庆	478.29	336.22		98.45	28.22					15.4
5	广州	621.58	519.08			76.5	22.1		3.9		
6	深圳	567.11	546.89				11.72				8.5
7	武汉	509.98	460.84				49.14				

续表

序号	城市	合计	地铁	轻轨	跨座式单轨	市域快轨	有轨电车	磁浮交通	自动导向轨道系统	电子导向胶轮系统	导轨式胶轮系统
8	南京	465.77	202.56			246.5	16.71				
9	沈阳	216.68	114.07				102.61				
10	长春	124.25	43.04	63.7			17.51				
11	大连	235.99	65.64	103.8		43.15	23.4				
12	成都	652.04	518.54			94.2	39.3				
13	西安	298.42	272.12			26.3					
14	哈尔滨	78.08	78.08								
15	苏州	254.2	209.98				44.22				
16	郑州	275.49	232.49			43					
17	昆明	165.85	165.85								
18	杭州	516	516								
19	佛山	115.47	94.62				20.85				
20	长沙	209.66	191.11					18.55			
21	宁波	185.14	163.61			21.53					
22	无锡	110.77	110.77								
23	南昌	128.45	128.45								
24	兰州	86.53	25.53			61					
25	青岛	323.77	140.7			174.3	8.77				
26	淮安	20.07					20.07				
27	福州	110.68	110.68								
28	东莞	37.79	37.79								
29	南宁	124.96	124.96								
30	合肥	170.95	170.95								
31	石家庄	74.28	74.28								
32	贵阳	74.37	74.37								
33	厦门	98.4	98.4								

1 遇见铁路

续表

序号	城市	合计	地铁	轻轨	跨座式单轨	市域快轨	有轨电车	磁浮交通	自动导向轨道系统	电子导向胶轮系统	导轨式胶轮系统
34	珠海	8.8					8.8				
35	乌鲁木齐	26.8	26.8								
36	温州	53.51				53.51					
37	济南	84.1	84.1								
38	常州	54.03	54.03								
39	徐州	64.09	64.09								
40	呼和浩特	49.03	49.03								
41	天水	12.93					12.93				
42	三亚	8.37					8.37				
43	太原	23.28	23.28								
44	株洲	17								17	
45	宜宾	17.7								17.7	
46	洛阳	42.46	42.46								
47	嘉兴	60.12				46.32	13.8				
48	绍兴	47.1	47.1								
49	文山州	13.4					13.4				
50	芜湖	46.2			46.2						
51	南平	26.17					26.17				
52	金华	85.2				85.2					
53	南通	39.18	39.18								
54	台州	52.4				52.4					
55	黄石	26.88					26.88				
小计		10 287.45	8 008.17	219.75	144.65	1 223.46	564.77	57.86	10.19	34.7	23.9

1.4 移动装备

移动装备用于承载人员、运输物资。客运以快速、舒适为标志,轻便货物追求快速,大宗物品主要向重载方向发展。

1.4.1 机 车

机车俗称"火车头",用于牵引旅客或货物列车。

1. 机车分类

按照牵引动力的不同,目前机车可分为内燃机车、电力机车;按照传动方式的不同,机车分为交-直机车(直流机车)、交-直-交机车(交流机车)。

1)内燃机车

内燃机车的动力装置是柴油机,柴油在气缸内燃烧,将产生的热能转换为柴油机曲轴输出的机械能,再通过主发动机把曲轴输出的机械能转换为电能,通过牵引电动机驱动机车动轮在轨道上转动。内燃机车具有以下优点:

(1)对于输电成本较高的地区或缺电的地区,内燃机车具有天然的优点。

(2)在线路故障等情况下,内燃机车可不受约束,自带动力,保障运输。

2)电力机车

电力机车是一种通过外部接触网供给电能,由牵引电动机驱动的牵引动力设备。相比较内燃机车有以下优点:

(1)清洁无污染。消耗电能,无污染、无有害排放物。

(2)功率大、速度快。内燃机车受结构的限制,功率受到影响,电力机车的功率相对较大;加上电网容量超过机车功率很多倍,使得电力机车向高速、重载方向发展成为现实;另外在高原运行时,电力机车不存在内燃机车功率损失问题。

(3)热效率高,成本低。电力机车的平均热效率为26%,高于内燃机车,运输成本低,经济效益高。

（4）维修便利，成本低。电力机车配置的电气设备具有保养容易、维修量小、检修周期短等特点。

（5）工作条件舒适。电力机车乘务员相比内燃乘务员劳动强度低，工作环境、噪声、采光、振动等方面都有很大的改善。

2. 我国机车

我国东风型（DF型）机车为直流传动内燃机车，韶山型（SS型）为直流传动电力机车，和谐型电力（HX_D型）为交流传动电力机车，和谐型内燃（HX_N型）为交流传动内燃机车。目前，我国直流机车已于2009年停产，全面采用交流机车，即HX_D型电力机车、HX_N型内燃机车。

HX_D型交流电力机车包括HX_D1、HX_D2、HX_D3三种型号，HX_N型交流内燃机车包括HX_N3、HX_N5、HX_N6三种型号。HX_D1G现在改名为$FXD1$型，HX_D1F型改名为$FXD1B$型，HX_D2F型改名为$FXD2B$型，HX_D3G型改名为$FXD3$型。

（1）HX_D1型电力机车。

HX_D1型电力机车参数如表1.4.1所示。

表1.4.1　HX_D1型电力机车参数

参　数	HX_D1	HX_D1B	HX_D1C	HX_D1D	FXD1（HX_D1G）	FXD1B（HX_D1F）
用途	货机	货机	货机	客机	客机	货机
轴式	$B_0—B_0+B_0—B_0$	$C_0—C_0$	$C_0—C_0$	$C_0—C_0$	$B_0—B_0$	$B_0—B_0+B_0—B_0$
轴重/t	23/25	25	23/25	21	19.5	27/30
牵引功率/kW	9 600	9 600	7 200	7 200	5 600	9 600
最高速度/(km/h)	120	120	120	160	160	100
车长（前后车钩中心距）/mm	35 222	22 670	22 670	22 754	2×17 610	35 240
车宽/mm	3 100	3 100	3 100	3 098	3 098	3 100
车高（车顶平面至轨面）/mm	4 020	4 040	4 050	4 068	3 950	4 103
机车质量/t	184/200	150	138/150	126	2×78	216/240

HX$_D$1 型电力机车如图 1.4.1～图 1.4.4 所示。

图 1.4.1　HX$_D$1 型电力机车

图 1.4.2　HX$_D$1B 型电力机车

图 1.4.3　HX$_D$1C 型电力机车

图 1.4.4　HX_D1D 型电力机车

（2）HX_D2 型电力机车。

HX_D2 型电力机车参数如表 1.4.2 所示。

表 1.4.2　HX_D2 型电力机车参数

参　数	HX_D2	HX_D2B	HX_D2C	FXD2B (HX_D2F)
用途	货机	货机	货机	货机
轴式	2（B_0—B_0）	C_0—C_0	C_0—C_0	2（B_0—B_0）
轴重/t	23/25	25	23/25	27/30
持续功率/kW	9 600	9 600	7 200	9 600
最高速度/（km/h）	120	120	120	100
车长（前后车钩中心距）/mm	2×19 075	22 960	22 960	2×19 075
车宽/mm	2 855	2 856	2 850	3 100
车高（车顶平面至轨面）/mm	3 964	3 855	3 964	3 914
机车质量/t	200	150	138/150	2×108/120

HX_D2 型电力机车如图 1.4.5 ~ 图 1.4.7 所示。

图 1.4.5　HX_D2 型电力机车

图 1.4.6　HX_D2B 型电力机车

图 1.4.7　HX_D2C 型电力机车

（3）HX_D3 型电力机车。

HX_D3 型电力机车参数如表 1.4.3 所示。

表 1.4.3　HX_D3 型电力机车参数

参　数	HX_D3	HX_D3B	HX_D3C	HX_D3D	$FXD3(HX_D3G)$
用　途	货机	货机	客货	客机	客机
轴式	C_0-C_0	C_0-C_0	C_0-C_0	C_0-C_0	B_0-B_0
轴重/t	23/25	25	23/25	21	19.5
持续功率/kW	7 200	9 600	7 200	7 200	5 600
最高速度/(km/h)	120	120	120	160	160
车长（前后车钩中心距）/mm	20 846	22 781	20 846	22 989	200 000
车宽/mm	3 100	2 950	3 100	3 100	3 105
车高（车顶平面至轨面）/mm	4 100	4 250	4 100	4 100	4 030
机车质量/t	138/150	150	138/150	126	156

HX_D3 型电力机车如图 1.4.8～图 1.4.11 所示。

图 1.4.8　HX_D3 型电力机车

图 1.4.9　HX_D3B 型电力机车

图 1.4.10　HX_D3C 型电力机车

图 1.4.11　HX_D3D 型电力机车

（4）HX_N 型内燃机车。

HX_N 型内燃机车参数如表 1.4.4 所示。

表 1.4.4 HX_N 型内燃机车参数

参 数	HX_N3	HX_N3（高原型）	HX_N3B	HX_N5	HX_N5B	HX_N6
用 途	货机	货机	调机	客货	调机	调机
轴 式	C_0-C_0	C_0-C_0	C_0-C_0	C_0-C_0	C_0-C_0	C_0-C_0
轴重/t	25	25	25	25	25	25
持续功率/kW	4 660	3 300	3 700	4 440	3 530	2 200
最高速度/(km/h)	120	120	100	120	100	100
车长（前后车钩中心距）/mm	22 250	22 250	22 250	22 295	21 800	21 660
车宽/mm	3 370	3 370	3 200	3 119	3 284	3 256
车高（车顶平面至轨面）/mm	4 705	4 705	4 660	4 770	4 750	4 745
机车质量/t	150	150	150	150	150	150
燃油箱容量/L	9 000	9 000	7 500	9 000	8 500	5 500

HX_H 型电力机车如图 1.4.12～图 1.4.15 所示。

图 1.4.12 HX_N3 型内燃机车

图 1.4.13　HX$_N$5 型内燃机车

图 1.4.14　HX$_N$6 型混合动力内燃机车

图 1.4.15　HX$_N$3 型内燃机车（高原型）

3. 机车技术发展

（1）低能耗、清洁燃料机车。

内燃机车因其运输方便、不受电力约束等显著特点而无法完全被电力机车取代，但内燃机车造成的环境污染也是无法避免的，世界各国都在不断改进柴油机，以期减少废气的排放。

传统的柴油燃料的内燃机车使用量逐渐下降。德国咨询公司 SCI Verkehr 对全球内燃机车市场进行调研，2019 年的调报告显示，新机车的销售量罕见下降至 27.5 亿欧元，主要原因有 3 个：① 中国近年来基本不新建内燃铁路；② 美国推行新的运营理念，以延期税收减免政策和提高税收抵免额为主要手段，鼓励采用新能源；③ 欧洲预计在 2050 年之前实现 CO_2 零排放的目标，多数运营商对长期投资内燃牵引表示拒绝。SCI Verkehr 公司预测，至 2024 年之前全球内燃机车的年平均增速不会超过 6%。

世界各国都在寻求更清洁的燃料取代柴油。德国罗兰贝格国际管理咨询公司（Roland Berger）预测 2030 年 30% 的内燃动车组将被氢燃料动车组取代。2015 年美国联邦法提出新造机车要达到 Tier4 标准，2016 年加州向 EPA（Environmental Protection Agency，美国环境保护署）申请设立 Tier5 排放标准，该标准将于 2025 年生效。2022 年 6 月 27 日，美国国家铁路客运公司 Amtrak 向西门子额外订购了 50 台 Charger 机车，Charger 是业内最节能的客运机车。它们将氮氧化物的排放量减少了 89% 以上，将颗粒物的排放量减少了 95%，同时比正在退役的机车消耗更少的燃料，并且可以达到更高的速度——最高速度 125 mile/h（1 mile/h = 1.609 344 km/h）。

（2）大功率、大扭矩技术发展。

目前，交-直-交技术基本成熟，采用 IGBT（Insulated Gate Bipolar Transistor，绝缘栅双极型晶体管）控制，电力机车向更大牵引功率、更大扭矩方向发展。

（3）永磁技术。

我国是世界上少数几个掌握永磁技术的国家。永磁技术具有节能、高效、环保等优势，中车株洲电力机车研究所有限公司研发的 690 kW 永磁同步电机比主流异步电机功率提高 60%。2016 年，首列永磁地铁全面投入长沙地铁 1 号线运行。中国研制的永磁同步牵引系统，呈现出高效率、高功率密度优势，显著降低了高速列车的牵引能耗。电机额定效率在 98% 以上，电机损耗降至原来的1/3，在世界各国追逐"绿色、低碳交通"的时代大背景下，永磁同步牵引系统已成为我国高速铁路技术的典范。

1.4.2　车　辆

1. 客　车

目前，我国铁路客车主型车为25T，最高运营速度160 km/h，采用机车集中供电方式，在功能性、安全性、质量可靠性、环保性、舒适性等方面集成了我国目前铁路装备的最新技术。

2. 货　车

货车主要包括敞车、棚车、平车、罐车等。

（1）敞车（见图1.4.16）。

敞车是指具有端壁、侧壁、地板而无车顶，向上敞开的货车，主要供运送煤炭、矿石、矿建物资、木材、钢材等大宗货物用，也可用来运送质量不大的机械设备。若在所装运的货物上蒙盖防水帆布或其他遮篷物后，可代替棚车承运怕雨淋的货物。因此，敞车具有很大的通用性，在货车组成中数量最多，约占货车总数的50%以上。载重70 t及以上的敞车（部分）的主要技术参数见表1.4.5。

图1.4.16　敞车

表 1.4.5 载重 70 t 及以上的敞车（部分）

车型	自重/t	载重/t	有效容积/m^3	车辆尺寸（宽×高）/mm	车内（长×宽×高）/mm	车体材质
C_{70}	23.8	70	77	3 242×3 143	13 000×2 892×2 050	强钢
C_{76H}	24	76	81.8	3 184×3 592	10 520×2 974	高强钢
C_{80}	20	80	87	3 184×3 793	10 728×2 946	铝合金
C_{80H}	20	80	87	3 184×3 793	10 728×2 946	铝合金
$C_{96(H)}$	24	96	110	13 600×3 180×3 180	12 310×2 972×2 731	不锈钢

C_{70} 型敞车载重 70 t，属通用敞车，主要用于装运煤炭、矿石、建筑材料、机械设备、钢材及木材等货物。使用了高强度钢和新型中梁，优化了底架结构，车辆中部集载能力比 C_{64} 提高了 70%。C_{70} 型敞车采用新型中侧门结构，提高了车门的可靠性；采用高强度车钩和大容量缓冲器；采用的转 K5 型或转 K6 型转向架，使车辆运行速度能达到 120 km/h 并改善了车辆运行品质，降低了轮轨间作用力，减轻了轮轨磨耗。车体侧柱采用新型双曲面冷弯型钢提高了强度和刚度，能更适应翻车机卸车。

C_{80} 型系列车包括 C_{80} 型铝合金运煤专用敞车、C_{80A} 型全钢运煤专用敞车、C_{80B} 型不锈钢运煤专用敞车。这是为大秦线开行 2 万吨级运煤重载列车而设计制造的专用车，载重都为 80 t，车辆自重 20 t，比其他敞车提高了运能。全部采用转 K5 型或转 K6 型转向架，动力学性能良好，能满足运行速度 120 km/h 的要求。

C_{80} 型不锈钢运煤敞车填补了国内载重 80 t 重载列车的空白。首次采用高强度经济型不锈钢材料，减轻了自重，集成了国内外多项先进技术。其中，车体无侧架，端梁、侧墙、端墙与底架间采用不锈钢圆弧板连接结构都是大胆的创新设计，属国内首创，达国际先进水平。新颖的结构较好地解决了我国既有敞车卸煤不净的难题，提高了煤炭的卸净率。C_{80} 首次采用铝合金材料、双浴盆式车体及专用铆钉铆接结构。

（2）棚车（见图 1.4.17）。

棚车是有侧墙、端墙、地板和车顶，在侧墙上开有滑门和通风窗的铁路货车，主要用以装运贵重和怕日晒雨淋的货物，约占货车总数的20%。各型棚车的主要技术参数见表1.4.6。

图 1.4.17　棚车

表 1.4.6　载重 70 t 及以上的棚车（部分）

车型	自重/t	载重/t	容积/m³	车内（长×宽×高）/mm	车体材质	转向架中心距/mm	地板面至轨面高/mm	空车重心高度/mm	车门尺寸（宽×高）/mm
P_{70(H)}	25.3	70	145	16 087×2 793×2 855	全钢、木地板	12 100	1 136	1 290	3 012×2 539
P_{70A}	23.8	70	140	15 494×2 800×2 852	带捆绑座、钢地板	11 700	1 126	1 122	7 670×2 535
P_{70B}	33.4	70	154	20 594×2 546×2 410	竹压板、橡胶板	16 800	1 137	1 434	3 202×1 967

（3）平车（见图1.4.18）。

平车主要用于运送钢材、木材、汽车、机械设备等体积或质量较大的货物，也可借助集装箱运送其他货物，约占货车总数的5.4%。平车还能适应国防需要，装载各种军用装备。装有活动墙板的平车也可用来装运矿石、沙土、石渣等散粒货物。从结构上来分，平车主要有平板式和带活动墙板式两种。各型平车的主要技术参数见表1.4.7。

1 遇见铁路

图 1.4.18　平车

表 1.4.7　载重 70 t 及以上的平车（部分）

车型	自重/t	载重/t	车底架尺寸 （长×宽）/mm	商业运行速度/ (km/h)	车辆最大 （宽×高）/mm	车体 材质	面积/ m²
NX_{70}	23.8	70	15 400×2 960	120	3 157×1 418	木地板	45.6
NX_{70H}	23.8	70	15 400×2 960	120	3 157×1 418	木地板	45.6

（4）罐车（见图 1.4.19）。

图 1.4.19　罐车

罐车是车体呈罐形的运输车辆，用来装运各种液体、液化气体和粉末状货物等，包括汽油、原油、各种黏油、植物油、液氨、酒精、水等。约占货车总数的 15%，按用途可分轻油类罐车、黏油类罐车、酸碱类罐车、液化气体类罐车和粉状货物罐车。各型罐车的主要技术参数见表 1.4.8。

表 1.4.8 载重 60 t 及以上的罐车（部分）

车型	自重/t	载重/t	总容积/m³	罐体尺寸（长×直径）/mm	换长	用途	特点
G_{70}	19.8	62	72	10 700×3 000	1.1	轻油	抽油管
G_{70A}	21.1	60	70	10 350×3 000	1.2	轻油	抽油管
G_{70AK}	21.6	60	70	10 350×3 000	1.2	轻油	抽油管
G_{70K}	20.4	62	72	10 700×3 000	1.1	轻油	抽油管
G_{70T}	20.2	62	72	10 700×3 000	1.1	轻油	抽油管

3. 车辆技术发展

1）客　车

目前，客车制造技术基本成熟，未来主要向智能化方向发展。采用人工智能技术提高车辆的人性化配置，通过架设车载 Wi-Fi 系统，结合视频采集、人脸识别系统构建智能化旅客服务，为旅客提供实时资讯、影视信息、点餐等服务信息。

2）货　车

（1）向大轴重方向发展。

采用新材料，降低自重，研制更大轴重的货车。轴重 27 t 的 C_{80E} 型通用敞车、P_{80} 型通用棚车、NX_{80} 型共用平车、GQ_{80} 型轻油罐车、GN_{80} 型粘油罐车、KM_{80} 型煤炭漏斗车、KZ_{80} 型石砟漏斗车以及 U_{80} 型水泥罐车等 8 种车型均已经完成型式试验。KM_{98} 和 KM_{100AH} 型煤炭漏斗车采用铝合金车体结构，这 2 种车型正在朔黄线运用考核。

适合国内运用的轴重 32.5 t、载重 100 t 的铝合金或全钢运煤专用敞车以及煤炭漏斗车正在研制。出口澳大利亚的矿石车轴重最大达到 40 t、载重达到 139.5 t，累计出口 35.7 t 以上轴重的重载货运装备超过 1 万辆。低动力转向架轴重覆盖 25~40 t，产品实现系列化，高强度车钩和锻造钩尾框能满足 4 万吨重载列车运输的需求。我国重载货运装备运用和技术储备均处于世界先进水平。

（2）推进货运动车组配套设施，实现货物快捷运输。

多品种、小批量、时效化的"高附加值"运输是当前货运发展的重要方向之一。目前，货运动车组已经下线，后期加强配套设施，以适应电商用户快速运输的需求。

（3）创新多式联运技术，发展驮背运输。

欧洲的多式联运装备引领世界先进水平，其中驮背运输装备是多式联运的重要组成部分。铁路驮背运输是指公路货车或半挂车装载货物后在始发地火车站开上铁路专用车辆，通过铁路完成运输到达目的地火车站后，公路货车或半挂车开下铁路专用车辆并驶往最终目的地的一种便捷运输方式。

发展驮背运输需要注重4个方面：① 深入研究高效的运输组织模式以及适应公铁联运的专用货车和关键技术，研究驮背运输车与既有站场、线桥、公路货车、装卸设施的匹配关系；② 突破升降、旋转或与站场地面配合的驮背运输车车体技术；③ 突破驮背运输车车体连接技术，纵向、垂向载荷传递技术，底架自行升降、旋转及与站场地面适配技术；④ 突破驮背运输车控制技术、装载加固技术等。研发列车运行速度 120 km/h，编组质量 6 000 t 及以上，装卸效率高、装卸时间短的驮背运输、公铁联运铁路货车产品。建立运输安全、转接作业高效、站场匹配简捷、物流顺畅、节能环保的公铁联运技术与装备体系，搭建我国铁路多式联运技术平台。

1.4.3 动车组

我国第三代复兴号 CR 型动车组，包括 CR200、CR300、CR400 3 个级别，分别对应 3 种时速等级。复兴号动车组采用减振性能良好的高速转向架，车体振动加速度小、振幅低、噪声弱，平稳性指标达到国际优级标准，较好解决了列车空气动力学、轮轨关系、车体气密强度等技术难题，提高了列车进出隧道、高速交会时的安全性和舒适度。

1. CR400

CR400 对应最高时速 300～400 km 等级，适用于高速铁路，持续运营速度 350 km/h，包括 8 辆编组（CR400AF、CR400BF）、16 辆编组（CR400AF-A、CR400BF-A）、17 辆编组（CR400AF-B、CR400BF-B）3 种编组形式，另外还有 CR400BF-G（高寒型）、CR400AF-Z、CR400BF-Z（智能动车组）等。

2. CR300

CR300 对应最高时速 200～300 km 等级，适用于快速铁路，最高速度 300 km/h，持续运营速度 250 km/h。CR300 包括 CR300A 和 CR300B 两款。

我国 CR400 动车组和 CR300 动车组参数如表 1.4.9 所示。

表 1.4.9　CR400 动车组和 CR300 动车组参数

参数	CR400AF	CR400BF	CR300AF	CR300BF
编组	4M4T	4M4T	4M4T	4M4T
设计最高速度/(km/h)	385	385	285	285
运营最高速度/(km/h)	350	350	250	250
编组定员	556	576	613	613
头车长度/mm	27 525	27 525	27550	27525
中间车长度/mm	25 650	25 650	25650	25650
总长/mm	208 950	208 950	208 950	208 950
车辆宽度/mm	3 360	3 360	3 360	3 360
牵引功率/kW	9 600	9 600	5 600	5 600
总质量/t	381.5	455.3	417	431.3
轴重/t	17	17	17	17

3. CR200

CR200 对应时速 100～200 km 等级，适用于城际铁路，最高速度 200 km/h，持续运营速度 160 km/h，其参数见表 1.4.10。

表 1.4.10　CR200 动车组、控制车/客车主要参数

参数	动力车 HX_D1G（FXD1）	动力车 HX_D3G（FXD3）	控制车/客车 KZ25TA	控制车/客车 KZ25TB
最高运行速度/(km/h)	160	160	160	160
轴式	B_0—B_0	B_0—B_0	B—B	B—B
车体长度/mm	200 000	200 000	27 955/26 500	27 955/26 500
车辆宽度/mm	3 105	3 105	3 105	3 105
车辆高度/mm	4 030	4 030	4 433	4 433
牵引功率/kW	5 600	5 600	—	—
总质量/t	78	78	66	66
轴重/kN	195	195	165	165
设计许可公司	中车株洲电力机车有限公司	中车大连机车车辆有限公司	中车唐山机车车辆有限公司	中车南京浦镇车辆有限公司
制造许可公司	中车株洲电力机车有限公司、中车大同电力机车有限公司	中车大连机车车辆有限公司	中车唐山机车车辆有限公司、中车青岛四方机车车辆股份有限公司	中车南京浦镇车辆有限公司

CR200J 短编组为单端推拉式的电力动车组，最大编组为 1M8T。整列编组由 1 辆带驾驶室的客车（控制车）、7 辆不带驾驶室的客车和 1 台动力车组成，列车总长 233.5 m。

CR200J 长编组动力集中电力动车组为双端牵引的电力动车组，最大编组为 2M18T，动力车分列编组在前后两端进行推挽运行，列车总长 517 m。

2021 年 6 月 25 日，为拉林、拉日铁路研制的 CR200JS-G 双源动车组正式投入运营，采用 1Mec+9T+1Md+1Mdc 编组（Mec 为电力动力车，T 为拖车，Md 为不带司机室的内燃动力车，Mdc 为带司机室的内燃动力车），总长 309 m。其中，电力动力车轴重 21 t，内燃动力车轴重 23 t，拖车轴重 16.5 t，可扩展为 12 拖。

4. CR450

我国正在研制的 CR450 动车组将实现最高设计速度 440 km/h，最高运营速度 400 km/h。

5. 动车组未来技术发展

《下一代高速列车关键技术的发展趋势与展望》提出未来动车组向更高速、更安全、更环保、更经济、更舒适、更友好方向发展。

1.4.4 城 轨

1. 主要参数

根据《城市轨道交通工程项目建设标准》（建标 104—2008）各类车辆主要技术规格应符合以下规定。

（1）A 型车是我国内地所有地铁列车型号中，宽度最大、载客量最大的车型，尤其适合人口密度、流量大的特大型城市使用。A 型车按照受流方式不同还可分为 A1 型车和 A2 型车，A1 型车为第三轨（接触轨）供电，A2 型车为接触网供电。

（2）B 型车是我国内地所有地铁列车型号中，应用最广的车型。B 型车适用于中大运量的城市轨道交通系统。B 型车按照受流方式不同还可分为 B1 型车和 B2 型车，B1 型车为第三轨（接触轨）供电，B2 型车为接触网供电。

（3）C 型车一般指轻轨车型，较少应用于地铁线路，适用于中小运量的城市轨道交通系统。

（4）D 型车一般用于跨市轨道交通，容量大。

（5）L 型车适用于直线电机驱动、轮轨导向的中运量城市轨道交通系统。直线电机运载系统是一个专用系统，不能与传统的城市地铁交通系统通用，所以目前 L 型列车服役的线路不多。L 型车辆适用于两种情况：因为地质地貌所限，在施工架设过程中急需解决大坡度、小半径问题的线路；城市的郊区线、机场线等。

1 遇见铁路

各类型城轨列车主要参数如表 1.4.11 所示。

表 1.4.11 各类型城轨列车主要参数

参数	A 型车	B 型车	C 型车	D 型车	L$_b$ 型车	跨座式单轨	有轨电车	中低速磁浮
	旋转电机				直线电机			长沙磁浮
车轴数	4 轴	4 轴	4、6、8 轴铰接车		4 轴	4 轴	6 轴	—
轴重/t	≤16	≤14	≤11		≤13	≤11	≤11	
长（单司机室车厢）/m	24.4	19.55	—	—	17.2	14.8	28.76	16.5
宽/m	3	2.8	2.6	2.6	2.8	2.98	2.65	2.8
高（落弓高度）/m	3.81	3.81	3.7	3.7	3.56	5.53	3.7	3.7
定员/人	310	230		238	217	151	238	307
最高速度/(km/h)	80～120	80～100	80	80	90	75	70	100

2. 城轨车辆技术发展

（1）根据城市运量需求，配置相适应的城轨车辆。

大城市应大力发展 A 型或 B 型车，中等城市兼顾发展 B 型车和轻轨车辆，小城市可考虑发展有轨电车。

（2）发展交流传动车辆，逐步取代直流传动车辆。

交流传动是当今世界城轨车辆发展的主要方向，交流传动可比直流传动节约用电 50%，每辆车闸片用量减少一半，车轮使用寿命提高 50%，电机维护量大大减少。但交流供电的安全性有待进一步研究。

2022 年 8 月 6 日，重庆市跳蹬至江津线开通运营，是我国第一条采用双流制车辆的城轨线路。在中心城区，采用 DC 1 500 V 直流供电；在乘客相对较少的市郊，采用 27.5 kV 交流供电制式。

（3）大力发展不锈钢车辆，适当发展铝合金车辆。

不锈钢车体的价格是铝合金的 70%，铝合金熔点低，发生火灾时车体熔化速度比不锈钢车体快，安全性差。由于城轨轨道交通土建的特殊性，特别是地下铁路救援不方便等问题，不锈钢车体更体现了优越性。

（4）发展低地板轻轨车辆。

低地板轻轨车辆具有上下车方便、视野宽阔、乘坐舒服等优点，成为未来城轨车辆的一个发展方向。

（5）加快实现交流传动、计算机诊断以及制动系统国产化。

交流传动、计算机诊断以及制动系统是城轨车辆三大关键技术，应加快国产化。

1.5　固定设施

固定设施是确保铁路正常运输的土建基础，主要包括桥梁、隧道、路基、轨道、站房等。

1.5.1　桥　梁

1. 桥梁的主要作用

桥梁是铁路的重要设施，主要用于跨越自然构造物、承载列车荷载等，铁路桥梁可满足以下功能需求。

（1）满足线路平直和平顺的要求。

铁路线路尽量采用直线或者大半径的圆曲线，不能有太多太急的弯道，为了裁弯取直，必须采用桥梁建设。

（2）控制线路沉降范围。

普通填方路基的填料较为松散，虽然经过机具压实，但由于填料本身的固有性质，填料也会继续发生一定程度的固结沉降，对列车的运行速度造成很大影响。桥梁是建立在桩基之上的，桩基一般要打到岩石层，基本不会产生沉降，保证了线路的稳定性。

（3）满足城市规划建设要求。

填方路基对城市交通以及市政规划干扰较大，采用桥梁的方式能有效保证市政交通的通畅性。

2. 桥梁分类

按照结构体系,可分为梁式桥、刚构桥、拱桥、斜拉桥、悬索桥以及组合结构体系桥梁。

按照组成,可分为上部构造、下部结构、支座和附属构造物。上部工程通过梁、拱、索等结构实现空间跨越。下部工程的基础与墩台"扎根于大地,挺立于水中"。

按桥长分,可分为小桥(桥长 L≤20 m)、中桥(20 m<桥长 L≤100 m)、大桥(100 m<桥长 L≤500 m)、特大桥(桥长 L>500 m)。

1)梁式桥

梁式桥是一种在竖向荷载作用下无水平反力的结构,以主梁作为承重构件的桥梁。由于外力的作用方向与承重结构的轴线接近垂直,故与同样跨径的其他结构体系相比,梁内产生的弯矩最大,通常需用抗弯能力强的材料来建造。

梁式桥主梁分为实腹梁、桁架梁。实腹梁构造简单,制造、架设和维修均较方便,广泛用于中、小跨度桥梁,但在材料利用上不够经济。桁架梁的杆件能承受轴向力,材料可充分利用,自重较轻,跨越能力大,多用于建造大跨度桥梁。按照主梁的静力体系,梁式桥可分为简支梁、连续梁。

(1)简支梁(见图 1.5.1)。

图 1.5.1　简支梁桥

简支梁是指梁的两端搁置在支座上。简支梁具有受力简单、形式简洁、构造标准、造价低等特点。我国高速铁路以 32 m 简支箱梁作为标准跨度,简支梁桥总长占桥梁总长的 90% 以上。

(2)连续梁(见图 1.5.2)。

图 1.5.2 连续梁

连续梁不同于简支梁,属于超静定结构,是两跨或两跨以上连续的梁式桥,属于超静定体系。铁路连续梁桥按照不同的材料组成分类,主要有预应力混凝土连续梁桥、钢桁连续梁桥、钢筋-混凝土结合连续梁桥、钢箱连续梁桥等。实际工程以预应力混凝土连续梁居多,主跨一般在 48~128 m。预应力混凝土连续梁桥具有结构刚度大、施工难度小、运营时噪声较小、造价低等优点。

2)刚构桥(见图 1.5.3)

图 1.5.3 刚构桥

梁桥为单独梁体结构,抗弯能力有限,为了提高抗弯能力,出现了刚构桥。刚构桥主要特点是桥墩和梁部在支撑位置刚接，形成一个整体，桥墩可以承担部分弯矩，以减小梁体受力。形成刚构体系后，混凝土材料的收缩徐变以及外界温度变化会对桥墩产生较大的推力，因此刚构桥，特别是大跨度刚构桥梁一般墩高较高。刚构桥跨度可达到 168 m 及以上。

3）拱　桥

面对陡峭的崖壁、湍急的水流，考虑桥下交通的需要，有时不宜采用竖直桥墩的形式，这时可以采用一跨而过的桥型——拱桥。

拱桥是指在竖直平面内以拱作为结构主要承重构件的桥梁，拱桥具有刚度大、跨越能力大的特点。拱桥的"拱"结构要求两端底座不仅要向上托起桥身，还必须提供横向的推力，以牢牢抵抗住"拱"的变形，从而提高跨越能力。为了进一步提升跨度，比如劲性骨架混凝土拱桥，跨度突破了 400 m。

按照桥面的位置可分为上承式拱桥（见图 1.5.4）、中承式拱桥（见图 1.5.5）、下承式拱桥（见图 1.5.6）。

图 1.5.4　上承式拱桥

图 1.5.5　中承式拱桥

图 1.5.6　下承式拱桥

4）斜拉桥（见图 1.5.7）

图 1.5.7　斜拉桥

现有技术条件下，单跨跨度约 500 m 已接近拱桥跨度的临界值，为了修建跨度更大的桥梁，宜采用斜拉形式。

斜拉桥是将主梁用许多拉索直接拉在桥塔上的一种桥梁，是由承压的塔柱、受拉的拉索和承弯的梁体组合起来的一种结构体系，可看作是拉索代替支墩的多跨弹性支承连续梁，可使梁体内弯矩减小，降低建筑高度，减轻了结构质量，节省了材料。斜拉桥与生俱来的对称形态，让斜拉桥更容易实现"自锚"，稳定的三角结构具有更强的抗风能力，这在"无地可锚"和风力强大的海上拥有得天独厚的条件，斜拉桥成为跨海大桥的使用标准。

一般来说，斜拉桥跨径在 300～1 000 m 是合适的，在这一跨径范围，斜拉桥与悬索桥相比，斜拉桥有较明显优势。德国著名桥梁专家 F. Leonhardt

认为，即使跨径 1 400 m 的斜拉桥也比同等跨径悬索桥节省 1/2 的高强钢丝，造价低 30% 左右。

中国至今已建成各类斜拉桥 100 多座，其中 50 多座跨径大于 200 m。近十几年内，世界上已建成的大跨度斜拉桥排名前 10 座中有 7 座在中国，但建成的用于铁路的斜拉桥却不多。世界十大斜拉桥如表 1.5.1 所示。

表 1.5.1　世界十大斜拉桥（截至 2022 年年底）

序号	桥名	国家	主跨跨径/m	建成年份	备注
1	俄罗斯岛大桥	俄罗斯	1 104	2012	公路桥
2	沪通长江大桥	中国	1 092	2019	公铁两用
3	苏通长江大桥	中国	1 088	2008	公路桥
4	香港昂船洲大桥	中国	1 018	2009	公路桥
5	武汉青山长江大桥	中国	938	2019	公路桥
6	鄂东长江大桥	中国	926	2010	公路桥
7	嘉鱼长江公路大桥	中国	900	2019	公路桥
8	多多罗大桥	日本	890	1999	公路桥
9	诺曼底大桥	法国	856	1995	公路桥
10	池州长江大桥	中国	828	2019	公路桥

5）悬索桥（见图 1.5.8）

斜拉桥的拉索角度倾斜，会导致沿着横梁方向产生水平方向的作用力——"轴力"。随着跨度延伸，拉索增加，"轴力"逐渐累积，可能导致梁体不堪重负，在现有技术水平下，斜拉桥的跨度达到 1 000 m 已接近其跨度的临界值。

悬索桥可以实现更大的跨度。悬索桥是通过索塔悬挂并锚固于两岸（或桥两端）的缆索（或钢链）作为上部结构主要承重构件的桥梁。悬索桥缆索的几何形状由力的平衡条件决定，一般接近抛物线。从缆索垂下许多吊杆，把桥面吊住，在桥面和吊杆之间常设置加劲梁，用于传递桥面荷载，以减小荷载所引起的挠度变形。悬索桥的变形大、刚度小，在大风情况下可能需要暂时中断交通，一般不宜作为重型铁路桥梁。据专家测算，公路悬索桥跨度可以达到5 000 m，世界跨度最大的公铁两用悬索桥是中国香港青马大桥，也是世界第七长的悬索桥。世界十大悬索桥如表1.5.2所示。世界五大公铁两用/铁路悬索桥如表1.5.3所示。

图1.5.8 悬索桥

表1.5.2 世界十大悬索桥（截至2022年年底）

序号	桥名	国家	主跨跨径/m	建成年份	功能
1	明石海峡大桥	日本	1 991	1998	公路桥
2	舟山西堠门大桥	中国	1 650	2009	公路桥
3	大伯尔特桥	丹麦	1 624	1998	公路桥
4	润扬长江公路大桥	中国	1 490	2005	公路桥
5	亨伯尔桥	英国	1 410	1981	公路桥
6	江阴长江公路大桥	中国	1 385	1999	公路桥
7	香港青马大桥	中国	1 377	1997	公铁两用
8	维拉扎诺桥	美国	1 298	1964	公路桥
9	金门大桥	美国	1 280	1937	公路桥
10	武汉阳逻长江大桥	中国	1 280	2007	公路桥

1 遇见铁路

表 1.5.3 世界五大公铁两用/铁路悬索桥（截至 2022 年年底）

序号	桥名	国家	主跨跨径/m	建成年份	功能
1	香港青马大桥	中国	1 377	1997	公铁两用
2	濑户大桥	日本	1 100	1988	公铁两用
3	连镇铁路五峰山长江大桥	中国	1 092	2020	公铁两用
4	丽香铁路金沙江大桥	中国	660	2022	铁路桥
5	重庆轨道环线鹅公岩大桥	中国	600	2019	铁路桥

3. 我国高速铁路桥梁特点

（1）桥梁占比高。

截至 2019 年年底，我国 3.5 万千米高速铁路中，桥梁 1 万余座。长度约 1.6 万千米，占线路长度的 45.2%，个别项目的桥梁长度占其线路长度的 90% 以上。

（2）大量采用预应力混凝土简支箱梁结构。

我国高速铁路以 32 m 简支箱梁作为标准跨度，整孔预制架设施工，预制结构分为有砟轨道整孔箱梁和无砟轨道整孔箱梁，少部分采用 12 m、16 m 跨度的 T 形梁。

（3）大跨度桥多。

据统计，我国在建与拟建铁路中，100 m 以上跨度的高速桥梁在 200 座以上。其中，预应力混凝土连续梁桥的最大跨度为 128 m，预应力混凝土刚构桥的最大跨度为 180 m，钢桥的最大跨度为 504 m。

（4）混凝土桥梁多。

我国高速铁路桥梁 95% 以上为混凝土桥梁，混凝土结构具有刚度大、噪声小、养护维修方便、全寿命成本低等显著优点，能更好地满足高速铁路高平顺性行车要求。

4. 我国桥梁之最

20 世纪 60 年代以前，世界桥梁技术重心在欧美。20 世纪 60 年代至 21

世纪初,世界桥梁技术重心在日本,建造了很多跨海大桥。21世纪初至今,世界桥梁技术重心在中国。

(1)京沪高铁丹昆特大桥(见图1.5.9)。

丹昆特大桥全长164.85 km,是目前世界铁路第一长桥,于2009年5月建成。

图1.5.9　丹昆特大桥

(2)南龙铁路闽江特大桥(见图1.5.10)。

闽江特大桥是连续刚构桥,全长1 066.41 m,主跨最大跨度达216 m,是目前世界最大跨度的铁路连续刚构桥,于2017年8月建成。

图1.5.10　闽江特大桥

（3）大瑞铁路怒江四线特大桥（见图1.5.11）。

怒江四线特大桥全长1 024.2 m，主跨为长490 m的钢桁拱，是目前世界上最大跨度的铁路拱桥，于2018年12月建成。

图1.5.11　怒江四线特大桥

（4）沪昆高铁北盘江大桥（见图1.5.12）。

北盘江大桥为上承式劲性骨架混凝土拱桥，以一跨的形式跨过北盘江而过，距离江面约300 m，全长721.25 m，其中主跨长445 m，是目前世界上最大跨度的钢筋混凝土拱桥，于2015年11月建成。

图1.5.12　北盘江大桥

（5）拉林铁路藏木雅鲁藏布江双线特大桥（见图1.5.13）。

拉林铁路藏木雅鲁藏布江双线特大桥为中承式钢管混凝土拱桥，全长525.1 m，其中主跨长430 m，是世界上跨度最大的铁路钢管混凝土拱桥，于2020年6月建成。

图1.5.13　藏木雅鲁藏布江双线特大桥

（6）中老铁路玉磨段元江特大桥（见图1.5.14）。

元江特大桥跨红河高山峡谷，集大跨度与高墩一体，主桥为变桁高上承式连续钢桁架结构，最大跨度249 m，最高的3号主墩高154 m，是目前世界上双线铁路第一高墩。其主墩采用两个钢筋混凝土薄壁空心墩通过交叉式钢横梁结构连接的形式，有效减轻了桥墩自重，并首创国内同类桥梁建设施工工法。该桥于2020年7月建成。

图1.5.14　元江特大桥

（7）京沪高铁南京大胜关长江大桥（见图 1.5.15）。

南京大胜关长江大桥全长 9 273 m，主桥长 1 615 m，其中主跨采用 2×336 m 长的两跨连续的拱圈，该桥是目前世界上首座六线铁路大桥，也是世界上设计荷载最大的高速铁路桥。2012 年第 29 届国际桥梁大会（International Bridge Conference，IBC）上被授予"乔治·理查德森大奖"。该桥于 2005 年 5 月建成。

图 1.5.15 南京大胜关长江大桥

（8）沪苏通长江公铁大桥（见图 1.5.16）。

图 1.5.16 沪苏通长江公铁大桥

沪苏通长江公铁大桥是通锡高速公路、沪苏通铁路、通苏嘉甬高速铁路共同的过江通道。大桥全长 11 072 m，其中正桥长 5 827 m，南北岸引桥长 5 245 m，主跨 1 092 m，主航道桥主跨 1 092 m，是目前世界上最大跨度的公铁两用斜拉桥。斜拉桥主塔高 330 m，是世界上最高的公铁两用斜拉桥主塔。沉井基础体积大，主塔墩沉井平面相当于12个篮球场大小，沉井高110.5 m，是世界上最大体积的沉井基础。该桥是世界上首座"4线铁路+6车道公路"、主跨超千米的公铁两用斜拉桥，能满足5万吨级集装箱船和10万吨级散货船通航要求。2021年第38届国际桥梁大会上获得"乔治·理查德森奖"。该桥于2019年9月建成。

（9）武汉天兴洲长江大桥（见图1.5.17）。

武汉天兴洲长江大桥主桥长4 657 m，主跨长504 m，公路引线全长8 043 m，铁路引线全长60.3 km，是目前世界上跨度最大的公铁两用斜拉桥。该桥于2008年9月建成。

图1.5.17　武汉天兴洲长江大桥

（10）常泰长江大桥（见图1.5.18）。

图1.5.18　常泰长江大桥

常泰长江大桥（公铁大桥）全长约 37.383 km，公铁合建段正桥长 5 299 m，主航道桥采用主跨 1 176 m 斜拉桥，为公铁两用钢桁梁斜拉桥。该桥的建成将刷新公铁两用斜拉桥的世界纪录，预计 2026 年建成。

（11）渝黔铁路新白沙沱长江特大桥（见图 1.5.19）。

新白沙沱长江特大桥全线长约 5.32 km，其中主桥全长 920 m，是目前世界上首座双层六线钢桁梁铁路斜拉桥。该桥于 2015 年 12 月建成。

图 1.5.19　新白沙沱长江特大桥

（12）金海特大桥（见图 1.5.20）。

图 1.5.20　金海特大桥

金海特大桥起自珠海横琴新区，跨越西江磨刀门水道，终至珠海机场东路，是珠机城际二期的关键控制性工程。大桥为主跨 3×340 m 的公铁同层四塔斜拉桥，首次采用多塔刚构体系公铁两用斜拉桥结构，全桥长 1 369 m，宽49.6 m，中间为160 km/h的双线城际铁路，两侧为100 km/h的双向六车道高速公路。金海特大桥是世界首座公铁同层多塔斜拉桥，也是目前世界上最宽的公铁两用多塔斜拉桥。该桥于2022年9月5日建成。

（13）五峰山长江大桥（见图1.5.21）。

五峰山长江公铁两用桥主桥采用主跨1 092 m的钢桁梁悬索桥，是世界首座高铁悬索桥。

图1.5.21　五峰山长江大桥

（14）丽香铁路金沙江特大桥（见图1.5.22）。

丽香铁路金沙江特大桥大角度跨越金沙江深切河谷，大桥全长882.5 m，主桥采用三跨连续单跨悬吊上承式钢桁梁悬索桥，主缆跨度按照（132＋660＋132）m布置，是世界首座大跨度铁路专用悬索桥。

图1.5.22　丽香铁路金沙江特大桥

（15）平潭海峡公铁大桥（见图 1.5.23）。

平潭海峡公铁大桥是我国第一座真正意义上的公铁两用跨海大桥。是福平铁路、长乐—平潭高速公路的关键性控制工程，是合福高速铁路的延伸、北京—台北铁路通道的重要组成部分。平潭海峡公铁大桥线路北起松下收费站，上跨元洪航道、鼓屿门水道、大小练岛水道，南至苏澳收费站。大桥线路全长 16.323 km，跨海段长 11.15 km。该桥于 2020 年 12 月 26 日铁路段通车运营。

图 1.5.23　平潭海峡公铁大桥

（16）甬舟铁路西堠门公铁两用跨海大桥。

2022 年 10 月 31 日，甬舟铁路西堠门公铁两用跨海大桥正式开工建设。大桥全长 2 664 m，主桥采用主跨 1 488 m 斜拉-悬索协作体系桥，选取"公铁平层"布置，即中间通行 2 线高铁、两侧通行 6 车道高速公路，是目前世界上最大跨度的公铁合建桥梁。

5. 我国桥梁技术发展

（1）跨度不断突破。

斜拉桥和悬索桥逐渐向更大跨度发展。组合梁斜拉桥是当今世界大跨度斜拉桥的发展方向，其中跨全部或部分采用钢梁，具有材质均匀、自重轻、跨越能力大、工期短的优点；边跨采用自重较大的混凝土梁作为压重跨，增强了对中跨的锚固作用。混凝土采用连续梁-拱、连续刚构-拱和部分斜拉桥等组合结构后,其理论极限跨度可分别达到 301 m、301 m 和 365 m。宜万铁路中主跨长 275 m 的宜昌长江大桥为国内客货共线铁路最大跨度梁-拱组合桥;广珠城际铁路的小榄水道特大桥主跨长 230m,是城际铁路最大跨度的梁-拱组合结构桥;汉十高速铁路的崔家营汉江特大桥主跨长 300 m,是高速铁路最大跨度的梁-拱组合结构桥。

我国著名桥梁专家李国豪教授提出悬索桥最大跨度为 3 600 m 的理论探讨,中铁大桥勘测设计院集团有限公司的严国敏从主缆极限能力角度提出悬索桥的最大跨度为 2 620~6 330 m 的观点。

近年来,我国铁路正在建设和即将建设的千米级桥梁近 10 座,我国工程师正在向跨度 1 500 m、2 000 m 及以上大跨度的斜拉桥和悬索桥发展。

(2)推广应用高性能混凝土、高强钢结构、高强钢丝。

近年来,我国推动 C60 以上高标号、高性能混凝土的应用,研究 C100 以上超高性能混凝土的制备技术、材料特性和应用技术,研究使用寿命 150 年以上的高性能混凝土。建立耐候钢指标体系,推广免涂装耐候钢在桥梁主体结构、螺栓、附属结构中的应用,研究 Q690 钢材的应用技术并开展更高强钢材的研究。研究 2 500 MPa 级钢绞线及钢丝的制作等。

(3)设计方法由容许应力法向极限状态法转变。

1996 年,全国科学技术名词审定委员会审定发布了"容许应力设计",成为近年来桥梁设计基本方法。近年来开始研究应用全寿命设计方法、基于性能的设计方法。

1.5.2 隧　道

1. 隧道的作用

铁路穿越山岭地区时,由于牵引能力有限和最大限坡要求,普速铁路限坡 24‰,高速铁路限坡 30‰。为克服高程障碍,需要展线或修建隧道。而展线存在曲线半径限制、线路长、投资高等缺点,因此开挖隧道穿越山岭是一种合理的选择。

2. 隧道分类

（1）按照隧道开挖方式分为暗挖隧道和明挖隧道。

（2）按照特殊地质分为黄土隧道、岩溶隧道、瓦斯隧道、膨胀岩隧道、多年冻土隧道、风积沙隧道、高地应力岩爆隧道、高地应力软岩隧道等。

（3）按照隧道长度分为短隧道（$L \leqslant 500$ m）、中长隧道（500 m $< L \leqslant 3\,000$ m）、长隧道（$3\,000$ m $< L \leqslant 10\,000$ m）、特长隧道（$L > 10\,000$ m）。

3. 主要技术特点

（1）建造数量大。

截至 2019 年年底，中国铁路隧道共 16 084 座，总长 18 041 km。其中，高铁隧道 3 442 座，总长 5 515 km，约占线路长度的 16%；长度 10 km 以上的特长隧道 71 座，总长约 908 km。

（2）隧道断面净空。

日本新干线双线隧道断面净空有效面积为 64 m^2，韩国为 107 m^2，德国为 92 m^2。我国铁路技术规定：300 km/h、350 km/h 的双线隧道断面净空有效面积不应小于 100 m^2，单线隧道不小于 70 m^2；设计速度 250 km/h 的双线隧道不小于 90 m^2，单线不小于 58 m^2。以 350 km/h 的双线隧道为例，其建筑限界及内轮廓如图 1.5.24 所示。

（3）洞口位置的选择。

洞口位置应根据地形、地质、水文条件、运营要求、洞外相关工程及施工条件等因素，通过综合研究比较确定。贯彻"早进晚出"的原则，尽量减少洞口边仰坡开挖，以不破坏或少破坏原地表为宜，尽可能采用"无仰坡临界点"进洞。

（4）缓冲结构。

改变隧道的入口形式，可降低瞬变压力和微气压波在洞口附近引起的噪声干扰。常在洞口设置削竹式洞门（见图 1.5.25）或在洞口设置缓冲开孔（见图 1.5.26），可使列车进入隧道时产生的空气压力峰值减少约 25%；也可在隧道内合理地设置竖井，可使动车组瞬变压力幅值降低 5%。

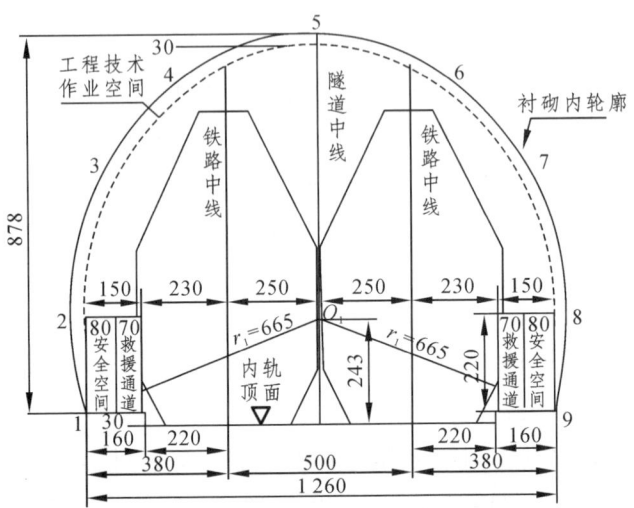

图 1.5.24　350 km/h 铁路双线隧道建筑限界及内轮廓（单位：cm）

图 1.5.25　削竹式隧道入口

图 1.5.26　隧道入口缓冲开孔

（5）辅助坑道。

对于长大隧道，可设置平行导坑、斜井、横洞等辅助坑道，用于辅助施工、排水、安全疏散等。

4. 隧道之最

（1）青藏铁路新关角隧道。

"关角"在藏语的意思是"登天的梯子"。新关角隧道位于青海省天峻县境内，是青藏铁路上西格（西宁—格尔木）铁路段二线工程的控制性工程，全长32.645 km，是目前中国铁路里程长度排名第一的隧道，世界排名第五（世界排名前四的隧道有：瑞士阿尔卑斯山圣哥达基隧道57.1 km、日本青函隧道53.9 km、英吉利海底隧道50.5 km、韩国栗岘隧道50.3 km）。该隧道于2014年4月建成。

（2）石太客专太行山隧道。

太行山隧道穿过太行山山脉的主峰越霄山，其最大埋深445 m，全长27.8 km，是目前我国高速铁路最长的山岭隧道，也是亚洲最长的高速铁路山岭隧道。在我国所有铁路隧道中，仅次于新关角隧道32.6 km、西秦岭隧道28.2 km，是我国铁路里程长度排名第三的隧道。该隧道于2007年年底建成。

（3）新成昆铁路小相岭隧道。

2022年6月21日，新成昆铁路小相岭隧道胜利贯通，全长21.775 km，是我国最长的单洞双线山岭铁路隧道（新关角隧道、太行山隧道都是单洞单线隧道）。隧道位于四川凉山彝族自治州，该隧道穿越10条断层和2条褶曲，最大埋深1 350 m，属I级高风险隧道，是新成昆铁路全线最长、地质结构最复杂、施工难度最高的控制性工程。

（4）佛莞城际铁路狮子洋隧道。

狮子洋隧道全长10.8 km，其中盾构段长9 277 m。狮子洋水面宽3 300 m，水深达26.6 m，为珠江航运的主航道，设计水压达0.67 MPa，是目前世界上最大的水下铁路盾构隧道；是国内首次在软硬不均地层和岩层中采用大直径泥水盾构长距离掘进的工程案例，采用直径11.18 m的盾构机。该隧道于2011年3月建成。

（5）郑西高铁张茅黄土隧道。

张茅黄土隧道最大开挖断面 164 m²，是目前世界上最长大断面的富水黄土隧道。我国采用自主研发的"三台阶七步隧道开挖法"，受到中、美、法、德、日、韩等十多个国家 300 多名隧道专家的高度评价，成为目前世界上极少数掌握高速铁路湿陷性黄土大断面隧道先进施工技术的国家之一。该隧道于 2008 年 2 月建成。

（6）青藏铁路风火山隧道。

风火山隧道全长 1 380 m，山顶海拔高度 4 995 m，洞内轨面高程 4 905 m，是目前世界上海拔最高的多年冻土隧道。隧道所处的风火山垭口高寒缺氧、气温低、昼夜温差大，平均海拔 4 900 m，年均气温 -7 ℃，冬季最低气温达 -41 ℃，空气中氧气含量只有内地的 50% 左右，被喻为"生命禁区"。隧道洞身全部位于冻土、冻岩中，地质岩层复杂，集饱冰冻土、富冰冻土、裂隙冰、泥砂岩等恶劣地质于一体。该隧道于 2002 年 10 月建成。

（7）兰新高铁祁连山隧道。

祁连山隧道长 9 490 m，隧道轨面海拔最高高程 3 607.4 m，是目前世界上海拔最高的高铁隧道。该隧道于 2014 年 12 月建成。

（8）京张高铁新八达岭隧道。

新八达岭隧道全长 12.01 km，隧道内设置了世界上最大的高铁车站，地下建筑面积 3.6×10^4 m²，车站两端渡线段单孔跨度达 32.7 km，是我国单拱跨度最大的暗挖铁路隧道。该隧道于 2018 年 12 月建成。

（9）西成客专秦岭天华山隧道。

秦岭天华山隧道全长 15 988.6 m，是亚洲最长的单洞双线高铁隧道，于 2016 年 7 月建成。

（10）大瑞线高黎贡山隧道。

高黎贡山隧道全长 34.5 km，是现有及在建铁路中最长的隧道。该隧道具有"三高"（高地热、高地应力、高地震烈度）、"四活跃"（活跃的新构造运动、活跃的地热水环境、活跃的外动力地质条件、活跃的岸坡浅表改造过程）。该隧道于2015年年底开工，截至2022年12月，隧道开挖过半。该隧道建成后有望取代关角山隧道成为我国第一、世界第五长隧道。

（11）渝黔高铁长江隧道。

渝黔高铁长江隧道全长约11.9 km，于2020年9月开工，建成后有望成为全国最长的水下高铁隧道。

5. 隧道技术发展

（1）探索各种复杂地质情况下隧道成套建造技术。

我国幅员辽阔，地质条件因地域而不同，东北地区寒冷、西北地区的湿陷性黄土、西南地区的岩溶、东南地区的硬岩、中南地区的江河等，相应积累了黄土隧道、岩溶隧道、瓦斯隧道、膨胀岩隧道、多年冻土隧道、风积沙隧道、高地应力岩爆隧道、高地应力软岩隧道等建造技术。未来在超长山岭隧道、高地温高地热隧道、复杂环境下城市隧道建设、构造活跃带隧道建设技术方面需继续探索研究。

超长大埋深隧道面临着长距离独头掘进的施工难题，为应对该难题可采用和研究的技术包括：宜采用不设或少设斜竖井，可采用以 TBM（Tunnel Boring Machine，隧道掘进机）法为主的"TBM+钻爆法"建造模式；进一步研究高地温、高地热条件下隧道施工及防护技术；系统深入地研究高地应力软岩隧道大变形预测及大变形控制技术；研究1 MPa以上高水压条件下的盾构刀具更换技术；依托川藏铁路，探索穿越活动断裂带、极高地应力岩爆与大变形、高地温地段超长埋深隧道设计技术；研究高性能混凝土（含喷射混凝土）、高可靠性防水材料应用技术。

（2）时速400 km高速铁路隧道设计及智能建造技术研究。

目前，国内对于隧道断面和洞口缓冲结构优化方面的研究均是基于时速350 km及以下的列车运行情况，而现有技术措施对于时速400 km及以上的亚音速流临界条件下是否仍然具有适用性尚不确定，因此有必要针对时速400 km及以上条件下高速铁路隧道的气动设计标准进行研究。与此同时，实践证明，随着列车运行速度的提高，其气动效应作用更加显著。因此，开展时速400 km及以上的高速铁路隧道衬砌、接触网安装基础、防护门等结构体系的高可靠性设计参数研究仍是当前亟待解决的关键问题。同时，由于列车超高速运行，轨道动力学问题更为突出，轨面平顺要求更为严格。此外，为适应新时代超高速铁路的建设需求，需建立隧道智能化围岩识别、超前探测、智能掘进、动态监测系统，实时动态掌握隧道信息化施工和结构健康状况，以保障超高速铁路隧道工程建设质量和运营安全。

（3）大纵坡长大齿轨隧道建造关键技术研究。

大纵坡长大齿轨隧道具有坡率大（坡率100‰以上）、坡长长、列车运行速度慢、行车密度高、人员行走困难等特点，其建设、运营模式均有别于传统的交通隧道。目前，大纵坡长大齿轨隧道相关研究工作仍存在不足或空白，包括传统设备受坡度、运能限制，已无法满足施工需求，究竟应采用或研发何种运输设备，以适应隧道纵坡、稳定线路方案，保证施工安全和工期要求；山地轨道交通多走行于生态敏感区，环保要求高，长距离非爆破施工的案例较少，其工法选择、地层适应性及洞内环境保障措施应专门研究；国内针对预制衬砌的排水形式研究较少，需开展针对性研究；大纵坡长大齿轨隧道运营期存在行车速度慢、运行时间长、同一时刻洞内运行列车多及紧急情况下人员洞内行走困难等缺点，其防灾救援模式有别于传统交通隧道，尚缺乏系统研究。发展大纵坡长大齿轨隧道还需对此类相关问题进行进一步研究。

1.5.3 路　基

1. 路基作用

路基的作用是承载轨道的全部质量和机车车辆的动荷载。作为轨道的基础，路基的强度、刚度、稳定性以及在运营条件下将线路轨道参数保持在允许的标准范围之内，是确保列车安全运行的前提条件。因此，铁路对路基的变形控制、稳定性等都提出了非常严格的要求。

2. 地基处理

路基工后沉降需满足扣件调整能力，对于高速铁路无砟轨道分开式扣件调高量为 26 mm，扣除施工误差 + 6 mm/ – 4 mm，仅有 20 mm 可以调整。因此，需对地基进行处理，以满足扣件调整数据要求。加强地基处理，控制路基工后的沉降是非常重要的。

3. 不良地质地基处理

1）软土路基

软土路基是指土体天然含水量大、空隙比高、强度低、压缩性高且透水性差的土质路基。在高荷载作用下，软土路基整体剪切或局部剪切，路面出现沉陷、开裂和失稳等现象。这类土质在我国滨海平原地区广泛分布。

（1）浅层软土或松软土地基处理。

对地浅层软土或松软土地基一般采用片石挤淤加固，当地表有薄层硬壳时，挖除硬壳进行片石挤淤。对具有弃土条件和渗水土有来源的地段，挖除换填渗水土。当片石料缺乏时，采用深层搅拌桩复合地基加固，最小桩长不小于 4 m 或嵌入硬底不小于 1.0 m。

（2）软土或松软土埋藏较深、厚度较大的地基处理。

对软土或松软土埋藏较深、厚度较大的地基一般采用水泥搅拌桩、旋喷桩、混凝土预制管桩、水泥粉煤灰碎石桩（Cement Fly-ash Grave，CFG）等进行处理，桩顶铺设碎石垫层并铺设一层强度不小于 40 kN/m 的土工格栅。加固深度原则上应穿透软土层。软土地质如图 1.5.27 所示。

图 1.5.27　软土地质

2）湿陷性黄土路基

湿陷性黄土是指那些非饱和的结构不稳定的土。湿陷性黄土土质较均匀、结构疏松、空隙发达，在干燥时很"硬"，遇水就会变得很"软"，在一定的压力作用下受水浸湿后，其结构迅速破坏，并产生显著的附加下沉，造成路基路面发生较大变形、开裂甚至整体沉陷、平移。这类土质在我国西北地区黄土高原广泛分布，如图 1.5.28 所示。

图 1.5.28　黄土地质

湿陷性黄土路基处理的关键是要压缩土体之间的间隙和有效地防水，减轻土体的湿陷性，发挥湿陷性黄土未受水侵蚀前强度高、压缩性小的优点。主要采用灰土垫层法、强夯法、灰土挤密桩等方法，通过改变土体结构，防止湿陷性黄土受水侵蚀后被破坏。

3）冻土路基

冻土是指零摄氏度以下，并含有冰的各种岩石和土壤。冻土具有流变性，其长期强度远低于瞬时强度特征。冻土分多年性冻土和永久性冻土，这类土质在我国北方及高原地区广泛分布。冻土在冻结状态强度较高、压缩性较低，但在融化状态下承载力急剧下降，压缩性变高，融化后的地基下沉是冻土地基的主要危害原因，融化后的再次冻胀同样会造成路基路面的破坏。冻土的危害与土质颗粒大小、含水量高低、冻土厚度有关。反复融冻的季节性冻土比上述危害更加严重。这类土质广泛分布于我国新疆、西藏高原地区，如图 1.5.29 所示。

控制路基冻胀的主要措施有：提高路基本体防冻能力，根据防冻需要选择路基填筑材料；提高路基排水能力，使渗入路基的水快速排出；降低地下水，采取封堵措施，防止地表水渗入路基；采取保温措施，提高冬季路基本体温度，以减少结冰等。

图1.5.29　冻土地质

4）膨胀土路基

膨胀土是一种吸水膨胀、失水收缩开裂的特种黏性土。膨胀土一般指土体内含有含盐量较高水分的黏土矿物类土体，该类土塑性指数大，一般情况下具有良好的力学性质，但是其明显的胀缩性质是这类土质危害性的主要原因。膨胀土显著的胀缩特性可使铁路路堤及路堑经常发生滑坡、坍塌、坍滑、溜坍，桥涵基础隆起、桥台开裂及锥坡和挡墙开裂外移等严重病害，破坏作用极大。膨胀土的危害诱因不像湿陷性黄土那么直接，因此比较难于采取针对性措施。该类土质广泛分布于我国四川、贵州、云南、广西等地区，如图1.5.30所示。

图1.5.30　膨胀土地质

目前，国内对于膨胀土路基，一般采用换填法、化学改良等措施，但两种方法均存在严重不足之处。换填法土方量大、弃土多、造价高，造成生态环境破坏严重；化学改良法则具有施工困难、造价高、工期长等缺陷。采用膨胀土包边填筑法可以降低工程造价，减少环境破坏。采用灰土桩、水泥桩等无机结合料桩，对膨胀土路基进行加固，效果更好。

5）喀斯特（岩溶）路基

喀斯特，也称岩溶，是水对可溶性岩石（碳酸盐岩、石膏、岩盐等）进行以化学溶蚀作用为主，流水的冲蚀、潜蚀和崩塌等机械作用为辅的地质作用，以及由这些作用所产生的现象的总称。由喀斯特作用所造成的地貌，称为喀斯特（岩溶）地貌。该类地质广泛分布于我国云南、贵州、广西等地区，如图1.5.31所示。

在处理岩溶区时，常考虑通过注浆，在一定压力下将惰性材料浆液注入溶洞、岩溶裂隙及土体孔隙中，浆液凝固后能使岩溶裂隙、岩土界面得到封闭，阻隔了岩溶水与上层滞水，起到了隔水帷幕的作用。同时，岩溶溶洞能得到填充，使土体及岩层形状得到改变，从而使路基强度得到提高，变形受到约束，整体沉降得到控制。

图1.5.31　喀斯特（岩溶）地质

1 遇见铁路

4. 路基技术发展

（1）采用多种技术，控制路基工后沉降，保证线路的平顺性。

采用排水固结法、柔性桩、桩网结构、桩板结构等新型地基沉降控制技术，控制路基工后沉降。

（2）发展轻质路基。

轻质路基可有效解决既有高速铁路近接工程路基帮宽的变形控制和安全运营难题，也可为过渡段、软土路基、陡坡路基等地段沉降控制提供新的解决方案。需要解决高速铁路轻质路基"材料-结构"和"设计施工"关键技术。

（3）发展绿色路基。

开展岩质边坡、土质边坡的生态防护技术研究。开展建筑垃圾再生骨料的物理力学性能、化学特性与耐久性研究，制定出建筑垃圾再生骨料作为铁路路基填料的试验方法、质量控制要求及相应的处理标准，形成建筑垃圾再生料综合利用技术。

（4）探索多种技术的路基沉降监测技术。

采用光学、声学、电磁学与现代通信技术相结合的新型监测技术成为路基沉降监测的重要手段。比如车载探地雷达监测技术、合成孔径雷达干涉技术、分布式布里渊光纤传感监测技术等。

1.5.4 轨　道

1. 轨道作用

轨道是行车的基础，它的作用是引导机车车辆的运行，并直接承受来自列车的荷载，把荷载传至路基或者桥隧结构物上。其中，钢轨还承担导电作用，钢轨作为轨道电路的一部分，与接触网、列车形成闭合回路。

2. 轨道结构

轨道结构是由四大件组成，分别是钢轨、轨枕、道床和连接零件。

1）钢　轨

钢轨的型号通常是按照质量区分的，高速铁路和重载铁路正线采用 75 kg/m 钢轨，普速铁路正线采用 60 kg/m 钢轨，站线采用 50 kg/m 钢轨。

钢轨是一种复杂的合金，除了主要成分铁（Fe）以外，还有五大元素，碳（C）、锰（Mn）、硅（Si）、磷（P）、硫（S），当然还会有一些起决定性作用的微量元素钒（V）、铬（Cr），以及一些稀土元素等。考量钢轨性能最重要的三项是：强度、硬度、韧度，三者互相关联。而其中，最主要的是强度，所以也有了根据强度等级来分类钢轨的方法。碳是钢轨抗拉强度的主要来源，一般含量在 0.65% 左右，锰提高了钢轨的强度和韧性，硅可与氧气结合，把钢轨冶炼过程中的气泡排出去；磷含量过多的话，会出现冷脆性；硫含量过多的话，当钢轨温度达到 800～1 200 ℃ 时会出现热脆性，磷和硫含量一般控制在 0.04% 以内。我国既有铁路直线段广泛采用强度级别 880 MPa 级的 U71Mn 钢轨（平均含碳量 0.71%，含锰元素）和 980 MPa 级的 U75V 钢轨（平均含碳量 0.75%，含钒元素）。曲线段主要使用强度级别 1 180 MPa 级及以上的 U75V 热处理钢轨；高速铁路主要使用 U71MnG、U75VG 热处理钢轨；重载铁路直线段主要采用 U75V 热轧钢轨，曲线段主要使用强度级别 1 280 MPa 级及以上的热处理钢轨。

钢轨存在热胀冷缩的问题，为解决这个问题，钢轨上设有轨缝，为了行车安全，轨缝一般不能超过 11 mm。钢轨温度每变化 1 ℃，每一米钢轨就会伸缩 0.011 mm。在我国南方和北方的铁路线上，冬夏之间的气温通常可相差 80 ℃ 左右，根据固体线膨胀系数计算下来，每一段钢轨的长度以 12.5 m 为宜。在 20 世纪 50 年代，标准钢轨长度为 12.5 m，1967 年将长度改为 25 m，接头减少了一半，降低了养护费用。由于存在轨缝，列车通过轨缝时，发出的"咔哒"声，会影响乘坐的舒适性；轨缝处也是钢轨最容易伤损的地方，养护工作量大，且影响旅客乘坐的舒适性，由此提出了无缝钢轨，即将短钢轨焊接成几百千米长的无缝轨道。

2）轨　枕

轨枕的主要作用是支承钢轨，同时还要保持钢轨的位置，把钢轨传递来的巨大压力再传递给道床。按用途分类，轨枕主要分为普通轨枕（见图1.5.32）、岔枕（见图1.5.33）、桥枕（见图1.5.34）、宽混凝土轨枕（见图1.5.35）。主要的区别就是长度和承轨位置的不同。普通轨枕简称普枕，普枕（Ⅰ、Ⅱ型）的长度为2.5 m；道岔用的岔枕和钢桥用的桥枕，其长度有2.6~4.85米多种；我国自行研制的Ⅲ型钢筋混凝土轨枕，其长度有2.5 m和2.6 m两种；宽混凝土轨枕又称为轨枕板，一般长2.5 m，宽55~60 cm，主要用于隧道内、大桥桥头、大客运站上。

图1.5.32　轨枕

图1.5.33　岔枕

图 1.5.34　桥枕

图 1.5.35　宽枕

3）道　床

（1）道砟的作用。

砟，指路基用的小块石头，或称道砟。道砟和轨枕均起加大轨道受力面、分散列车压力、帮助钢轨承重的作用，防止铁轨因压强太大而下陷到泥土里。此外，道砟还有减少噪声、吸热、减震、增加透水性等作用。

（2）有砟铁路与无砟铁路。

有砟轨道是指轨下基础为石质散粒道床的轨道，通常也称为碎石道床轨道，是轨道结构的主要形式之一。它具有弹性良好、价格低廉、更换与维修方便、吸噪特性好等优点，法国高速铁路一直采用有砟铁路。缺点是轨道的横向抗力较小，桥上道床稳定性差，道床在长期的荷载作用下容易产生不均匀沉降，可能造成轨道结构破损加剧，维修工作量变大。

无砟轨道是指采用混凝土、沥青混合料等整体基础取代散粒碎石道床的轨道结构。与有砟轨道相比，无砟轨道结构具有良好的稳定性、耐久性好、能避免有砟轨道道砟粉化污染等优点。

（3）我国高速铁路无砟轨道。

国外高速铁路无砟轨道以日本、德国最具代表性，其应用多年，有较成熟的技术标准体系。中国无砟轨道经过 CRTS Ⅰ 型、CRTS Ⅱ 型技术沉淀，进一步创新，形成了中国标准 CRTS Ⅲ 型板式无砟轨道。我国无砟轨道结构类型及应用如表 1.5.4 所示。

表 1.5.4　我国无砟轨道结构类型及应用

无砟轨道类型		应用线路
预制板式无砟轨道	CRTS Ⅰ 型板式	哈大、广深、哈齐、成绵乐、沪宁城际、广珠城际、宁安城际等
	CRTS Ⅱ 型板式	京津城际、京沪、沪杭、宁杭、杭长、京石武、合蚌、津秦等
	CRTS Ⅲ 型板式	成灌、盘营、武汉城市圈城际铁路、沈丹、成绵乐等
	岔区板式	武广、京沪、京石、石武等
现浇混凝土式无砟轨道	双块式	武广、郑西、成渝、兰新等
	岔区轨枕埋入式	武广、郑西、哈大等

我国 CRTS Ⅲ 型无砟轨道板与以往引进的日本 CRTS Ⅰ 型板式无砟轨道双块式轨枕和德国 CRTS Ⅱ 型板式无砟轨道博格板相比，具有结构简单、性能稳定、用料节省、施工便捷、功效相对提高、造价相对低廉等优点。该板由钢轨、扣件、预制轨道板、配筋自密实混凝土、限位凹槽、土工布和钢筋混凝土底座等部分组成，采用双向先张预应力技术，应用矩阵台座生产工艺预制，具有受力性能好、抗裂度高、制造简便等特点，可适用于速度 300 km/h 以上的城际铁路及严寒地区高铁。

2009 年，在成都至都江堰城际铁路启动 CRTS Ⅲ 型板式无砟轨道成套技术工程实验与设计创新工作，并取得成功，并于 2010 年 12 月正式定型为

CRTS Ⅲ型轨道板。目前，CRTS Ⅲ型板式无砟轨道已为我国新建高速铁路的主要无砟轨道结构类型，截至 2019 年年底，应用里程超过 6 300 km。

3. 轨道技术发展

（1）采取提高钢轨的质量，采用焊接长钢轨，使用新型弹性扣件、高质量的衬垫及新型道岔等必要措施严格控制轨道的平顺性和稳定性。

我国高速铁路采用 U71MnG 60 kg/m 百米定尺长钢轨；速度 300 km/h 及以上高铁、长大隧道、桥梁地段采用无砟轨道，速度 200～250 km/h 高铁主要采用有砟轨道。无砟轨道扣件系统采用 WJ-7 型、WJ-8 型、300-1 型、SFC 型及岔区弹性扣件，有砟轨道扣件系统采用弹条Ⅳ型、弹条Ⅴ型及 FC 型扣件。我国自主研制了 18 号、42 号、62 号大号码可动心轨高速道岔，分别可适应侧向通过速度 80 km/h、160 km/h、220 km/h。

（2）在自主研发 CRTS Ⅲ型板式无砟轨道结构的基础上，进一步配套研究高强度钢轨、聚氨酯固化道床，丰富了轨道结构类型。

我国掌握了高速铁路 CRTS Ⅰ型板式、CRTS Ⅱ型板式及双块式无砟轨道设计、工程材料、建造技术等成套技术，并自主研发了 CRTS Ⅲ型板式无砟轨道结构及配套扣件，形成了具有自主知识产权的无砟轨道成套技术体系，并且该体系走出国门，应用于印尼雅万高速铁路。

我国应用轮轨接触理论，研制具有良好轮轨关系的 60 N 新轨头廓形钢轨，开展了强度等级 1 280 MPa 级的新型高强度钢轨研究，进一步研究更高韧塑性的高速铁路用钢轨，以提高其抗滚动接触疲劳、抗折断和抗擦伤等性能；开展了聚氨酯固化道床研究，丰富了轨道结构类型，快速施工，实现"先有砟，后无砟"；研发泡沫铝等新型轨下垫层，可减少振动噪声 2～3 dB；研发了系列化的高速铁路道岔和扣件系统。

（3）拓展无缝线路适用范围。

无缝线路铺设突破了寒冷地区、大坡道、小半径曲线、桥梁、道岔、高海拔等限制，我国无缝线路技术可适应最大轨温幅度 102 ℃、最大坡度 33.3%、最小曲线半径 300 m、最高海拔 5 000 m 的工况，大跨桥梁上无缝线路理论实现突破。我国自主研发了设计速度 350 km/h 高铁无砟轨道 60 kg/m 钢轨的伸缩调节器。随着胶接绝缘接头和无缝道岔两项关键技术的发展，跨越闭塞分区、跨越车站的跨区间无缝线路得以实现。

（4）研发基于智能制造的装配式无砟轨道部件制造及现场装配技术。

深度融合信息化、工业化技术，发展装配式无砟轨道，研发基于智能制造的装配式无砟轨道部件制造及现场装配技术，突破无砟轨道结构现场接缝可靠连接技术，解决现有无砟轨道适应线下变形能力不足、病害整治困难等难题。进一步发展预制装配式聚氨酯轨道，开展弹性轨枕、道砟垫等减振技术研究，改善有砟轨道运营状态、延长道床使用寿命，提高全生命周期的技术经济性。

（5）建立高精度的工程测量平面控制网和高程控制网，为轨道铺设和运维提供可靠的测量控制基准。

1.5.5　运维设备

运维设备是指满足机车、车辆、动车等移动装备以及线路、接触网等固定设施的维修设施。

1. 运维设备组成

（1）车辆维修设备。

承担机车、客车、货车、动车组等移动装备的停放、运用、整备、检修等场所应配置有存车线、检修线，生产生活房屋及设施，检测、检修等设备。

（2）综合检测与维修设备。

综合检测与维修设备是指除车辆维修设备之外所有的维修设施，包括路基、桥梁、隧道、轨道、牵引供电、通信、信号、信息、给排水、房屋、环保设施等。主要包括：综合维修段、综合维修车间、维修工区。

2. 主要运维设备

运维设备根据各级修程以及作业内容不同加以配置，表1.5.5列了部分运维设备。

表 1.5.5　主要运维设备（部分）

序号	类别	设备名称	主要功能
1	机务整备设备	轮对动态监测	检测外形几何尺寸、踏面表面擦伤、深层次探伤
		受电弓动态监测	检测受电弓滑板磨耗值、中心线偏移量、工作位接触压力等数据
		自动过分相检测	对车感器信号拾取性能、自动过分相装置动作性能进行诊断
		上砂设备	为机车砂箱加充制动用砂
		卸污设备	集便器卸污
		洗车设备	清洗车体外皮
2	机务检修设备	架车机	架落机车，满足转向架以及车底检修作业
		轮对更换设备	实现轮对、主变压器、牵引杆、钩缓更换作业
		部件检修设备	对转向架、轮轴、电机等部件检修
		辅助作业设备	包括综合管廊、作业平台、检修工具等
3	车辆整备设备	轮对动态监测	检测外形几何尺寸、深层次探伤
		脱轨器	可迫使闯入防护区段的机车车辆脱线，保护作业人员安全
		地面电源	为客车提供 DC 600 V 试验电源
		微控试风设备	满足车辆制动机试验作业要求，完成缓解、漏泄、感度、安定、持续保压、简略、排风等
4	车辆检修设备	架车机	架落车辆，满足转向架以及车底检修作业
		喷漆设备	对车体涂漆
		调梁设备	调整货车梁
		部件检修设备	对转向架、轮对、钩缓等部件检修
		辅助作业设备	包括作业平台、检修工具等
5	动车运用设备	轮对动态监测	检测外形几何尺寸、踏面表面擦伤、深层次探伤
		受电弓动态监测	检测受电弓滑板磨耗值、中心线偏移量、工作位接触压力等数据

续表

序号	类别	设备名称	主要功能
5	动车运用设备	安全联锁监控设备	监控库内各股道列位的动车组占用、高压隔离开关分合闸、25 kV 接触网接地、作业平台安全门、库大门等状态和登车顶作业人数等
		空心轴探伤设备	检测空心车轴外表面横向、纵向缺陷和车轴内部的缺陷
		转向架更换设备	更换转向架和轮对
		上砂设备	为动车砂箱加充机车制动用砂
		油脂加注设备	对齿轮箱、主空压机、电机轴承等部位进行润滑加注作业
		洗车设备	清洗车体侧面
		上水设备	客车上水
		卸污设备	客车卸污
		辅助作业设备	包括轨道桥、作业平台、安全联锁、悬挂式综合管廊等
6	动车检修设备	架车机	实现整列动车组架落车,更换转向架用
		调试设备	车载系统调试作业
		喷漆设备	车体涂漆
		部件检修设备	对转向架、轮轴、电机等部件检修
		辅助作业设备	包括悬挂式综合管廊、转盘、检修工具、支架等
7	车辆运行安全监控设备	车辆轴温智能探测系统(THDS)	探测车辆轴承温度
		货车故障轨旁图像检测系统(TFDS)	监视货车底部及侧部状态,包括车体底部、侧下部、连接部和走行部等部位的图像
		车辆运行品质轨旁动态监测系统(TPDS)	监测货车运行品质、车轮踏面损伤、超偏载以及客车车轮踏面损伤及车轮失圆,动车组运行品质、车轮踏面损伤及多边形等
		车辆滚动轴承故障轨旁声学诊断系统(TADS)	采集车轮滚动轴承噪声数据,实现早期故障跟踪报警

续表

序号	类别	设备名称	主要功能
7	车辆运行安全监控设备	客车故障轨旁图像检测系统（TVDS）	监视客车底部及侧部状态，包括车体底部、侧下部、连接部和走行部等部位的图像
		动车组运行故障图像检测系统（TEDS）	监视动车组底部及侧部状态，包括车体底部、侧下部、连接部和走行部等部位的图像
		客车运行安全监控系统（TCDS）	实时传输、集中下载客车主要设备及部件的运用状态和动态性能的监测数据
		动车组车载信息无线传输系统（WTDS）	实时传输、集中下载动车组主要设备及部件的运用状态和动态性能的监测数据
8	大型养路机械	捣固稳定车（见图1.5.36）	对有砟铁路线路的道砟进行捣固作业，使得两根钢轨处于水平位置
		清筛机（见图1.5.37）	对有砟铁路线进行线路清筛作业，清筛过后的道床富有弹性，列车运行较为平稳，提升了旅客乘坐的舒适感
		钢轨打磨车（见图1.5.38）	对铁路钢轨进行钢轨打磨作业，打磨作业后有利于列车行驶，提升舒适感
		钢轨探伤车（见图1.5.39）	对钢轨进行钢轨探伤作业

图1.5.36 捣固稳定车

1 遇见铁路

图 1.5.37 清筛机

图 1.5.38 钢轨打磨车

图 1.5.39 钢轨探伤车

3. 运维设备技术发展

（1）不断提高设备检修、检测精度，提高生产效率，降低检修时间。

从机辆服役整体时间划分考虑，分为运营时间、检修时间，运营与检修是此消彼长的关系。简单地说，检修时间降低可延长运营时间，降低生产成本。因此，不论从技术的发展，还是成本核算，都要求降低检修时间，这就迫使提高检修生产效率。

在技术实现的路线上，初期可能采用简单的物理叠加实现高效率，比如：使得洗车通过速度由 5 km/h 提高到 10 km/h，初期采用增加刷组方式，来减小车体单位面积的洗刷时间。后期应探索颠覆性的技术，比如采用气泡爆破等工艺，快速剥离车体污物等，有效地提高生产效率。当然，改进检修工艺，也是一种有效的方法。

（2）检修作业智能化、自动化、远程化，向无人化作业发展。

近年来，随着 5G 物联网和传感器技术的日益成熟，通过节能型数据传输网络实现低成本、实时远程监测铁路沿线各种设施的运转状态成为可能。JR 西日本公司联合日本信号公司开发了铁路沿线设备远程监视系统（Traio）。通过在铁路沿线设备中安装电压、电流、相位、温度、压力、速度、图像等各种检测传感器，并开发能够长期有效收集传感器信息的低成本无线通信方式和低能耗远程（Low Power Wide Area Network，LPWA）网络基础设施，以及具有存储和管理信息能力的云平台基础设施，可从办公室等处远程监测获取铁路沿线设备的工作状态信息，从而节省人力。

1.5.6 旅客站房

1. 站房作用

旅客站房的传统作用就是满足旅客上下车，以及候车需求。现在车站正经历从功能"单一性"向"复合性"的转变，站房运营从"管理型"向"服务型"的转变。2019 年，国铁集团提出新时期客站站房建设贯彻"畅通融合、绿色温馨、经济艺术、智能便捷"理念。

我国铁路九大车站规模见表 1.5.6。

表 1.5.6　我国铁路九大车站规模（截至 2022 年年底）

序号	站名	站场规模	主站房建筑面积/万 m²	接驳城市轨道交通
1	西安北站	18 台 34 线	17.1	2 号、4 号、14 号线
2	北京丰台站	17 台 32 线	39.88	10 号、16 号线（在建）
3	郑州东站	16 台 32 线	15	1 号、5 号线
4	郑州航空港站	16 台 32 线	14.9	9 号、13 号线
5	昆明南站	16 台 30 线	12	1 号线支线、4 号线
6	上海虹桥	16 台 30 线	10	2 号、10 号、17 号线
7	贵阳北站	15 台 32 线	12	1 号线
8	重庆西站	15 台 31 线	12	5 号、12 号线（规划）
9	杭州东站	15 台 30 线	15.5	1 号、4 号、6 号线

2. 站房的技术发展

（1）集合多种交通方式的换乘枢纽。

现代铁路客运站具有如下两个突出的特点。

① 集多种交通方式于一身。将空港、铁路、公路、地铁等客运站以及出租车、社会车停车场等不同功能和内容集中配置，各种交通工具相互协作，换乘方便。比如天府机场站，分为地上和地下两部分，地上部分为候车室，位于 GTC（Ground Traffic Center，换乘中心）区域，地下负三层为站台。将通过 GTC 换乘中心与天府国际机场、轨道交通、长途汽车、出租车等实现无缝衔接，实现"空铁一体化，旅客零换乘"，为旅客的出行提供极大的便利。

② 客站的职能综合化。丰富商业和服务业，争取更大的经济效益，使车站成为集交通功能和商业服务功能于一体的综合性多功能建筑。比如重庆东站站房及配套综合交通枢纽工程，主要包含站房及相关工程、铁路枢纽配套及综合开发工程、市政交通工程三部分，总建筑面积 122 万 m²。重庆东站

片区将以轨道交通站点为中心，打造集工作、商业、文化、教育、居住、旅游等功能于一体的"TOD之城"。

（2）舒适宜人的候车环境。

现代铁路客运站以"以人为本"作为设计出发点，注重旅客的生理需要和心理需求，打破传统的集权式封闭布局的方式，运用先进技术和材料，创造开敞、通透、流动的现代空间，突出平等、自由、民主、开放的空间理念，强调旅客和列车的有机联系，使之成为充满生机的人性化场所。铁路客运站的空间设计还要考虑生态、环保、节能等因素，力求建筑和自然和谐共生。

（3）绿色环保与生态节能的新型建筑。

生态化已成为人类生存环境发展的主旋律，运用各种有效的生态技术来改善自然和人工环境，也是交通建筑发展的必然。如上海虹桥站利用屋面面积 6.1 万 m² 安装太阳能电池板，总装机容量 6 688 kW，年均发电量达 630 万 kW·h，减排二氧化碳 6 600 t。

（4）自动化与信息化的智能建筑。

我国铁路客站运营管理已达全面现代化的水平，从售票、候车、上下车、旅行等方面都体现了自动化与信息化的智能建造服务质量，客站服务系统现代化可充分发挥高速铁路的运能。通过自动售检票系统、旅客信息查询系统、自动存物系统、时钟系统、引导显示系统、行为诱导系统等设施，保证铁路客站能精确高效运转。

1.6 供电、通信、信息、信号系统

1.6.1 供电系统

1. 主要功能

电气化铁路，因其牵引功率大、能量转换效率高，成为我国铁路运输的主要方式。供电系统为电气化铁路提供电能。

电能从电力系统传输到牵引变电所，经过变压器降压和配电系统分配，把电能输送到牵引网上，电力机车通过受电弓从接触网上获取电能，通过电传动系统把电能转化为机械能，驱动列车运行。列车牵引供电系统一般包括：牵引变电站（所）、自耦变压器、分区所、开闭所、接触网、回流回路等设施。我国的电气化铁路采用 25 kV 50 Hz 的单相交流电。列车牵引供电系统如图 1.6.1 所示。

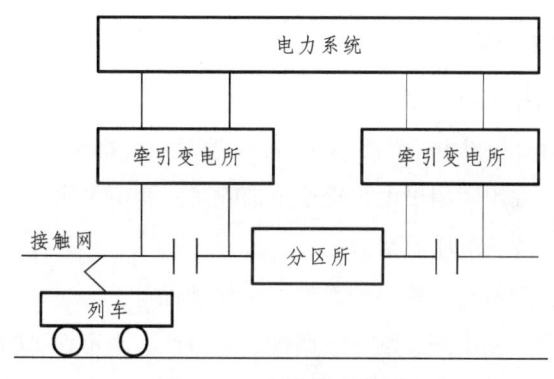

图 1.6.1　牵引供电系统

2. 主要技术内容

（1）供电等级。

电气化铁路牵引负荷波动剧烈，优先采用 220 kV 及以上电压等级供电，采用较高电压等级外部电源，有利于降低谐波畸变率、三相电压不平衡度及电压波动，且有助于减轻牵引负荷对电力系统的不良影响。

（2）供电方式。

我国电气化铁路一般采用带回流线的直接供电方式和 AT（Auto Transformer，自耦变压器）供电方式。直接供电方式的两座牵引变电所之间距离为 40~50 km，直接供电方式结构简单，维修成本低。AT 供电方式供电距离长，一般为 80 km 左右，具有减少电分相和电源供应点、减轻对弱电的干扰、减少牵引网电流截面要求和适应大负荷供电方式等优点，但 AT 供电方式结构复杂、投资较大、维修成本较高。目前，我国新建铁路采用 AT 供电方式。

（3）分相。

接触网采用单相供电，一相用一段，三相循环使用。每隔 50~60 km 距离需要换相，在换相区段，设一段无电区间，叫作"电分相"。分相区将不同变电所供出的不同相位的电，通过两个分相开关进行隔离，以防止异相电短路并造成熔断接触网。分相区是无电的，故列车是通过惯性滑过的。

3. 供电技术发展

（1）探索同相供电技术。

目前，采用异相供电，需改善换相，采取相应的措施以尽可能解决负序、谐波等问题。若采用同相供电，理论上消除了三相不平衡，滤除部分谐波并补充无功功率，改善电能质量。

（2）研究新型材料，提高耐磨性、耐腐蚀性等。

探索耐疲劳、刚度高、耐化学腐蚀、耐磨性、稳定性高的接触网结构型材料，研究非合金材料应用到牵引变压器，可以促使有害气体逐渐减少。

1.6.2 通信系统

1. 主要功能

覆盖全线的铁路通信网是直接为铁路运输生产和铁路信息化服务的通信设施，铁路通信的作用主要表现在：组织运输、提高运输效率、保证行车安全、提高经营管理水平和管理效率等方面。

2. 主要技术内容

铁路通信业务的类型按照传输信号的性质，包括语音、数据、图像业务；按照应用性质，包括地区、长途交换通信，铁路专用通信，会议通信。

为满足以上各类业务和信息传送的需求，铁路通信网分为承载网、业务网、支撑网三部分，铁路通信构成如图 1.6.2 所示。

1 遇见铁路

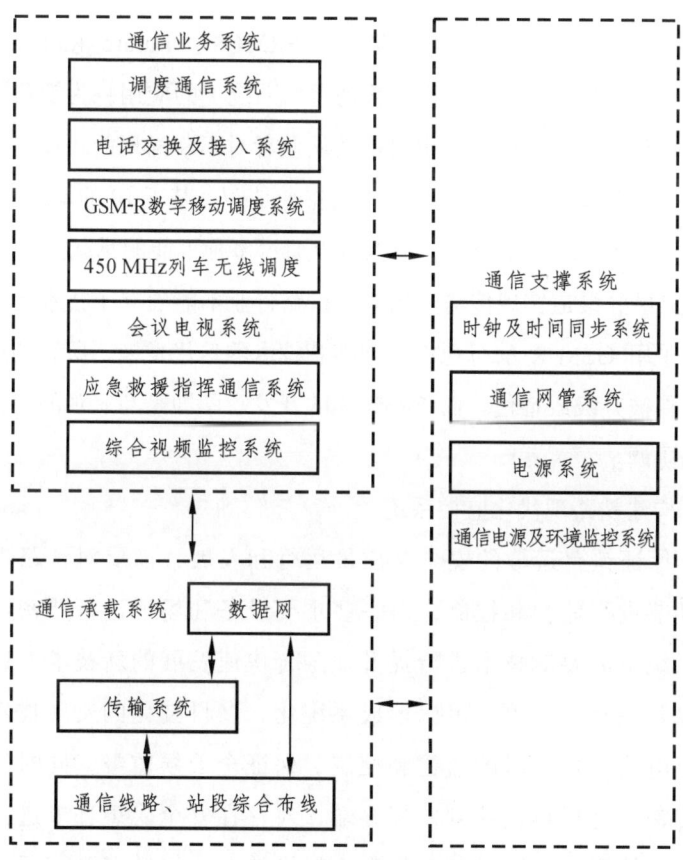

图 1.6.2 通信系统构成

3．通信技术发展

（1）未来铁路移动通信系统（FRMCS）。

传统的 GSM-R（Global System for Mobile Communications-Railway，综合专用数字移动通信系统）可实现列车的调度、监控及管理，也可以满足旅客简单的通信要求，现有的技术已经无法满足铁路高速化、旅客智能手机的接入需求。GSM 平台是一种 2G 通信技术，在从业者开发铁路数字化技术装备的潜力时，它表现出了多个方面的局限性，比如：目前移动网络基于通信基站传输，而以速度 350 km/h 运行的高铁，现有的铁路技术无法满足旅客手

135

机网络 6 s 切换连接通信基站的需求。FRMCS（Future Railway Mobile Communication System，未来铁路移动通信系统）的应用将为铁路行业快速实现数字化创造机会，同时它也将推动从业者对不断涌现的新技术进行观念转型。FRMCS架构最重要的优势在于它将会是一个基于IP的承载无关平台。这意味着，在 FRMCS 系统中，数据可以通过多种可能的承载网，包括5G、Wi-Fi 或卫星等渠道实现传输。当然，铁路行业不能独立于技术变革的大趋势。依旧采用 GSM-R 的行业将发现随着技术的迭代发展，所有的通信硬件与软件都将被升级或替代。而 FRMCS 的开发意图即是与宏观的通信技术产业发展相协调。

（2）构建铁路现代化监控系统。

为了保证铁路运输的安全高质量运行和发展，需要对铁路工程系统中各个环节进行监督和控制，对一些重要设备和场地进行严密监督。同时监控系统也需要对技术进行提升，融合快速发展的新技术。比如计算机技术以及遥感技术等，可以形成系统化、高科技化的发展技术，对铁路中重点电路实现实时的监控和控制，保证全天候监督，同时实现数据实时性传输，之后再反映到监控终端，对存在安全隐患环节进行改进，实现对紧急情况或故障进行报警和应对措施。这样铁路系统环节就可以实现监控之下安全、可靠地运行。

1.6.3　信息系统

1. 主要功能

铁路信息系统主要为运输组织、客货营销、经营管理三大应用领域提供服务。

运输组织领域的信息系统主要服务于铁路运输的调度指挥、生产作业部门和人员，以提高运输生产效率和保障运输安全为目标，涵盖运输生产的各主要环节。

1 遇见铁路

客货营销领域的信息系统主要服务于铁路市场营销人员和旅客、货主，以提高铁路运输市场竞争能力、增运增收为目标，向旅客和货主提供优质服务。

经营管理领域的信息系统，以运力资源的优化配置和降低运输成本为目标，提高铁路运输效益。

2．信息技术发展

智能铁路成为未来发展的方向，北斗卫星导航、5G 技术、人工智能、大数据等信息技术在铁路广泛使用，共享交通信息，构建成套技术。

1.6.4 信号系统

1．主要功能

铁路信号是在铁路运输系统中，为保证行车安全，提高区间和车站通过能力以及编组站解编能力的手动控制、自动控制及远程控制技术的总称。铁路信号担负着铁路各种行车设备的控制和行车信息的传输，保证行车安全，提高运输效率。铁路信号包括信号系统和信号设备两个层次。

信号系统包括：车站联锁、区间闭塞、列车运行控制、行车调度指挥控制、驼峰调车控制、道口信号、信号微机监控等系统。信号设备及器材包括：继电器、控制台、信号机、轨道电路、转辙机、电源屏等。铁路信号系统、信号设备及器材的功能如表 1.6.1 所示。

表 1.6.1　铁路信号系统、信号设备及器材功能

	系统/设备	功能
信号系统	车站联锁	控制和监督车站的道岔、进路和信号，实现联锁关系
	区间闭塞	按照一定的方式组织列车在区间运行，以保证区间行车安全
	列车运行控制	自动控制列车运行，保证行车安全，包括机车信号、列车运行监控记录装置和列车运行超速防护系统。列车运行超速防护系统包括：CTCS-0、CTCS-1、CTCS-2、CTCS-3、CTCS-4

续表

系统/设备		功能
信号系统	行车调度指挥控制	完成远距离集中控制本区段内各车站的信号机、道岔,办理接、发车进路
	驼峰调车控制	实现驼峰调车自动化
	道口信号	指示道路上的车辆、行人通过或禁止通过道口的听觉和视觉信号
	信号微机监控	监测并记录信号设备的主要运行状态
信号设备及器材	继电器	接通和断开电路,构成信号逻辑电路
	控制台	车站值班员指挥列车运行和调车作业的控制中心,用来控制道岔的转换和信号的开放
	信号机	形成信号显示,用于指示列车运行及调度作业
	轨道电路	利用钢轨作为导体,监督线路是否被占用、线路是否完整,以及与列车运行信号显示等联系起来
	转辙机	实现道岔的转换和锁闭
	电源屏	信号系统的供电装置

2. 主要技术内容

(1) 国铁制式。

我国的铁路信号技术主要采用 CTCS-2 和 CTCS-3 级。

CTCS-2 级面向提速干线和高速新线,采用车-地一体化设计,基于轨道电路和应答器传输信息的列车运行控制系统。该系统地面可不设通过信号机,机车乘务员凭车载信号行车。

CTCS-3 级面向高速新线或特殊线路,是完全基于无线传输信息并采用轨道电路等方式检查列车占用的列车运行控制系统,点式设备主要传送定位信息。

(2) 地铁制式。

地铁信号系统采用基于通信的列车自动控制系统(Communication Based Train Control System,CBTC),它的特点是用通信网络来实现列车和地面设

1 遇见铁路

备的双向通信，用实时汇报的列车位置和计算移动授权的移动闭塞来代替固定的轨道区段闭塞实现列车运行控制。

CBTC 的突出优点是可以实现车、地之间的双向通信，并且传输信息量大，传输速度快，很容易实现移动自动闭塞系统，大量减少区间敷设电缆，减少一次性投资及日常维护工作，可以大幅度提高区间通过能力，灵活组织双向运行和单向连续发车，容易适应不同车速、不同运量、不同类型牵引的列车运行控制等。在 CBTC 中不仅可以实现列车运行控制，而且可以综合成为运行管理。因为双向通信系统，既可以双向传输安全类信息，也可以双向传输非安全类信息，例如车次号、乘务员班组号、车辆号、运转时分、机车状态、油耗参数等大量机车、工务、电务等有关信息。利用 CBTC 既可以实现固定自动闭塞系统 CBTC-FAS（Fixed Auto-block System），也可以实现移动自动闭塞系统 CBTC-MAS（Moving Auto-block System）。在 CBTC 应用中的关键技术是双向无线通信系统、列车定位技术、列车完整性检测等。关于双向无线通信系统，在欧洲是应用 GSM-R 系统，但在美洲则用扩频通信等其他种类无线通信技术。列车定位技术则有多种方式，例如车载设备的测速-测距系统、全球卫星定位、感应回线等。

3. 信号技术发展

（1）探索 CTCS-4 级移动闭塞。

CTCS-4 级面向高速新线或特殊线路，是完全基于无线传输信息的列车运行控制系统。地面可取消轨道电路，不设通过信号机，由无线闭塞中心和车载验证系统共同完成列车定位和完整性检查，实现虚拟闭塞或移动闭塞，CTCS-4 级的技术还有待研发。

开展新型列控系统研发，采用融合北斗的多源定位、IP（Internet Protocol，网络之间互连的协议）化移动通信、全电子一体化控制等技术，实现移动闭塞功能。目前环形道试验已经进入尾声，即将在新疆库格铁路、和若铁路开展试验和试用。

（2）智能技术。

目前，我国的CTCS-2、CTCS-3级列控系统，欧洲列车运行控制系统ETCS，日本东北新干线系统都实现了部分自动化，但列车运行仍然以人工驾驶为主。未来逐渐向智能化方向发展，包括自动驾驶、智能调度、智能运维，以及信号系统智能。

1.7 施工工法及装备

设备技术对铁路建造具有直接的影响，固定设备技术影响铁路站后工程建造水平，而施工设备技术影响铁路站前土建工程建造水平。

1.7.1 桥墩建造

1. 基础施工

桥梁基础就是承担桥梁上部传来的荷载，将这些荷载通过不同的方式传给地基。基础的施工是桥梁建造过程中最为困难的部分之一，特别是深水基础施工，难度很大。

墩台基础过去多采用明挖扩大基础和人工挖土下沉的气压沉箱基础方法。20世纪60年代开始采用桩基，后来发展为管柱基础，管柱基础首先应用于武汉长江大桥，管柱直径为1.55 m。后来管柱直径逐渐加大，南昌赣江桥的管柱直径为5.8 m，是当时国内最大的。

（1）桩基础。

根据桩下沉到地基的方式不同，分为打入桩、钻孔桩。

打入桩是采用由桩架作导向的气锤将桩直接打入地基中的一种施工方法，常见的有预应力混凝土管桩施工技术，桩外径主要有400 mm和550 mm两种，管桩的节长一般为8 m和10 m。

钻孔桩是采用钻机成孔，达到设计高程后将钢筋笼放入孔内，再灌注水下混凝土成桩的一种施工方法。根据成孔的不同，可分为冲击钻机、旋转钻

1 遇见铁路

机和旋挖钻机成孔三种。大直径钻孔桩基础依然是跨海铁路桥基础的主要形式，并且桩径逐渐变大。已建成通车的平潭海峡公铁大桥是目前世界最长，也是我国第一座跨海峡的公铁两用大桥。主跨 532 m 的元洪航道桥是世界上跨度最大的跨海峡公铁两用斜拉桥，大桥的部分航道桥主墩基础和辅助墩采用 ϕ4.9 m 钻孔桩，是迄今为止世界桥梁桩径最大的工程桩。其中，各种工法优缺点对比见表 1.7.1。

表 1.7.1 钻孔桩优缺点对比

钻孔桩	优点	缺点
冲击钻机	几乎适用于所有的地质条件	工程进度慢，噪声较大； 自动化程度低，工作环境差
旋转钻机	噪声小，对土层扰动不大，振动力小，扩孔率小	适用于土层和软岩中含有较少的砾石和卵石的干燥土壤，不适用于强风化层以外的较硬地层； 需要泥浆池，占用施工场地，且有一定环境污染； 每天成孔 8~10 m
旋挖钻机	装机功率大、输出扭矩大、轴向压力大； 速度快，每天成孔 40~60 m； 自动化高，适应性强	成本高

（2）深水基础施工。

深水基础施工需要挡水围堰，其作用是通过吊箱侧板和底板上的封底混凝土围水，为高柱承台施工提供无水的施工环境，主要包括：钢板桩围堰、钢吊箱围堰、钢套箱围堰。

我国在 20 世纪 70 年代修建九江长江大桥时，首创双壁钢围堰这一新的围堰形式。这在简化施工工序、缩短工期方面有了新的突破，是桥梁深水基础中较为广泛的基础形式。港珠澳大桥双壁钢围堰重达 1 700 t。双壁钢围堰如图 1.7.1 所示。

图 1.7.1　双壁钢围堰

2. 桥　墩

桥墩分为实体桥墩和空心薄壁桥墩。桥墩自 20 世纪 60 年代，逐渐采用柔性桥墩，空心桥墩则始建于成昆线。

3. 主要施工装备

旋挖机，又称旋挖钻机（见图 1.7.2）、打桩机。旋挖机是一种综合性的钻机，它可以用于多种底层，具有成孔速度快、污染少、机动性强等特点。旋挖机可以配合冲锤钻碎坚硬地层后进行挖孔作业。如果配合扩大头钻具，可在孔底进行扩孔作业。旋挖机采用多层伸缩式钻杆，钻进辅助时间少，劳动强度低，不需要泥浆循环排渣，节约成本，特别适合于城市建设的基础施工。我国自主研发的KTY5000型旋挖钻机额定最大钻径5.0 m，最大钻深可达180 m。

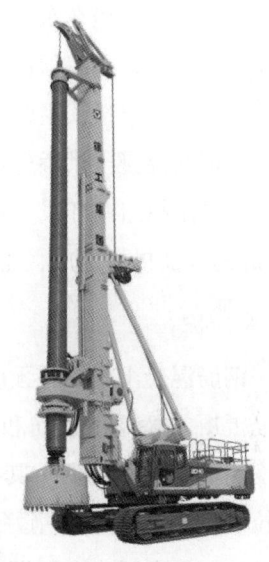

图1.7.2　旋挖钻机

1.7.2　桥梁架设

19世纪中期钢材的出现，开始了土木工程的第一次飞跃。随后出现了高强度钢材、钢丝，于是钢结构得到蓬勃发展，桥梁跨度不断扩大，以至能修建几百米甚至千米以上特大跨度的跨海大桥。

20世纪初，钢筋混凝土的广泛应用，大大提高了混凝土结构的抗裂性能、刚度和承载能力，使得土木工程发生了又一次飞跃，预应力混凝土桥梁已经能与200～300 m甚至更大跨度的钢桥相抗衡。

1. 我国桥梁建造的发展

1）拱　桥

20世纪50年代，成渝、宝成线就地取材修建了不少拱桥，最大跨度为

38 m（宝成线松树坡石拱桥）。20 世纪 60 年代，成昆线一线天石拱桥跨度达到了 54 m，是当时我国跨度最大的铁路石拱桥。

在 20 世纪 50 年代中后期，随着钢筋混凝土技术的发展，拱桥跨度得到了更大的发展。包兰线在东岗镇跨越黄河，建造了 3 孔 53 m 跨度的上承空腹式钢筋混凝土桥，是我国拱桥发展的转折点。20 世纪 60 年代中期，在丰沙二线的永定河上建造了主跨为 150 m 的中承装配式混凝土拱桥，标志着我国铁路桥梁钢筋混凝土拱桥建设在当时已达到世界先进水平。20 世纪 70 年代后期，在贵阳枢纽南环线上建成了上承空腹式双曲拱联拱桥，由 8 孔跨度各为 40 m 的双曲拱桥组成，是当时最长的铁路双曲拱桥。

2）梁　桥

（1）钢筋混凝土梁桥与预应力混凝土梁桥。

钢筋混凝土桥是由钢筋和混凝土组成的组合材料建成的桥梁。混凝土抗压强度高而抗拉强度低，其抗拉强度仅有抗压强度的 1/10，而钢筋有很高的抗拉强度，两者结合刚好可以取长补短，钢筋混凝土适合建造中小跨度的桥梁。在新中国成立初期，我国只能建造跨度不超过 16 m 的钢筋混凝土梁桥。

预应力混凝土桥的技术也更进一步了。在桥梁受到外荷载以前，事先张拉钢筋，将张拉力通过锚具传递给混凝土，就是预应力，预应力在结构中产生压应力，抵消外荷载产生的拉应力，可以建造更大跨度的桥梁。20 世纪 50 年代末，预应力混凝土梁的跨度达到了 32 m，20 世纪 70 年代末达到了 48 m。20 世纪 80 年代起，预应力连续梁的跨度得到了长足的发展，邯长线浊漳河预应力混凝土斜腿刚构桥主跨达到 82 m；湘桂线红水河第二斜拉桥主梁为（48 + 96 + 48）m，该桥成为当时继德、英、日三国后，世界上第 4 座铁路斜拉桥。

（2）钢梁桥。

钢桥的优点是强度高、自重小、跨越能力大。

20 世纪 50 年代建成的武汉长江大桥跨度为 128 m，是三孔一联的连续钢桁梁。

20世纪60年代建成的南京长江大桥，跨度为160 m，正桥为10孔，浦口岸一孔跨度为128 m简支梁，其余9孔跨度均为160 m，系三孔一联的连续钢梁。

20世纪70年代建成的成昆线三堆子金沙江大桥主跨度为192 m。

20世纪80年代建成的安康汉江斜腿刚构薄壁箱形钢桁梁，主跨跨度为176 m。

20世纪90年代建成的京九线九江长江大桥，主跨跨度为216 m，采用(180+216+180) m的连续梁，是目前长江上跨度最大的铁路桥梁。20世纪90年代末建成的芜湖长江大桥，是主航道跨度为(180+312+180) m的连续钢桁梁。

21世纪以来，我国桥梁建设在关键技术的攻关中不断成长，逐渐形成了成套技术，在结构形式上包括混凝土T梁、混凝土箱梁、节段拼装箱梁、钢桁梁等多种形式；整孔预制箱梁从24 m发展到32 m和40 m，吊装吨位突破900 t，科技研发实力达到国际先进水平。技术的发展还带动了我国标准规范、计算理论、结构分析、模型实验、材料科学、施工工艺、监测控制、专业设备等方面长足的进步，2005年首次发布了《铁路桥涵设计基本规范》(TB 10002.1—2005)。

2. **主要施工工法**

（1）标准梁整孔预制梁预制、运输及架设技术。

1999年开工建设的秦沈客运专线采用600 t的架桥机，首次实现了24 m箱梁架设要求，刷新了当时国内纪录。

2005年开工建设的京津城际铁路采用了900 t架桥机，首次实现了32 m双线预应力混凝土简支箱梁架设，标志我国已经具备建场、制梁、移运、架设等的全流程桥梁建造成套技术。通过采用450 t级提梁机、900 t级运梁车、900 t级架桥机、900 t级移动模架造桥机等，成功解决了32 m整孔制箱梁现场预制厂集中预制及运输施工问题。

2020年，福厦高速铁路湄洲湾跨海大桥采用1 000 t昆仑号架桥机，首次实现40 m跨箱梁的跨海高铁桥梁架设。

（2）特殊桥型原位制梁施工技术。

连续钢桁梁大多采用悬臂拼装法施工，也可以采用支架法、拖拉法或顶推法施工。

钢-混凝土结合连续梁桥采用支架法、整体吊装、顶推法进行钢梁的施工。桥面可采用现浇混凝土板、装配预制混凝土板。

混凝土斜拉桥主要采用悬臂浇筑和预制拼装。钢箱和混合梁斜拉桥的钢箱采用正交异性板，工厂焊接成段，现场吊装架设。

悬索桥的钢桁架加劲梁在工厂分段制作，拼装后现场吊装。

3. 施工装备

铁路混凝土预制梁架设施工设备众多，形式各异。按架桥机过孔方式一般分为步履式、全轮走行一跨式、导梁式、辅助导梁式等架桥机；按架桥机落梁方式一般分为拖拉起吊落梁、定点起吊落梁、运架一体式等架桥机。

（1）JQ170架桥机。

JQ170架桥机主要用于170 t级T梁架设施工，其采用主机轮轨走行过孔方式，架梁作业步骤简洁，效率高，但架设小曲线边梁时，需人工移梁，且在改造前铁路运输受限。

（2）TLJ450架桥机（见图1.7.3）。

TLJ450架桥机主要用于450 t双线并置箱梁架设施工，其采用轮轨走行进行纵移，整机能通过隧道架梁。

图1.7.3 TLJ450架桥机

（3）JQ900A 步履式架桥机（见图 1.7.4）。

JQ900A 步履式架桥机主要用于 900 t 级双线整孔箱梁架设施工，其过孔作业步骤简洁、操作简单且架梁效率高，可以方便地设首孔、末孔梁，对桥台无特殊要求，能自行实现桥间转移。但纵移过孔重心过高，遇到大坡道过孔整机稳定性较差，需采取多重防护措施。

图 1.7.4　步履式架桥机

（4）WE-SC900H 运架一体式架桥机（见图 1.7.5）。

WE-SC900H 运架一体式架桥机适用于穿越隧道的 900 t 级双线整孔箱梁的运输和架设，其克服了步履式和下导梁式 900 t 级架桥机不能通过隧道的缺陷。但桥墩需增加精轧螺纹钢等预埋件，通过连接紧固以保证架桥机的稳定性，远距离工作效率较低，首末孔施工较困难。

图 1.7.5　运架一体式架桥机

（5）1 000 t级高铁箱梁运架一体机。

2020年6月22日，福厦高铁湄洲湾跨海大桥施工中，首次采用1 000 t级的运架一体机，可实现40 m整孔箱梁的运输、架设作业。

（6）1 800 t架梁悬臂式起重机（见图1.7.6）。

1 800 t架梁悬臂式起重机起升高度可达75 m，能够起吊安装大节段钢梁、钢桁梁，有效提高架桥效率。

图1.7.6　1 800 t架梁悬臂式起重机

（7）3 600 t大型浮式起重机。

3 600 t海鸥号浮式起重机完成了平潭海峡公铁大桥钢桁梁整孔吊装，节段最大吊重3 430 t。

中铁大桥局集团有限公司研发的"天一号"架梁船（见图1.7.7），总长93.4 m，型宽40 m，型深7 m，最大起吊质量3 600 t，最大起重高度60 m，是海上架梁施工专用起重机。

图1.7.7　"天一号"架梁船

（8）大型起重船。

目前，我国最大的起重船舶一般认为是"振华 30 号"（见图 1.7.8），它是我国上海振华重工（集团）股份有限公司自主建造的巨型起重船，也是全球起重能力最大的起重船，它有着单臂架 12 000 t 的固定吊重能力和 7 000 t 的 360° 全回转吊重能力，港珠澳大桥的隧道沉管就是用它起吊安装的。

图 1.7.8　"振华 30 号"大型起重船

（9）大型塔吊。

正在建设的世界最大跨度公铁两用斜拉桥——常泰大桥，其设计总高 352 m 为世界第一高，采用钢混组合索塔，通过大节段吊装施工，最大吊装质量超过 400 t，最大安装高度 370 m，最大吊装幅度要求超过 65 m，中联重科研制的 W12000-450 塔机就是为常泰长江大桥量身定制。

W12000-450 塔机（见图 1.7.9）拥有世界最大的吊重、最大的起重力矩、最大的起升高度，是塔机制造史一次重要的里程碑进步。塔机最大起重力矩达 125 00 kN·m，最大起重量为 450 t（相当于能同时吊起 300 台小汽车）。最大臂长 75 m，最大独立起升高度 92.5 m，最大附着起升高度可达 371.8 m。

图 1.7.9　W12000-450 塔机

1.7.3　隧道开挖

1. 我国隧道建造

（1）铁路隧道数量和总长逐渐增长。

我国是一个多山的国家，只有实现了隧道的快速施工，才能为山区选线设计提供更大的自由度。新中国成立以来，我国建造了大量的铁路隧道，数量和总长增长很快。

20 世纪 50 年代修建的宝成铁路，隧道总长为 84.4 km，占线路长度的 12.6%；20 世纪 60 年代修建的成昆铁路，隧道总长为 344 km，占线路长度的 31.3%；20 世纪 70 年代修建的襄渝铁路莫家营至重庆段，隧道总长为

287 km，占线路长度的 33.4%；20 世纪 90 年代修建的南昆铁路，隧道总长为 194.6 km，占线路长度的 21.7%；2001 年建成的西安安康铁路，隧道总长为 121.2 km，占线路长度的 49.1%。

随着隧道施工技术的逐步提高，我国铁路越岭隧道的长度也相应加长。20 世纪 50 年代初修建的宝成线，其穿越秦岭的隧道仅长 2 363.6 m；1959 年修建的川黔线凉风垭隧道长 4 270 m；1967 年修建的成昆线沙木拉打隧道长 6 379 m；1969 年修建的京原线驿马岭隧道长 7 032 m；1987 年修建的衡广复线上的大瑶山隧道长 14 294 m，是当时最长的双线隧道，同年建成的大秦线军都山隧道长 8 460 m，是当时我国双线隧道长度第二的隧道；1996 年修建的南昆线米花岭隧道长 9 392 m；1999 年修建的西康铁路秦岭 I 号、II 号隧道分别长 18 460 m、18 456 m。

（2）隧道建造技术。

新中国成立前，铁路隧道一般采用上下导坑的开挖方法，有的隧道还采用了竖井、斜井和横洞的辅助导坑，以增加施工工作面。施工中的临时支撑采用木排架，不少隧道不做衬砌或用砖衬砌。施工方法是手锤打眼、人工装渣、手推车运输。无通风装置，用油灯照明。施工进度为平均单口月成洞 10 m。

新中国成立后的 20 世纪 50 年代，隧道施工逐步采用手持风动凿岩机打眼、有轨运输、管道式通风、电灯照明，并普遍采用圬工衬砌。宝成线秦岭隧道长 2 364 m，开挖了竖井，平均单口月成洞约 45 m。川黔线凉风垭隧道采用了平行导坑，平均单口月成洞达 78 m。

20 世纪 60 年代初，隧道施工中推广配套的小型机械化技术，采用凿岩机打眼、装渣机装渣、电瓶车运输、机械通风，不少隧道平均单口月成洞达 100 m。少数隧道采用了钻孔台车，进行全断面开挖，有的隧道试验了锚杆临时支护。成昆线的官村坝隧道长 6 107 m，曾创造过平均单口月成洞 152 m，年成洞 3 600 m 的纪录，接近了当时的世界先进水平。

20 世纪 60 年代末和 70 年代，隧道技术进步不大。这一时期主要是山区新线铁路建设，建成了很多隧道，20 世纪 70 年代平均每年建成 110 km 隧道。

20世纪80年代在衡广复线的大瑶山等隧道和大秦双线军都山等隧道的施工中，采用四臂液压凿岩台车进行双线隧道全断面开挖，用大型装渣机和20 t自卸汽车出渣，以及用混凝土喷射机械进行锚杆喷锚支护。有的隧道采用复合衬砌，即先喷射5~15 cm厚混凝土，再用液压模板台车立模，用混凝土泵将自动拌和车拌好的混凝土灌注在模板内。这些隧道的施工技术十分先进，开挖、装渣、运输、支护、衬砌等工序全部实现了机械化。大瑶山隧道于1987年5月6日贯通，是当时中国最长的铁路隧道，全长14 295 m，隧道埋深70~910 m，双线铁路电力牵引断面，大瑶山隧道采用当时国外最先进的设计和施工的方法——"新奥法"开挖，且采用20世纪80年代国内外最先进的大型机械，开创了隧道施工机械化作业新时代，"大瑶山长大铁路隧道修建新技术"获1992年度国家科技进步奖特等奖。1986年大秦线军都山双线隧道曾创造了单口月成洞238 m的最高纪录。

20世纪90年代修建的南昆线米花岭隧道，全长9 392 m，采取先开挖中心导坑，再全断面扩大的施工方法，应用光面爆破技术，配备了门架式全液压四臂凿岩台车钻眼、装药。两台装载机平行装渣，用16 t电瓶车牵引14 m³的大型梭式矿车出渣，然后在隧道轮廓的岩壁上喷射一层混凝土作为初期支护，并用轨道输送车运送拌和好的混凝土，用混凝土泵将混凝土输送到模板台车上，一次浇注成型。使开挖、运输、喷铺衬砌三条机械化作业线能力匹配，实现了长隧道的快速施工，创造了我国单线铁路隧道双口月成洞769 m的新纪录，实现了平均月成洞141 m的进度指标，体现了20世纪90年代铁路隧道施工的新水平。1995年，我国在西康铁路首次引进掘进机。

21世纪，隧道技术在勘察设计、施工建造等各个方面有了明显的提高；遥测遥感、卫星定位系统、地质预报等技术的使用，提高了准确性和安全性；在围岩荷载、水压取值和岩体微观力学行为等方面做了大量的研究和探索；在浅埋暗挖、盾构、TBM施工技术，以及岩溶处理、钻爆作业机械化、高地应力等复杂环境下的建造技术取得了长足的进步。

2. 主要施工工法

铁路隧道位于地下,施工条件复杂、恶劣且施工位置多位于偏远山区,因此其施工具有一些与其他建筑物施工不同的特点,包括:① 水文条件、地质条件起决定作用;② 为狭长建筑物,一般只有两个工作面,施工速度慢,工期长;③ 地下施工环境恶劣,烟尘不易扩散,易产生渗水;④ 多位于山区,交通不便,供应困难;⑤ 埋设于地下,一旦建成,难以更改。

西方隧道专家 R.汉姆说过一句话:"所有经验表明,对于隧道工程如果有一件确定的事,那就是它的不确定性"。施工中常遇到断层破碎带、富水软岩、溶洞、涌水、坍塌、岩爆、瓦斯等具有挑战性的技术难题,隧道建设者以自己顽强的意志和无穷的智慧,克服了难以想象的艰难险阻。

铁路隧道建设由于受地形、地貌和地质情况复杂多变的影响,其长度、形式和施工方法是因地而异、多种多样的,主要有矿山法(钻爆法)、掘进机法、盾构法、明挖法等。各种隧道开挖方式如图 1.7.10 所示。

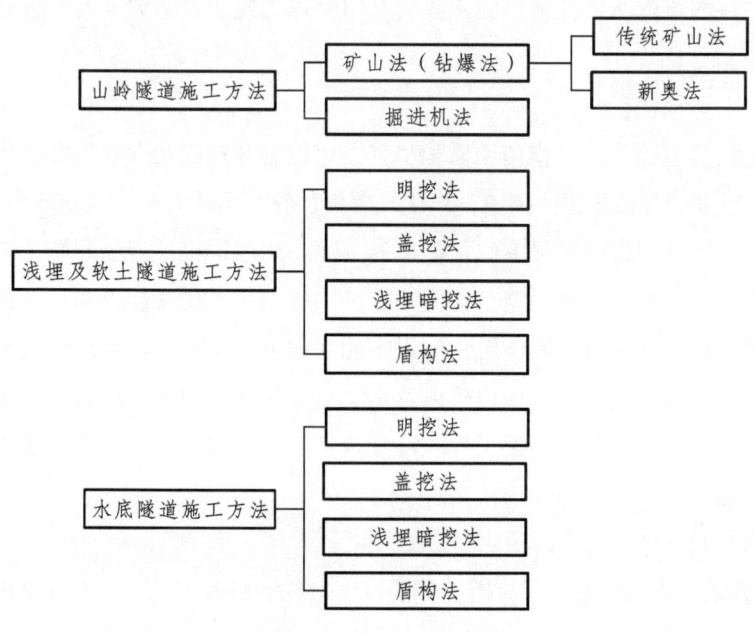

图 1.7.10　隧道开挖方式

（1）明挖法。

明挖法是指从地面由上向下开挖至基底后，由下向上顺作施工，最后回填基坑或恢复地面的施工方法。其采用钢筋混凝土结构，适用于浅埋地段的隧道。

（2）矿山法。

矿山法也称钻爆法。采用炸药爆破开挖施工的方法，在岩层中钻凿孔眼、装入炸药进行爆破开挖，用开挖地下坑道的方式，采用复合式衬砌。该方法适用于岩石坚硬且完整性好的地层的施工。

"钻爆法"是我国目前铁路山岭隧道应用最广、最成熟的施工方法，因其最早应用于矿山采掘的巷道，因而也称为矿山法。矿山法历史悠久，现在人们仍习惯将钻爆开挖加钢、木结构临时支撑的开挖方法叫传统矿山法。由于木支撑耐久性差，撤换不安全，目前已很少采用。现在的矿山法是指用钻爆开挖，喷混凝土，并用锚杆作初期支护，再施作模筑混凝土二次衬砌的方法。它是按新奥法原理施作的，我国又叫喷锚构筑法，是如今大力推广的施工方法。

（3）盾构法。

盾构隧道施工法是指使用盾构机，一边控制开挖面及围岩不发生坍塌失稳，一边进行隧道掘进、出渣，并在机内拼装管片形成衬砌、实施壁后注浆，在尽量不扰动围岩的情况下修筑隧道的方法。用盾构机进行隧洞施工具有自动化程度高、节省人力、施工速度快、一次成洞、不受气候影响、开挖时地面沉降可控、减少对地面建筑物的影响和在地下开挖时不影响地面交通等特点。盾构对各种复杂的工程地质以及水文地质条件有很大的适应性，主要适用于软土地区埋深大的隧道工程，可穿越江河、湖泊、海底、地面建筑物和地下管线密集区的下部。

（4）TBM法。

TBM法是挖掘隧道、巷道及其他地下空间的一种方法。隧道掘进机是利用回转刀具开挖，同时破碎洞内围岩及掘进，形成整个隧道断面的一种新型、先进的隧道施工机械。掘进机是全断面开挖隧洞的专用设备，它利用大直径转动刀盘上的刀具对岩石的挤压、滚切作用来破碎岩石。隧洞掘进机开挖比矿山法掘进速度快、用工少、施工安全、开挖面平整、造价低，但机体庞大、运输不便，只能适用于长洞的开挖，并且机体直径不能调整，对地质条件及岩性变化的适应性差，使用有局限性。

3. 不同地质情况下的隧道开挖工法

近年来，在铁路隧道施工中，通过加强地质变形控制和高风险隧道施工安全管理，加强灾害超前预警管理，降低了地质灾害发生的概率，建立了隧道围岩稳定性综合评价体系。在江河水下、高压富水岩溶、高瓦斯、特殊岩土、高地应力及软岩大变形、地下泥石流等复杂条件下积累了成功经验。

黄土隧道的传统施工方法采用台阶法，大断面黄土隧道通常采用双侧壁导坑法、交叉中隔壁法、预留核心土台阶法等多分步顺序施工方法。

对于瓦斯隧道，施工时的主要防治措施有：加强衬砌结构的封闭、辅助坑道结合巷道通风、做好超前地质预报、加强通风降低瓦斯浓度、加强预测及排放、安全掘煤。

对于岩溶地区隧道，主要防治措施有：回填、注浆加固、引排、注浆堵水、钢管群柱+板块等方式。

对于高地应力隧道，强烈岩爆段主要防治措施有：喷钢纤维混凝土或网喷混凝土、系统锚杆、多排超前锚杆及钢架加强等，必要时采取超前应力解除、设置超前导洞、高压注水等降低地应力量级的措施。

对于大变形隧道，主要防治措施有：预加固地层、喷层留纵缝、喷钢纤维混凝土、长错杆、可缩式钢架、钢筋混凝土衬砌等措施。

对于高水压隧道，采用以堵为主、堵排结合，分流减压等措施。

对于高地温隧道，采用注浆堵水，加强通风以及制冷降温辅助措施。正在施工的高黎贡山隧道深孔钻探实测最高温度达到 40.6 ℃，预测最高温度为 50 ℃，现场采用了冰块+射流风机+快热交换等降温措施。拉林铁路桑珠岭隧道遇到罕见的高地温 86.5 ℃，现场采取了包括设置接力风机加强通风、安装自动喷淋系统洒水、在洞内放置冰块等措施，进行降温。

4. 主要施工装备

（1）多功能钻机（见图1.7.11）。

多功能钻机在国内外很多隧道得到广泛的应用，钻进速度较普通钻机快（普通钻机钻进速度为 5 m/h，多功能钻机钻进速度可达 15~20 m/h），可解决软弱围岩和破碎带岩体的卡钻问题，配合其他的辅助配套设备可具有取芯和注浆的功能，是一种适合软弱地层的快速钻进及注浆的钻进设备。

图 1.7.11　多功能钻机

（2）液压凿岩台车（见图1.7.12）。

液压凿岩台车是目前隧道钻爆法施工中最先进的设备，代表着目前的国际先进技术水平，能够高效地进行开挖工序，较人工手持风钻开挖有着无可比拟的优势。凿岩台车超前钻孔技术及全断面帷幕注浆孔快速钻进技术也已有了相关的开发和应用，凿岩台车作为锚杆钻孔设备（尤其4~10 m的长锚杆）在加快施工速度和提高施工质量方面都有很好的效果。

图 1.7.12　液压凿岩台车

1　遇见铁路

（3）隧道挖装机（见图 1.7.13）。

隧道挖装机集挖掘、收集、输送、装车、行走、清理场地等多种功能于一身，而且在窄、小断面隧道中也能连续高效地作业。它的出现改变了原来铁路单线及小断面隧道，如辅助坑道、水工小断面隧洞施工的半机械化作业方式。

隧道挖装机的型号以每小时装车的土石渣体积分类，常见的规格有 160 m^3/h、250 m^3/h、300 m^3/h、330 m^3/h、600 m^3/h 等型号；按行走方式可分为轨行式和履带式。

图 1.7.13　隧道挖装机

（4）湿喷机械手（见图 1.7.14）。

图 1.7.14　湿喷机械手

157

湿喷机械手是由湿喷机、蠕动剂量泵和喷射机械臂装在轮式汽车底盘上组成的，其喷射混凝土一般可达 15~30 m³/h。在围岩条件较好且采用全断面法的路段采用湿喷机械手时效果较好。

（5）盾构机。

世界上最大的盾构机是日本为美国制造的 Bertha 盾构机，每小时可掘进 3.6 m，总质量为 7 000 t，直径为 17.5 m，长度为 110 m。

我国目前已经研发了盾构机、衬砌台车等系列施工装备：

① 南湖号盾构机。

2020 年 6 月 18 日，宽 14.82 m、高 9.446 m 的世界最大土压平衡矩形盾构机"南湖号"顺利始发，正式在嘉兴快速路环线下穿南湖大道隧道工程投入使用。

② 运河号盾构机。

2021 年 8 月，我国完全自主研发设计制造的国产最大直径泥水平衡盾构机"运河号"，由刀盘、盾体及 5 组台车组成，总质量约 4 500 t，外径 15.4 m，每天进尺 10 m。应用了自主研发的管片自动化拼装技术、智慧化远程安全监控管理系统等世界先进技术和设备。

1.7.4 轨道铺设

1. 轨道焊接

钢轨焊接是一项高精技术，主要有 4 种方法：闪光焊（又称电阻焊、接触焊）、气压焊、铝热焊和窄间隙电弧焊。其中，焊轨基地闪光焊和现场移动闪光焊分别如图 1.7.15 和图 1.7.16 所示，气压焊如图 1.7.17 所示，铝热焊接如图 1.7.18 所示。

闪光焊是利用电流通过钢轨接触面产生热量熔化钢轨局部端面，再经顶锻完成焊接。气压焊将钢轨的焊接端面加热到塑性状态，在固定的顶锻力作用下产生顶锻量，当顶锻量达到一定量之后，钢轨即被焊接成一个整体。铝热焊是利用焊剂中的铝在高温条件下与氧有较强的化学亲和力，它从重金属的氧化物中夺取氧，使重金属还原，同时放出热量，将金属熔成铁水，浇铸施焊。

1 遇见铁路

图 1.7.15 焊轨基地闪光焊

图 1.7.16 现场移动闪光焊

图 1.7.17 气压焊

图 1.7.18　铝热焊接

我国主要采用闪光焊、气压焊和铝热焊。从焊接质量看，闪光焊的质量最稳定，折损率仅为 0.007%，铝热焊最差，折损率为 0.5%。我国采用的钢轨焊接比例为：闪光焊约占 87%，气压焊占 10%，铝热焊占 3%。

我国高速铁路的无缝线路在焊轨基地采用固定闪光焊接，将百米定尺钢轨焊接成 500 m 的焊接长钢轨。在施工现场，采用移动闪光焊接方法，将 500 m 焊接长钢轨焊接成 1 500～2 000 m 的单元轨节，称为单元焊接。单元轨节之间的焊接称为锁定焊接，一般采用铝热焊，道岔区钢轨也采用铝热焊。

2．主要施工装备

在焊轨基地通过 36 台龙门吊同步吊运 500 m 长钢轨至铺轨机组，铺轨机组由拉轨机、平板大列和主机组成，可将单条质量 30 t、长 500 m 的钢轨、双轨同时铺设；可将质量为 200 kg 的轨枕，以间距 60 cm 精准地排列铺轨。整个铺轨机组仅需 7 人操作，平均每天可铺设 2 000 m 钢轨。铺轨机组如图 1.7.19 所示。

图 1.7.19 铺轨机组

1.8 铁路建造系统

从工程参与建造单位性质分析,铁路建造系统主要包括:投资单位、设计单位、施工单位、运营单位、供应系统等。从参与建造单位分析,铁路建造系统主要包括中国国家铁路集团有限公司(以下简称"国铁集团")、中国中铁股份有限公司(以下简称"中国中铁")、中国铁建股份有限公司(以下简称"中国铁建")、中国中车股份有限公司(以下简称"中国中车")等。

1.8.1 投资单位

我国铁路主要由国铁集团和地方政府投资建设。

1. 国铁集团

国铁集团为国家授权投资机构,负责铁路投资工作,主要由其下属的发展和改革部承担具体投资业务。

2. 地方投资单位

每个省一般都成立了铁路投资集团公司,代表地方参与国家和地方合资铁路项目的投融资、建设、运营和管理,统一对外协调铁路建设等相关事宜;负责省内地方铁路等交通设施项目的建设、运营和管理;履行省委、省政府赋予的其他职责。

"十三五"时期,地方铁路企业深化投融资体制改革,全国绝大部分省(自治区、直辖市)设立了政府建设铁路的投融资平台公司,见表1.8.1。

表1.8.1 省(自治区、直辖市)铁路投资平台

序号	省(自治区、直辖市)铁路投资平台名称
1	北京市基础设施投资有限公司
2	天津铁路建设投资控股(集团)有限公司
3	河北建投交通投资有限责任公司
4	华远国际陆港集团有限公司
5	内蒙古铁路投资有限责任公司
6	辽宁省交通建设投资集团有限责任公司
7	吉林省铁路建设投资有限公司
8	黑龙江省交投铁路建设投资有限公司
9	上海申铁投资有限公司
10	江苏省铁路集团有限公司
11	浙江省交通投资集团有限公司
12	安徽省铁路投资有限责任公司
13	福建省铁路投资有限责任公司
14	江西省铁路航空投资集团有限公司
15	山东铁路投资控股集团有限公司
16	河南铁路投资有限责任公司
17	湖北铁路集团有限公司
18	湖南铁路建设投资有限公司
19	广东省铁路建设投资集团有限公司
20	广西铁路投资集团有限公司
21	海南省发展控股有限公司
22	重庆铁路投资集团有限公司
23	蜀道投资集团有限责任公司
24	贵州铁路投资集团有限责任公司
25	云南省铁路投资有限公司
26	陕西交控产业发展集团有限公司
27	甘肃省铁路投资建设集团有限公司
28	青海交通投资有限公司
29	宁夏铁路投资有限责任公司
30	新疆维吾尔自治区国有资产投资经营有限责任公司

1 遇见铁路

1.8.2 建设单位

铁路工程多由国铁集团和地方政府共同出资,在建设过程中,成立合资公司承担建设工作;若是完全由地方政府出资的项目,由其投资单位下属的建设公司承担,部分项目也委托国铁集团和政府的合资公司承建。建设单位一般包括:工程部、物资部、计财部、征拆部等部门。

1.8.3 设计单位

我国铁路工程主要由 8 家大型勘察设计院承担,各铁路设计单位基本信息如表 1.8.2 所示。除中铁第六勘察设计院集团有限公司(以简称"中铁六院")、中铁华铁工程设计集团有限公司(以下简称"中铁华铁")外,其他公司均具备勘察综合甲级、设计综合甲级资质。针对铁路站房、桥梁工点,另有专业的设计公司承担设计工作,比如:悉地(苏州)勘察设计顾问有限公司、中铁大桥勘测设计院集团有限公司等。

表 1.8.2 各铁路设计单位基本信息(截至 2022 年年底)

序号	设计院	隶属企业	员工人数/人	序号	设计院	隶属企业	员工人数/人
1	中铁一院	中国铁建	4 200	5	中铁五院	中国铁建	2 500
2	中铁二院	中国中铁	6 000	6	中铁六院	中国中铁	1 900
3	中国铁设	国铁集团	4 600	7	中铁设计	中国中铁	3 000
4	中铁四院	中国铁建	5 200	8	中铁华铁	中国中铁	2 000

1.8.4 施工单位

我国铁路主要由中国中铁、中国铁建承担,中国中铁、中国铁建基本信息如表 1.8.3 所示。中国建筑集团有限公司等其他大型企业也承担了部分铁路建设。

表 1.8.3 中国中铁、中国铁建基本信息（截至 2022 年年底）

企业名称	总部地点	正式员工人数/万人	隶属企业	企业名称	总部地点	正式员工人数/万人	隶属企业
中铁一局	西安	2.5	中国中铁	中铁十四局	济南	1.5	中国铁建
中铁二局	成都	2.1	中国中铁	中铁十五局	上海	1.5	中国铁建
中铁三局	太原	2.6	中国中铁	中铁十六局	北京	1.7	中国铁建
中铁四局	合肥	2.2	中国中铁	中铁十七局	太原	1.8	中国铁建
中铁五局	长沙	2.1	中国中铁	中铁十八局	天津	1.8	中国铁建
中铁六局	北京	1.6	中国中铁	中铁十九局	北京	1.6	中国铁建
中铁七局	郑州	1.4	中国中铁	中铁二十局	西安	1.5	中国铁建
中铁八局	成都	1.1	中国中铁	中铁二十一局	兰州	1.3	中国铁建
中铁九局	沈阳	1.9	中国中铁	中铁二十二局	北京	1.3	中国铁建
中铁十局	济南	1.4	中国中铁	中铁二十三局	成都	1.4	中国铁建
中铁十一局	武汉	1.3	中国铁建	中铁二十四局	上海	1.2	中国铁建
中铁十二局	太原	1.7	中国铁建	中铁二十五局	广州	1.2	中国铁建
大桥工程局	天津	1.4	中国铁建				

1.8.5 运营单位

国铁集团负责铁路运输的统一调度指挥，统筹安排路网性运力资源配置，承担国家规定的公益性运输任务。国铁集团下属 18 个铁路局（公司）具体负责从事运营业务，共有员工约 156.7 万。各铁路局（公司）基本信息如表 1.8.4 所示。

1 遇见铁路

表 1.8.4　各铁路局（公司）基本信息（截至 2022 年年底）

序号	铁路局（公司）	主要管辖范围（省、自治区、直辖市）	员工人数/万人
1	哈尔滨铁路局	黑龙江	12.1
2	沈阳铁路局	辽宁、吉林	16.1
3	北京铁路局	北京、天津、河北	14.4
4	太原铁路局	山西	8.9
5	呼和浩特铁路局	内蒙古	6.0
6	郑州铁路局	河南	8.4
7	武汉铁路局	湖北	7.9
8	西安铁路局	陕西、宁夏	7.7
9	济南铁路局	山东	7.4
10	上海铁路局	上海、江苏、浙江、安徽	12.9
11	南昌铁路局	江西、福建	7.7
12	广州铁路局	广东、湖南、海南	12.5
13	南宁铁路局	广西	5.6
14	成都铁路局	四川、重庆、贵州	11.4
15	昆明铁路局	云南	3.6
16	兰州铁路局	甘肃	6.8
17	乌鲁木齐铁路局	新疆	5.0
18	青藏铁路公司	青海、西藏	2.3

各个铁路局（公司）按照职能划分为：车务段、客运段、机务段、电务段、车辆段、供电段、工务段等。其中运营单位各业务部门职责如表 1.8.5 所示。

表1.8.5　运营单位各业务部门职责

序号	业务部门	职责
1	车务段	负责列车运营控制指挥，管理车站货运等业务，管辖辖区内的各大小车站，货运和客运的计划和收入，列车的运行监控。保证客运、货运的正常运营，指挥列车、机车的运行，保证运营收入的正常回收
2	客运段	负责旅客列车工作人员的管理工作。担当本局管内的旅客列车的服务（包括旅客列车乘务工作和餐饮服务）
3	机务段	负责机车的运用、整备、检修作业，负责司机管理，负责救援列车管理
4	电务段	负责管理和维护列车在运行途中的地面信号与机车信号及道岔正常工作
5	车辆段	负责列车车辆（不包含机头）的运营、整备、检修等工作
6	供电段	负责电气化铁路的牵引供电、铁路运输信号供电、铁路地区的电力供应、电力设备的检修与保养等工作
7	工务段	负责铁路线路及桥隧设备的保养与维修工作
8	工电大修段	负责维修钢轨、换枕木、修桥梁桥墩等
9	房屋建筑段	负责铁路职工家属区规划建设、工程监理、物业管理、水电缴费等
10	物资供应总段	负责铁路局铁路物资的采购、供应

1.8.6　装备单位

装备供应业务主要包括移动装备、运维装备等，采用先进的技术、优良的品质，保障铁路运输的安全可靠。

1. 移动装备

我国移动装备（机车、车辆）由中国中车供应。其中移动装备主要供应单位及主要生产车型如表1.8.6所示。

1 遇见铁路

表 1.8.6 移动装备主要供应单位及主要生产车型

序号	制造公司	主要生产车种车型
1	中车四方车辆有限公司	CRH1、CRH380D、CRH6、高档豪华客车、城轨车辆
2	中车青岛四方机车车辆股份有限公司	CR400AF、CR300AF、CRH2、CRH2G、CRH380A
3	中车唐山机车车辆有限责任公司	CR400BF、CR300BF、CRH380B、CRH3、25型客车
4	中车长春轨道客车股份有限公司	CR400BF、CR300BF、CRH380B、CRH380C、CRH5、25型客车、城轨车辆
5	中车株洲电力机车有限公司	HX_D1、城轨车辆、城际动车组
6	中车大同电力机车有限责任公司	HX_D2
7	中车大连机车车辆有限公司	HX_D3、HX_N3、城轨车辆
8	中车戚墅堰机车车辆工艺研究所有限公司	HX_N5、货车
9	济南轨道交通装备有限责任公司	货车
10	中车南京浦镇车辆有限公司	城轨车辆、有轨电车、25型客车

2. 大型运维设备

大型运维设备承担了铁路移动装备运营维修作业，是我国的大国重器，代表了我国制造业的水平。大型运维设备主要功能及供应单位如表 1.8.7 所示。

表 1.8.7　大型运维设备主要功能及供应单位

序号	设备名称	主要功能	主要供应单位
1	轮对动态检测设备（见图 1.8.1）	用于机车、车辆轮对外形几何尺寸、踏面擦伤、车轮探伤作业	成都主导科技有限责任公司、南京拓控信息科技股份有限公司等
2	六自由度司机驾驶模拟器（见图 1.8.2）	用于各型机车、动车司机操纵实景模拟以及教培作业	成都运达科技股份有限公司等
3	不落轮镟车床（见图 1.8.3）	用于各型轨道机车、车辆、动车组轮对镟修作业	江西奈尔斯西蒙斯赫根赛特中机有限公司等
4	整车试验设备（见图 1.8.4）	用于各型机车满功率牵引和电制动负荷等试验，替代并优于传统的机车线路运行试验	北京铁道工程机电技术研究所股份有限公司等
5	整列弯臂式架车机（见图 1.8.5）	可实现 16 辆长编组整列同步架车需求	北京铁道工程机电技术研究所股份有限公司等
6	160 t 伸缩臂式铁路起重机（见图 1.8.6）	用于各型机车脱轨起重复位作业	中车齐齐哈尔车辆有限公司等

图 1.8.1　轮对动态监测设备

1 遇见铁路

图 1.8.2 六自由度司机驾驶模拟器

图 1.8.3 不落轮镟车床

图 1.8.4 整车试验设备

图 1.8.5　整列弯臂式整列架车机

图 1.8.6　160 t 伸缩臂式铁路起重机

3. 大型施工机械

大型施工机械主要功能及制造商如表 1.8.8 所示。

表 1.8.8　大型施工机械主要功能及制造商

序号	设备名称	主要功能	主要制造商
1	ZTE9100 土压平衡盾构机（见图 1.8.7）	具有敞开式、半敞开式和封闭式等掘进模式，各模式可相互转换；适用于从黏土、砂土至软硬不均复合地层；掘进效率高、施工成本低；额定扭矩 17 960 kN·m，开挖直径 9.15 m	中国铁建重工集团股份有限公司、中国中铁隧道股份有限公司、中交天和机械设备制造有限公司、北方重工集团有限公司等

1　遇见铁路

续表

序号	设备名称	主要功能	主要制造商
2	900 t 运架一体机（见图 1.8.8）	主要用于高速铁路 32 m 双线整孔箱形混凝土梁从预制场台座内的起吊、梁场至工地间的运输，配合下导梁机完成架桥作业	秦皇岛天业通联重工科技有限公司等
3	振华 30 号起重船	起重量 12 000 t，是世界最大起重船，承担跨海铁路设施起吊安装作业	上海振华重工（集团）股份有限公司
4	CPG500 有砟铺轨机	自重 25 t，最大载重量 55 t。可以同时承载 8 根 30 t、500 m 长钢轨和 3 360 根 200 kg 轨枕，连续 6 根轨枕间距误差在 30 mm 以内。而且可以双轨同时铺设	湖南长院悦诚装备有限公司等

图 1.8.7　ZTE9100 土压平衡盾构机

图 1.8.8　900 t 运架一体机

171

1.9 铁路效应

1. 经济效益

铁路作为一种重要的基础设施,具有网络属性、扩散效应和聚集效应,提高铁路的基础设施水平能够带动当地经济的发展。

从出行节约的时间经济价值分析,2019年我国高铁运送人数达22.9亿人次,假设每人次乘高铁可节约一个工作小时,就可额外创造768亿元GDP(Gross Domestic Product,国内生产总值,2019年人均GDP 7.08万元,年工作时长按 8 h×22 d×12 月=2 112 h 计算)。从间接效益评价,高铁给经济带来的整体回报较高。但从票务收入考察高铁的直接经济效益,基本是亏损状态,这也是很多国家无法承担的原因。

2. 产业效应

高铁不仅是一项基础设施,也是一个产业。高铁发展涉及多种技术、多个领域、多类产业,建设投资大、产业链长,对产业结构优化升级具有非常强的带动作用。我国高铁建设不仅强化了工程建设、装备制造等产业优势,而且推动了关联产业集群式发展,拉动了对钢材、水泥等基础建材的需求,带动了机械、冶金、建筑、橡胶、合成材料、电力、信息、计算机、精密仪器等高端产业发展。据测算,我国高铁每1亿元投资,对建筑、冶金、制造等上下游关联产业拉动产值在10亿元以上,可创造就业岗位600多个。特别是复兴号高速列车作为现代高新技术的集成,零部件数量达10万个以上,独立的技术系统超过260个,设计生产动车组零部件的核心企业超过100家、紧密层企业达500余家,覆盖20多个省市。高铁装备制造业已成为我国具备全产业链国际竞争优势的战略性新兴产业。

3. 社会效益

高铁对改变区域发展失衡、推动共同富裕有着非常重要的意义。区域发展失衡、东西部差距拉大是我国治理面临的一个重大结构性问题。但随着"八纵八横"高铁网络的发展，沿线区域人流、物流、信息流和资金流，都实现了快速流动和集散，进而推动资本、技术、人力等生产要素和消费群体、消费资料等消费要素的优化配置和集聚发展。

4. 文化效应

高铁缩短了时空距离，使得各区域向更高层级的文化与文明的交流。中国铁路贯通中国，连通世界，雅万铁路、中老铁路承载了中国和平、交流、理解、包容、合作、共赢的理念。

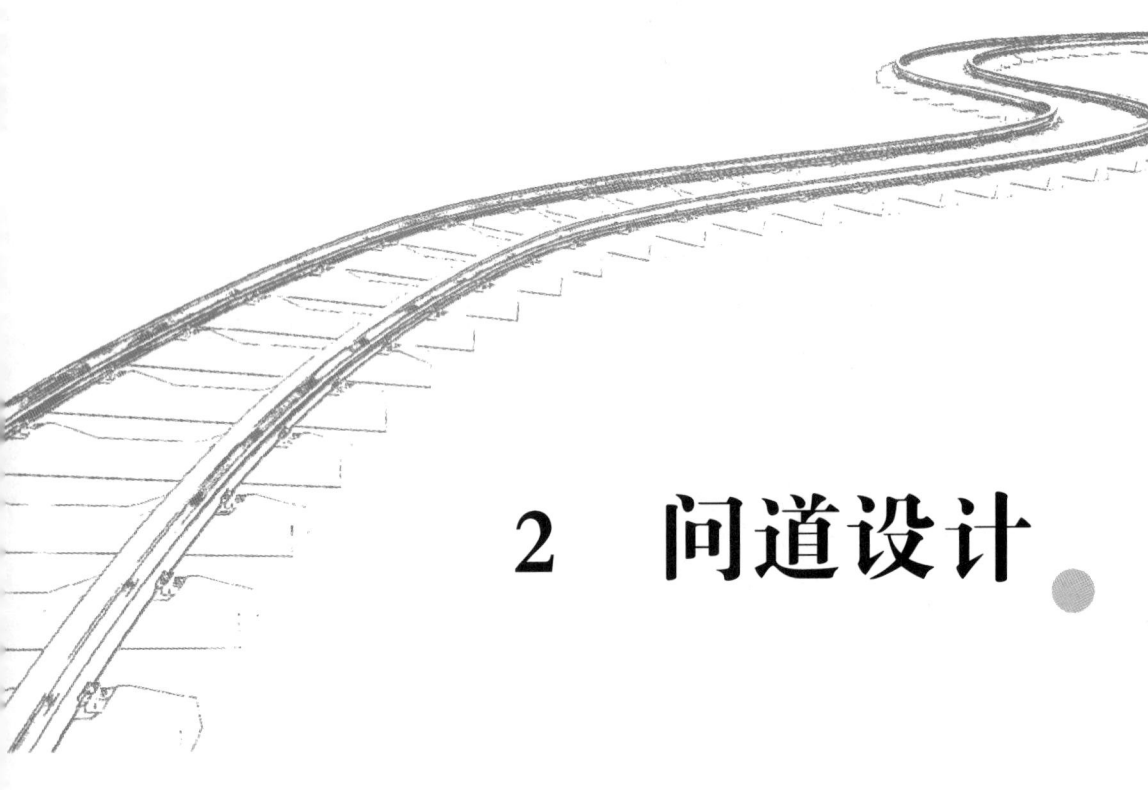

2 问道设计

2.1 何为设计

设计（Design）一词由拉丁文"制造出"（Designare）一词转变而来，指运用科学知识和实践经验，创造满足某种特定功能系统的一种活动过程。

《麦克劳-希尔科技大词典》中认为"设计"指的是"对某个系统、设备、过程或是艺术品的构思和规划的行为"。

设计是技术原理变成现实的周密预见，以满足物质功能需要为主。设计的目的不仅限于满足人类基本生存需求，更多的是在创造和引领新的需求。

设计是一个迭代决策的过程，设计师运用各学科知识、技术和经验，根据预定项目的需要以及环境限制条件，通过统筹规划、制定方案，最后用设计图纸与说明书等来完整表达设计者的思想、设计原理、整体特征和内部结构，甚至设备安装、实施工艺等的过程。

设计的出现使技术的知识形态具有自己独立的形式。设计促进设计师职业化，设计师使得技术体系具有标准化、序列化、程序化特征，使技术体系中的人，原则上具有可替代性。

工程的本质在于设计，只有设计才能规划、构建独特的工程架构，设计将整个工程活动联结成一个整体。工程设计是将工程理念、设计理论、设计方法和设计知识等集成一体的关键环节。

工程设计的内容大体可分为两类：一类是数值计算型的工作，包括大量的计算、分析、绘图、编写说明书和填写各种表格；另一类是基于符号性知识模型和符号处理的推理型工作，主要是方案设计工作。对于工程设计，知识和技能永远是最核心的竞争力。工程设计的组成如图 2.1.1 所示。

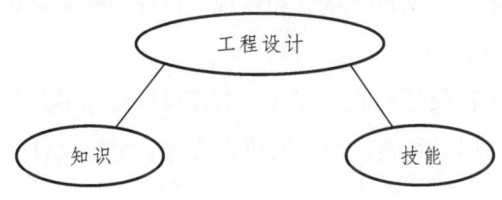

图 2.1.1　工程设计组成

2.1.1　完备的知识体系

从本性上看，知识是人类在劳动、实践过程中对客观世界、客观事物、人工物、人类社会以及对人自身等认识的结晶，包括理念、概念、定义、范畴划分、状态认知、规律、原则、规则、模型、方法等内涵，是对真理和人类活动的规律的认知，是理念、概念的确立，是对规律的探索和揭示，是对原则、规则的建立，是对方法、模型、器物的建构、改进、演化的研究。知识包括广泛的内涵，以及对这些内涵认识的结晶。

工程知识是人类知识体系中数量最大、内容最复杂的一类知识，它的本质在于通过建造工程物，转化为生产力，是和生产力活动紧密结合在一起的知识。工程设计知识是基于学科专业工程学为核心的多学科的知识集成体。

1. 工程设计知识的特点

工程设计知识从 6 个方面理解，工程设计知识特点如图 2.1.2 所示。

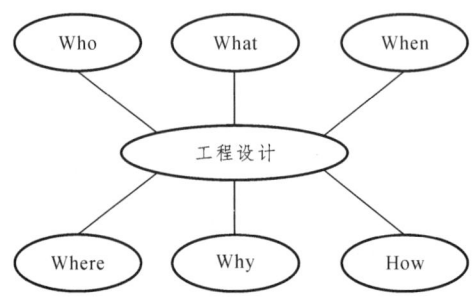

图 2.1.2　工程设计知识特点

1）"Who"（谁）的知识

设计单位作为工程建造单位之一，有其独特的工作原则，包括：依法合规、保证质量、实现价值。"Who"的知识体现了设计师的职业立场、职业操守。

（1）依法合规。

依法合规是工程设计的职业底线，工程设计必须遵从相关的法律法规、技术标准，设计过程必须遵从约定的审批流程、批复文件。

（2）保证质量。

保证质量是工程设计的基本要求，按图施工是行业的铁律，设计单位绘制的图纸质量直接关系着工程建造质量。另外，在保证设计质量的基础上，还需要进一步比选、优化，雕琢出最合理可行的方案。

（3）实现价值。

设计工程，就是在一定的自然、社会约束条件下，对工程的功能、能力、效率（效益）、影响的价值进行实物构造，决定工程价值是否实现的核心四问即是否实现了预期的功能？是否实现了预期的生产能力？是否实现了预期效率（效益）最大化？是否在区域、行业内实现预期的影响力？

2）"What"（什么）的知识

该部分包括设计什么、需要什么设计这两个方面内容。设计的对象当然是铁路工程，从前文内容可大概清楚铁路的特点。对于铁路工程设计需具备的知识主要包括：总体设计知识、专业设计知识、设计特性知识。"What"的知识体现了设计师具备的基本知识条件，是从事工程设计的先决条件。

（1）总体设计知识。

总体设计知识具有统领性、全局性，为解决项目功能定位、技术标准选择、建设方案比选、投资控制等全局性问题服务。总体设计知识对于项目前期规划、项目决策，以及项目总体管理具有非常重要的作用。

（2）专业设计知识。

主要解决专业接口以及专业设计问题，立足设计整体性，重视各专业工程设计及其相关联系，达到系统最优。专业设计知识是设计的基本知识，也是最庞大的知识体系。铁路工程设计包括许多个专业，每个专业都有其庞大的知识体系。

（3）设计特性知识。

工程中"镶嵌"了很多特殊问题，需要采用设计特性知识，比如网格法测算土石方、通过牵引计算测算机车选型等。特性知识是工程设计必不可少的知识。

3）"When"（什么时候）的知识

"When"的知识简而言之就是在正确的时间做正确的事情。"When"的知识体现了设计师的项目管理能力，即做好时间计划、高效设计。

在工程前期阶段，通过对融资方案与经济评价，以及建造技术水平等的评价，选定合理的工程建造时间。

在工程实施阶段，根据项目施工流程和进度，按照约定时间完成设计成果，满足建设工期。

在设计团体内部，按照约定的专业分工、设计流程，在合适的时间进行必要的专业技术互提、集审、研讨等，使得工程设计有序进行。

4）"Where"（哪里）的知识

工程设计应基于地质、水文、地理、气象等自然因素，同时还需考虑当地的经济、政治等社会因素，这些因素不同程度地影响线路走向、设施布局、生产规模、建筑风格以及施工材料运输等问题。"Where"的知识体现了设计的环境适应性,避免纸上谈兵,正所谓"没有调查就没有发言权"。

5)"Why"(为什么)的知识

设计师对工程建设的目的、任务、原因、理由等必要性分析是工程立项的基本内容。设计师应勤于思考,谨慎甄别,详细论证,为工程决策提供有力证据。"Why"的知识体现了设计师的专业能力。

在设计过程中,设计工程师能够探究事物的本源,知其然,更应知其所以然,面对各方质疑,能够准确阐述推荐方案的可行性、合理性、优越性,充分举证,以理服人。

6)"How"(怎么办)的知识

工程设计体现了方法论,也是工程设计有别于其他技术的最独特之处。"How"的知识最能体现设计师的综合能力,高超的设计师总能够拨开复杂的云雾,驾驭工程中各方的矛盾冲突,在众多技术方案中,提出最合理的方案,能在项目汇报中娓娓道来,在方案研讨中能够舌战群儒、为团队品牌加分、让对手心悦诚服、为业主解决难题、为工程实施提出可行方案,这些方面都展现了设计师在工程建造"舞台"最闪耀的一面。

在设计技术方面,设计师采用何种技术、资源、融资等方案建造工程,使得设计方案具有可行性、可实施性、投资可控性,实现工程的预计价值。

在设计工具方面,在传统的"CAD+Word"设计软件基础上,逐渐采用3D打印、生产仿真、BIM建造、数字孪生等智能设计方式,有效满足业主差异化需求。

在设计手段方面,团体协作是基本方式。铁路工程是一个复杂系统,单一专业设计师无法全面完成设计工作,往往是由一个团体(或总体组)完成,组成总体组的各专业合理分工和团结协作是工程设计成败的关键。

在设计项目管理方面,采用PDCA(Plan 计划—Do 执行—Check 监督—Act 处理)模式,使得工程设计有序进行。

2 问道设计

2. 工程设计知识内容

工程设计知识主要种类包括：设计的基本概念、专业理论、法规与标准。

1）基本概念

概念是人们认识世界的基本方式，概念反映了对象特有属性或本质属性。《铁路工程基本术语》中记录了 1 000 多种铁路的术语概念。

2）专业理论

铁路设计离不开专业理论知识。铁路工程设计各个专业的主要学科知识见表2.1.1。

表 2.1.1 各专业学科知识

序号	专业	学科知识
1	线路、站场、运量、行车	管理运筹学、交通运输系统分析、运输市场营销、交通运输设备、旅客运输组织、铁路线路与车站、运筹学、管理学、交通运输组织学、运输经济学、交通运输设备、交通运输技术管理、交通运输企业管理、交通运输法规、理论力学、交通工程学、智能交通系统、交通港站与枢纽、工程图学等
2	桥梁	理论力学、材料力学、建筑材料、混凝土结构与钢结构、地下结构、结构力学、结构设计原理（钢结构）、基础工程（道桥）、工程流体力学、路基路面工程、钢桥、混凝土桥、桥渡设计、工程施工管理与概预算等
3	隧道	结构力学、结构设计原理、基础工程、工程施工管理与概预算、线路工程、路基工程、桥隧工程、工程监理、理论力学、材料力学、结构力学、流体力学、土力学、建筑材料、混凝土结构与钢结构、房屋结构、桥梁结构、地下结构、道路勘测设计与路基路面结构、施工技术与管理等
4	路基、轨道	结构力学、结构设计原理、基础工程、工程施工管理与概预算、线路工程、路基工程、桥隧工程、工程监理、理论力学、材料力学、结构力学、流体力学、土力学、建筑材料、混凝土结构与钢结构、房屋结构、道路勘测设计与路基路面结构、施工技术与管理等

续表

序号	专业	学科知识
5	通信	电路分析基础、模拟电子线路、数字电子技术、通信电子线路、电磁场与电磁波、信号与系统、数字信号处理、通信原理、信息论与编码、移动通信、光纤通信、微波技术与天线、广播电视发送技术、广播电视网络技术、数字广播电视技术等
6	信息	电路分析基础、模拟电子线路、数字电子技术、通信电子线路、电磁场与电磁波、信号与系统、数字信号处理、通信原理、信息论与编码、移动通信、光纤通信、微波技术与天线、广播电视发送技术、广播电视网络技术、数字广播电视技术等
7	信号	电路分析、电子技术、计算机技术（语言、软件基础、硬件基础、单片机等）、微机原理与接口技术、自动控制理论、信号与系统分析、计算机网络、电磁兼容及可靠性理论、铁路信号运营基础、信号基础设备原理、车站信号自动控制、区间信号自动控制、铁路信号远程控制、列车运行控制系统、编组站综合自动化、计算机联锁系统、城市轨道交通控制系统等
8	电气化	电路原理、电力系统自动化、电力系统继电保护、模拟电子技术基础、数字电子技术基础、电机学、高电压技术、电力系统分析、电磁场与电磁波、单片机技术、发电厂电气部分、工厂供电、电机与电力拖动基础、电力电子技术、自动控制原理、计算机控制系统、系统工程导论、微机原理及接口技术、控制理论、电力工程基础、嵌入式系统与单片机、PLC原理及应用、电力传动技术、电力系统保护与控制、传感器原理及其应用、信号与系统等
9	给排水	工程力学、材料力学、测量学、水力学、水泵与泵站、水文学与水文地质学、土建工程基础、电工学、建筑电气、给水工程、排水工程、水工程施工、建筑给排水工程、给水排水管网系统、水处理生物学、普通化学、有机化学、物理化学、无机及分析化学、水质工程学等
10	机辆	车辆工程、内燃机车、电力机车、可靠性工程、电子技术基础、画法几何及机械制图、机械设计基础、车辆钩缓与车体、车辆制动装置、车辆走行部装置、车辆电器与空调、车辆运用与管理、液压与气动等
11	机械	理论力学、材料力学、电路基础、机械原理、机械设计、机械设计基础、机械零件、电子技术、互换性与技术测量、工程材料、金属工艺学、测试与传感技术、制造技术基础、液压与气动技术、机电传动控制、机械工程综合实验、微机原理与结构技术、CAD/CAM、单片机原理及应用、机械制造工艺学、机械系统设计、机电控制系统分析与设计、机械制造装备设计、数控技术及应用等

续表

序号	专业	学科知识
12	建筑、结构	结构力学、混凝土结构设计原理、建筑工程CAD、土木工程项目管理、工程流体力学、基础工程（工民建及造价）、钢结构、结构抗震及高层建筑、工程造价与计价原理、建筑设备等
13	暖通	工程热力学、传热学、热质交换原理与应用、流体力学、流体输配系统、工程力学、机械设计基础、电子与电子技术、建筑自动化、建筑环境学、建筑概论、建筑环境测试技术、暖通空调、城市能源系统、工程项目管理、计算机程序设计基础等
14	电力	电力系统分析、电力系统继电保护、现代电气传动控制技术、计算机控制技术、电路原理、电子技术基础、电机学、电力电子技术、电力拖动与控制、计算机技术、计算机语言、单片机信号与系统控制理论等

3）法规与标准

设计师必须把一般性工程目标转换为具体技术术语表达的特定量化指标，这就是法规与标准，设计标准与规范约束、衡量工程的质量。

（1）法规体系。

我国法规体系包括：宪法、法律、行政法规、地方性法规、部门规章和地方政府规章。

法律的效力等级具体表现为：宪法为最高级，第二级是法律，第三级是行政法规，第四级是省（自治区、直辖市）地方性法规，第五级是设区的市地方性法规，第六级是部门规章和地方政府规章。涉及铁路工程的法律、法规见表2.1.2。

表2.1.2　涉及铁路工程的法律、法规清单（截至2022年年底）

序号	名称	法律/法规	发布时间	修订时间
1	中华人民共和国环境保护法	法律	1989年12月26日（主席令第22号）	2014年4月24日（主席令第9号）
2	中华人民共和国铁路法	法律	1990年9月7日（主席令第32号）	2015年4月24日（主席令第25号）
3	中华人民共和国水土保持法	法律	1991年6月29日（主席令第49号）	2010年12月25日（主席令第39号）

续表

序号	名称	法律/法规	发布时间	修订时间
4	中华人民共和国审计法	法律	1994年8月31日（主席令第32号）	2021年10月23日（主席令第100号）
5	中华人民共和国行政处罚法	法律	1996年3月17日（主席令第63号）	2021年1月22日（主席令第70号）
6	中华人民共和国水污染防治法	法律	1996年5月15日（主席令第66号）	2017年6月27日（主席令第70号）
7	中华人民共和国噪声污染防治法	法律	1996年10月9日（主席令第77号）	2021年12月24日（主席令第104号）
8	中华人民共和国防洪法	法律	1997年8月29日（主席令第88号）	2016年7月2日（主席令第48号）
9	中华人民共和国节约能源法	法律	1997年11月1日（主席令第90号）	2018年10月26日（主席令第16号）
10	中华人民共和国建筑法	法律	1997年11月1日（主席令第91号）	2019年4月23日（主席令第29号）
11	中华人民共和国消防法	法律	1998年4月29日（主席令第4号）	2021年4月29日（主席令第81号）
12	中华人民共和国民法典	法律	2020年5月28日（主席令第45号）	现行有效
13	中华人民共和国招标投标法	法律	1999年8月30日（主席令第21号）	2017年12月27日（主席令第86号）
14	中华人民共和国会计法	法律	1999年10月31日（主席令第24号）	2017年11月4日（主席令第81号）
15	中华人民共和国产品质量法	法律	2000年7月8日（主席令第33号）	2018年12月29日（主席令第22号）
16	中华人民共和国安全生产法	法律	2002年6月29日（主席令第70号）	2021年6月10日（主席令第88号）
17	中华人民共和国水法	法律	2002年8月29日（主席令第74号）	2016年7月2日（主席令第48号）
18	中华人民共和国测绘法	法律	2002年8月29日（主席令第75号）	2017年4月27日（主席令第67号）
19	中华人民共和国文物保护法	法律	2002年10月28日（主席令第76号）	2017年11月4日（主席令第81号）
20	中华人民共和国环境影响评价法	法律	2002年10月28日（主席令第77号）	2018年12月29日（主席令第24号）
21	中华人民共和国行政许可法	法律	2003年8月27日（主席令第7号）	2019年4月23日（主席令第29号）
22	中华人民共和国土地管理法	法律	2004年8月28日（主席令第28号）	2019年8月26日（主席令第32号）

2 问道设计

续表

序号	名称	法律/法规	发布时间	修订时间
23	中华人民共和国公路法	法律	2004年8月28日（主席令第19号）	2017年11月4日（主席令第81号）
24	中华人民共和国固体废物污染环境防治法	法律	2004年12月29日（主席令第31号）	2020年4月29日（主席令第43号）
25	中华人民共和国民用爆炸物品安全管理条例	法规	2006年9月1日（国务院令第466号）	2014年7月29日（国务院令第653号）
26	中华人民共和国河道管理条例	法规	1988年6月10日（国务院令第3号）	2018年3月19日（国务院令第698号）
27	土地复垦条例	法规	2011年3月5日（国务院令第592号）	2011年3月5日（国务院令第592号）
28	生产安全事故报告和调查处理条例	法规	2007年4月9日（国务院令第493号）	现行有效
29	中华人民共和国水土保持法实施条例	法规	1993年8月1日（国务院令第120号）	2011年1月8日（国务院令第588号）
30	中华人民共和国注册建筑师条例	法规	1995年9月23日（国务院令第184号）	2019年4月23日（国务院令第714号）
31	城市道路管理条例	法规	1996年10月11日（国务院令第198号）	2019年3月24日（国务院令第710号）
32	中华人民共和国审计法实施条例	法规	1997年10月21日（国务院令第231号）	2010年2月11日（国务院令第571号）
33	建设项目环境保护管理条例	法规	1998年11月29日（国务院令第253号）	2017年7月16日（国务院令第682号）
34	中华人民共和国土地管理法实施条例	法规	1998年12月27日（国务院令第256号）	2021年7月2日（国务院令第743号）
35	建设工程质量管理条例	法规	2000年1月30日（国务院令第279号）	2019年4月23日（国务院令第714号）
36	建设工程勘察设计管理条例	法规	2000年9月25日（国务院令第293号）	2017年10月7日（国务院令第687号）
37	国务院关于特大安全事故行政责任追究的规定	法规	2001年4月2日（国务院令第302号）	现行有效
38	中华人民共和国石油天然气管道保护法	法规	2010年6月25日（主席令第30号）	现行有效

续表

序号	名称	法律/法规	发布时间	修订时间
39	地质资料管理条例	法规	2002年3月19日（国务院令第349号）	2017年3月1日（国务院令第676号）
40	特种设备安全监察条例	法规	2003年3月31日（国务院令第373号）	2009年1月24日（国务院令第549号）
41	中华人民共和国文物保护法实施条例	法规	2003年5月18日（国务院令第377号）	2017年10月7日（国务院令第687号）
42	建设工程安全生产管理条例	法规	2003年11月24日（国务院令第393号）	现行有效
43	安全生产许可证条例	法规	2004年1月13日（国务院令第397号）	2014年7月29日（国务院令第638号）
44	铁路安全管理条例	法规	2013年8月17日（国务院令第639号）	现行有效

（2）国铁标准体系。

根据2014年3月29日《中国铁路总公司技术标准管理办法》（铁总科技〔2014〕83号），铁路技术标准体系由铁道国家标准、铁道行业标准、国铁集团技术标准以及铁路专用产品技术性标准文件组成，如图2.1.3所示。

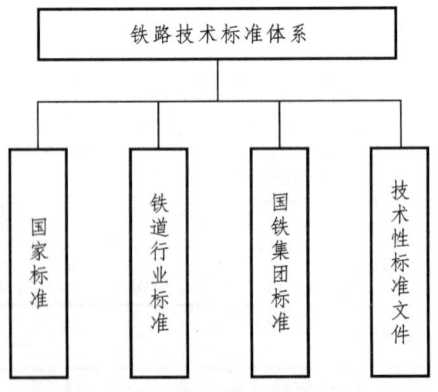

图2.1.3　铁路技术标准体系

① 国家标准。

国家标准是指由国家标准化主管机构批准发布，对全国经济、技术发展有重大意义，且在全国范围内统一的标准。国家标准分为强制性国标（标准代号为 GB）和推荐性国标（标准代号为 GB/T）。我国铁路设计部分国标见表 2.1.3。

表 2.1.3 中国铁路部分设计国标（截至 2022 年年底）

序号	标准名称	标准编号
1	标准轨距铁路限界 第 1 部分：机车车辆限界	GB 146.1—2020
2	标准轨距铁路限界 第 2 部分：建筑限界	GB 146.2—2020
3	建筑设计防火规范（2018 年版）	GB 50016—2014
4	工业企业总平面设计规范	GB 50187—2012
5	地铁设计规范	GB 5015—2013
6	铁路工程抗震设计规范（2009 版）	GB 50111—2006
7	铁路工程基本术语标准	GB/T 50262—2013
8	建筑地基基础设计规范	GB 50007—2011
9	民用建筑设计通则	GB 50352—2005
10	建筑抗震设计规范（2016 年版）	GB 50011—2010
11	混凝土结构设计规范（2015 年版）	GB 50010—2010
12	建筑结构荷载规范	GB 50009—2012
13	砌体结构设计规范	GB 50003—2011
14	岩土工程勘察规范（2009 年版）	GB 50021—2001
15	建筑抗震设防分类标准	GB 50223—2008
16	城市轨道交通照明	GB/T 16275—2008
17	公共建筑节能设计标准	GB 50189—2015
18	电力工程电缆设计标准	GB 50217—2018
19	消防控制室通用技术要求	GB 25506—2010
20	建筑电气与智能化通用规范	GB 55024—2022
21	室外给水设计标准	GB 50013—2018
22	室外排水设计标准	GB 50014—2021
23	建筑给水排水设计标准	GB 50015—2019
24	消防给水及消火栓系统技术规范	GB 50974—2014
25	建筑灭火器配置设计规范	GB 50140—2005
26	水喷雾灭火系统技术规范	GB 50219—2014
27	自动喷水灭火系统设计规范	GB 50084—2017

续表

序号	标准名称	标准编号
28	气体灭火系统设计规范	GB 50370—2005
29	汽车库、修车库、停车场设计防火规范	GB 50067—2014
30	建筑与小区雨水利用工程技术规范	GB 50400—2016
31	建筑中水设计标准	GB 50336—2018
32	泵站设计规范	GB 50265—2010
33	自动喷水灭火系统施工及验收规范	GB 50261—2017
34	固定消防炮灭火系统设计规范	GB 50338—2003
35	自动跟踪定位射流灭火系统技术标准	GB 51427—2021
36	民用建筑太阳能热水系统应用技术标准	GB 50364—2018
37	建筑机电工程抗震设计规范	GB 50981—2014
38	建筑与市政工程抗震通用规范	GB 55002—2021
39	建筑给水排水与节水通用规范	GB 55020—2021
40	民用建筑供暖通风与空气调节设计规范	GB 50736—2012
41	工业建筑供暖通风与空气调节设计规范	GB 50019—2015
42	声环境质量标准	GB 3096—2008
43	饮食业油烟排放标准	GB 18483—2001
44	工业企业噪声控制设计规范	GB/T 50087—2013
45	建筑防烟排烟系统技术标准	GB 51251—2017
46	城市轨道交通通风空气调节与供暖设计标准	GB/T 51357—2019
47	工业企业厂界噪声排放标准	GB 12348—2008
48	通风与空调工程施工规范	GB 50738—2011
49	汽车库、修车库、停车场设计防火规范	GB 50067—2014
50	建筑环境通用规范	GB 55016—2021
51	锅炉大气污染物排放标准	GB 13271—2014
52	锅炉房设计标准	GB 50041—2020
53	工业金属管道工程施工规范	GB 50235—2011
54	建筑机电工程抗震设计规范	GB 50981—2014

② 铁道行业标准。

铁道行业标准是指在全国铁道行业范围内统一的标准。铁道行业标准由国家铁路局科技与法制司负责管理，标准代号为 TB。铁道行业标准比较全面细致地约定了专业设计技术，是设计工作中最常用的标准。我国铁路部分行业设计规范见表 2.1.4。

表 2.1.4 中国铁路部分行业设计规范（截至 2022 年年底）

序号	标准名称	标准编号
1	铁路路基设计规范	TB 10001—2016
2	铁路桥涵设计规范	TB 10002—2017
3	铁路隧道设计规范	TB 10003—2016
4	铁路机务设备设计规范	TB 10004—2018
5	铁路混凝土结构耐久性设计规范	TB 10005—2010
6	铁路通信设计规范	TB 10006—2016
7	铁路信号设计规范	TB 10007—2017
8	铁路电力设计规范	TB 10008—2015
9	铁路电力牵引供电设计规范	TB 10009—2016
10	铁路给水排水设计规范	TB 10010—2016
11	铁路工程地质勘察规范	TB 10012—2016
12	铁路工程物理勘探规范	TB 10013—2010
13	铁路工程地质钻探规程	TB 10014—2012
14	铁路无缝线路设计规范	TB 10015—2012
15	铁路工程节能设计规范	TB 10016—2016
16	铁路工程水文勘测设计规范	TB 10017—2021
17	铁路工程地质原位测试规程	TB 10018—2018
18	铁路隧道防灾疏散救援工程设计规范	TB 10020—2017
19	铁路路基支挡结构设计规范	TB 10025—2019
20	铁路工程不良地质勘察规程	TB 10027—2012
21	铁路动车组设备设计规范	TB 10028—2016

续表

序号	标准名称	标准编号
22	铁路客车车辆设备设计规范	TB 10029—2022
23	铁路货车车辆设备设计规范	TB 10031—2021
24	铁路特殊路基设计规范	TB 10035—2018
25	铁路工程特殊岩土勘察规程	TB 10038—2012
26	铁路工程地质遥感技术规程	TB 10041—2018
27	铁路工程水文地质勘察规范	TB 10049—2014
28	铁路工程摄影测量规范	TB 10050—2010
29	铁路工程卫星定位测量规范	TB 10054—2010
30	铁路房屋供暖通风与空气调节设计规范	TB 10056—2019
31	铁路车辆运行安全监控系统设计规范	TB 10057—2021
32	铁路工程制图标准	TB/T 10058—2015
33	铁路工程制图图形符号标准	TB/T 10059—2015
34	铁路工程劳动安全与卫生设计规范	TB 10061—2019
35	铁路驼峰及调车场设计规范	TB 10062—2018
36	铁路工程设计防火规范	TB 10063—2016
37	铁路工程混凝土配筋设计规范	TB 10064—2019
38	铁路隧道运营通风设计规范	TB 10068—2010
39	铁路驼峰信号及编组站自动化系统设计规范	TB 10069—2017
40	铁路客运服务信息系统设计规范	TB 10074—2016
41	铁路工程岩土分类标准	TB 10077—2019
42	铁路轨道设计规范	TB 10082—2017
43	铁路天然建筑材料工程地质勘察规程	TB 10084—2007
44	铁路数字移动通信系统（GSM-R）设计规范	TB 10088—2015
45	铁路照明设计规范	TB 10089—2015
46	铁路军运设施设计规范	TB 10090—2018
47	铁路桥梁钢结构设计规范	TB 10091—2017

2 问道设计

续表

序号	标准名称	标准编号
48	铁路桥涵混凝土结构设计规范	TB 10092—2017
49	铁路桥涵地基和基础设计规范	TB 10093—2017
50	铁路斜拉桥设计规范	TB 10095—2020
51	铁路房屋建筑设计标准	TB 10097—2019
52	铁路线路设计规范	TB 10098—2017
53	铁路车站及枢纽设计规范	TB 10099—2017
54	铁路旅客车站设计规范	TB 10100—2018
55	铁路工程测量规范	TB 10101—2018
56	铁路工程土工试验规程	TB 10102—2010
57	铁路工程岩土化学分析规程	TB 10103—2008
58	铁路工程水质分析规程	TB 10104—2003
59	改建铁路工程测量规范	TB 10105—2009
60	铁路工程地基处理技术规程	TB 10106—2023
61	铁路工程岩石试验规程	TB 10115—2014
62	铁路瓦斯隧道技术规范	TB 10120—2019
63	铁路桥梁钢管混凝土结构设计规范	TB 10127—2020
64	铁路防雷及接地工程技术规范	TB 10180—2016
65	铁路隧道盾构法技术规程	TB 10181—2017
66	公路与市政工程下穿高速铁路技术规程	TB 10182—2017
67	铁路工程信息模型统一标准	TB/T 10183—2021
68	铁路客站结构健康监测技术标准	TB/T 10184—2021
69	铁路自然灾害及异物侵限监测系统工程技术标准	TB 10185—2021
70	铁路工程基桩检测技术规程	TB 10218—2019
71	铁路隧道衬砌质量无损检测规程	TB 10223—2004
72	铁路工程基本作业施工安全技术规程	TB 10301—2020
73	铁路路基工程施工安全技术规程	TB 10302—2020

续表

序号	标准名称	标准编号
74	铁路桥涵工程施工安全技术规程	TB 10303—2020
75	铁路隧道工程施工安全技术规程	TB 10304—2020
76	铁路轨道工程施工安全技术规程	TB 10305—2020
77	铁路通信、信号、信息工程施工安全技术规程	TB 10307—2020
78	铁路电力、电力牵引供电工程施工安全技术规程	TB 10308—2020
79	铁路工程爆破振动安全技术规程	TB 10313—2019
80	临近铁路营业线施工安全监测技术规程	TB 10314—2019
81	川藏铁路隧道施工安全监测技术规程	TB 10315—2019
82	铁路建设工程监理规范	TB 10402—2019
83	铁路工程地质勘察监理规程	TB/T 10403—2021
84	铁路轨道工程施工质量验收标准	TB 10413—2018
85	铁路路基工程施工质量验收标准	TB 10414—2018
86	铁路桥涵工程施工质量验收标准	TB 10415—2018
87	铁路隧道工程施工质量验收标准	TB 10417—2018
88	铁路通信工程施工质量验收标准	TB 10418—2018
89	铁路信号工程施工质量验收标准	TB 10419—2018
90	铁路电力工程施工质量验收标准	TB 10420—2018
91	铁路电力牵引供电工程施工质量验收标准	TB 10421—2018
92	铁路给水排水工程施工质量验收标准	TB 10422—2011
93	铁路站场工程施工质量验收标准	TB 10423—2014
94	铁路混凝土工程施工质量验收标准	TB 10424—2018
95	铁路混凝土强度检验评定标准	TB 10425—2019
96	铁路工程结构混凝土强度检测规程	TB 10426—2019
97	铁路车站客运服务信息系统工程施工质量验收标准	TB 10427—2011
98	铁路声屏障工程施工质量验收标准	TB 10428—2012

续表

序号	标准名称	标准编号
99	绿色铁路客站评价标准	TB/T 10429—2014
100	铁路数字移动通信系统（GSM-R）工程检测规程	TB 10430—2014
101	铁路图像通信工程检测规程	TB/T 10431—2019
102	铁路列车调度指挥系统及调度集中系统工程检测规程	TB/T 10435—2019
103	铁路计算机联锁工程检测规程	TB/T 10436—2019
104	铁路列车控制系统工程检测规程	TB/T 10437—2019
105	铁路建设项目资料管理规程	TB 10443—2010
106	铁路路基支挡结构检测规程	TB 10450—2020
107	客货共线铁路工程动态验收技术规范	TB 10461—2019
108	铁路工程环境保护设计规范	TB 10501—2016
109	铁路建设项目预可行性研究、可行性研究和设计文件编制办法	TB 10504—2018
110	铁路声屏障工程设计规范	TB 10505—2019
111	高速铁路工程测量规范	TB 10601—2009
112	高速铁路设计规范	TB 10621—2014
113	城际铁路设计规范	TB 10623—2014
114	市域（郊）铁路设计规范	TB 10624—2020
115	重载铁路设计规范	TB 10625—2017
116	磁浮铁路技术标准（试行）	TB 10630—2019
117	铁路专用线设计规范（试行）	TB 10638—2019
118	高速铁路安全防护设计规范	TB 10671—2019
119	高速铁路路基工程施工质量验收标准	TB 10751—2018
120	高速铁路桥涵工程施工质量验收标准	TB 10752—2018
121	高速铁路隧道工程施工质量验收标准	TB 10753—2018
122	高速铁路轨道工程施工质量验收标准	TB 10754—2018
123	高速铁路通信工程施工质量验收标准	TB 10755—2018

续表

序号	标准名称	标准编号
124	高速铁路信号工程施工质量验收标准	TB 10756—2018
125	高速铁路电力工程施工质量验收标准	TB 10757—2018
126	高速铁路电力牵引供电工程施工质量验收标准	TB 10758—2018
127	高速铁路工程静态验收技术规范	TB 10760—2013
128	高速铁路工程动态验收技术规范	TB 10761—2013
129	铁路结合梁设计规定	TBJ 24—89
130	新建铁路工程项目建设用地指标	建标（2008）232号
131	油气输送管道与铁路交汇工程技术及管理规定	国能油气（2015）392号
132	铁路基本建设工程设计概（预）算编制办法	TZJ 1001—2017
133	铁路基本建设工程设计概（预）算费用定额	TZJ 3001—2017
134	铁路基本建设工程投资估算预估算编制办法	TZJ 1002—2018
135	铁路基本建设工程投资估算预估算费用定额	TZJ 3002—2018
136	铁路工程工程量清单规范	TZJ 1006—2020
137	铁路工程材料基期价格	TZJ 3003—2017
138	铁路工程施工机械台班费用定额	TZJ 3004—2017
139	铁路工程基本定额	TZJ 2000—2017
140	铁路工程预算定额（第一册 路基工程）	TZJ 2001—2017
141	铁路工程预算定额（第二册 桥涵工程）	TZJ 2002—2017
142	铁路工程预算定额（第三册 隧道工程）	TZJ 2003—2017
143	铁路工程预算定额（第四册 轨道工程）	TZJ 2004—2017
144	铁路工程预算定额（第五册 通信工程）	TZJ 2005—2017
145	铁路工程预算定额（第六册 信号工程）	TZJ 2006—2017
146	铁路工程预算定额（第七册 信息工程）	TZJ 2007—2017
147	铁路工程预算定额（第八册 电力工程）	TZJ 2008—2017
148	铁路工程预算定额（第九册 电力牵引供电工程）	TZJ 2009—2017
149	铁路工程预算定额（第十册 房屋工程）	TZJ 2010—2017

2 问道设计

续表

序号	标准名称	标准编号
150	铁路工程预算定额(第十一册 给水排水工程)	TZJ 2011—2017
151	铁路工程预算定额(第十二册 机务车辆机械工程)	TZJ 2012—2017
152	铁路工程预算定额(第十三册 站场工程)	TZJ 2013—2017
153	铁路工程概算定额(第一册 路基工程)	TZJ 2101—2018
154	铁路工程概算定额(第二册 桥涵工程)	TZJ 2102—2018
155	铁路工程概算定额(第三册 隧道工程)	TZJ 2103—2018
156	铁路工程概算定额(第四册 轨道工程)	TZJ 2104—2018
157	铁路工程概算定额(第五册 通信工程)	TZJ 2105—2018
158	铁路工程概算定额(第六册 信号工程)	TZJ 2106—2018
159	铁路工程概算定额(第七册 信息工程)	TZJ 2107—2018
160	铁路工程概算定额(第八册 电力工程)	TZJ 2108—2018
161	铁路工程概算定额(第九册 电力牵引供电工程)	TZJ 2109—2018
162	铁路工程概算定额(第十册 房屋工程)	TZJ 2110—2018
163	铁路工程概算定额(第十一册 给水排水工程)	TZJ 2111—2018
164	铁路工程概算定额(第十二册 机务车辆机械工程)	TZJ 2112—2018
165	铁路工程概算定额(第十三册 站场工程)	TZJ 2113—2018
166	铁路工程估算定额(第一册 通信工程)	TZJ 2201—2019
167	铁路工程估算定额(第二册 信号工程)	TZJ 2202—2019
168	铁路工程估算定额(第三册 信息工程)	TZJ 2203—2019
169	铁路工程估算定额(第四册 电力工程)	TZJ 2204—2019
170	铁路工程估算定额(第五册 电力牵引供电工程)	TZJ 2205—2019
171	铁路工程估算定额(第六册 房屋工程)	TZJ 2206—2019
172	铁路工程估算定额(第七册 给水排水工程)	TZJ 2207—2019
173	铁路工程估算定额(第八册 机务车辆机械工程)	TZJ 2208—2019

续表

序号	标准名称	标准编号
174	铁路工程静态检测、联调联试、安全评估、运行试验等费用标准	铁建设〔2010〕7号
175	关于发布长钢轨供应有关费用标准的通知	铁建设〔2012〕2号
176	关于客运专线CPⅢ测设收费有关事项的通知	铁建设函〔2008〕466号
177	国家铁路局关于调整铁路工程造价标准增值税税率的公告	国铁科法〔2018〕39号
178	国家铁路局关于下调铁路工程造价标准增值税税率的公告	国铁科法〔2019〕12号
179	国家铁路局关于调增铁路工程造价标准编制期综合工费单价的通知	国铁科法〔2021〕15号
180	国家铁路局关于调增铁路工程造价标准采用调查价格材料品类的通知	国铁科法〔2022〕5号

③ 国铁集团技术标准。

国铁集团科技和信息化部负责技术标准的归口管理工作，各相关专业管理部门参与技术标准管理工作，铁道科学研究院标准计量研究所协助管理相关工作。国铁集团部分技术标准见表2.1.5。

表2.1.5 国铁集团部分技术标准（截至2022年年底）

序号	标准性技术文件名称	发文编号
1	《铁路技术管理规程》（高速铁路部分）	铁总科技〔2014〕172号
2	《铁路技术管理规程》（普速铁路部分）	铁总科技〔2014〕172号
3	铁道部关于印发《铁路建设项目变更设计管理办法》的通知	铁建设〔2012〕253号
4	中国铁路总公司关于发布铁路建设项目甲供物资目录的通知	铁总物资〔2015〕117号
5	动车组专用设备检修维护管理规则	铁总运〔2014〕106号
6	关于印发《高速铁路强基达标、提质增效工程各系统标准》的通知	铁总运〔2017〕115号
7	施工图审核管理指南	工管审〔2010〕76号
8	施工图审核管理办法	铁建设〔2010〕36号
9	铁路建设工程施工图设计文件审查管理办法	国铁工程监规〔2020〕51号

2 问道设计

④ 铁路专用产品技术性标准文件。

为保证铁路产品的标准化,《铁路专用产品标准性技术文件目录》(铁总科技〔2021〕98号)规定了铁路产品的技术标准,截至2021年12月31日,共663个文件。标准代号有:运装管验、运基信号、铁运、铁总运、铁科技等。

(3)城市轨道交通规范体系。

城市轨道交通规范体系与国铁规范体系的不同在于:国铁执行铁路行业标准,城市轨道交通主要执行住房和城乡建设部发布的规范。城市轨道交通部分设计规范见表2.1.6。

表2.1.6 城市轨道交通部分设计规范(截至2022年年底)

序号	标准名称	标准编号
1	地铁快线设计标准	CJJ/T 298—2019
2	市域快速轨道交通标准	CJJ/T 314—2022
3	城市轨道交通站台屏蔽门	CJ/T 236—2006
4	城市轨道交通站台屏蔽门系统技术规范	CJJ 183—2020
5	快速公共汽车交通系统(BRT)站台安全门	JT/T 933—2014
6	城市轨道交通项目建设标准	建标 104—2008
7	城市轨道交通车辆基地工程技术标准	CJJ/T 306—2020
8	城市轨道交通车辆车体技术条件	CJ/T 533—2018
9	办公建筑设计规范	JGJ 67—2006
10	车库建筑设计规范	JGJ 100—2015
11	城市消防站建设标准	建标 152—2017
12	公安机关业务技术用房建设标准	建标 130—2010
13	建筑玻璃应用技术规程	JGJ 113—2015
14	建筑地面工程防滑技术规程	JGJ/T 331—2014
15	宿舍建筑设计规范	JGJ 36—2016
16	民用建筑太阳能光伏系统应用技术规范	JGJ 203—2010
17	办公建筑设计标准	JGJ/T 67—2019
18	饮食建筑设计标准	JGJ 64—2017

续表

序号	标准名称	标准编号
19	装配式住宅设计选型标准	JGJ/T 494—2022
20	城市公共厕所设计标准	CJJ 14—2016
21	严寒和寒冷地区居住建筑节能设计标准	JGJ 26—2018
22	玻璃幕墙工程技术规范	JGJ 102—2003
23	绿色建筑检测技术标准	CSUS/GBC 05—2014
24	民用建筑绿色设计规范	JGJ/T 229—2010
25	机械式停车库工程技术规范	JGJ/T 326—2014
26	夏热冬暖地区居住建筑节能设计标准	JGJ 75—2012
27	地铁限界标准	CJJ/T 96—2018
28	民用建筑氡防治技术规程	JGJ/T 349—2015
29	装配式住宅建筑设计标准	JGJ/T 398—2017
30	建筑门窗遮阳性能检测方法	JG/T 440—2014
31	建筑陶瓷薄板应用技术规程	JGJ/T 172—2012
32	建筑遮阳工程技术规范	JGJ 237—2011
33	电动汽车交流充电桩检定规程	JJG 1148—2018

2.1.2 系统的工程技能

在工程建设中，设计工程师扮演了重要的角色，社会对工程师的要求也越来越高，工程师应立足实践、缜密运筹、尊重科学、集成创新、重视合作、精益求精。美国工程与技术认证委员会（Accreditation Board for Engineering and Technology，ABET）提出，一个设计工程师应具备以下技能：

1. 应用数学、科学和工程知识的能力

工程师必须掌握必要的数学计算、专业科学技术以及通用和专业工程知识，能够将其熟练地应用在工程设计中解决工程问题。这也体现了工程设计知识型的特点。

2 问道设计

2. 设计、进行试验以及分析解释数据的能力

工程设计建造了一个新的工程物，为实现这个工程物，设计师不断地构想、试验、分析、论证，对工程物采用的数据能够进行详尽的解释。

3. 设计的系统满足期望的需求（如经济、社会、环境、政治等）

工程是为了满足人们一定需求而建造的，这也体现了工程的价值，没有价值则称不上是工程，价值不全的工程则是不合格的工程。工程的需求往往不是单一的，而是各参与方、各要素的综合性需求。

4. 在多个专业团队活动的能力

工程是复杂的，工程设计也是复杂的，工程设计通常是由多个专业组成的团队协作完成的，因此在工程设计中各专业分工明确、协作顺利是项目成功的关键因素。

5. 识别、构建和解决工程问题的能力

工程设计中不断有问题出现，工程设计也可以看作是"提出问题+解决问题"的范式。对于工程问题，应透过现象看本质，摒弃表象问题，挖掘本质问题，深度思考，解决问题。

6. 对职业责任和伦理责任的理解

工程设计应具备该岗位的职业责任感和伦理责任感，坚守、耐心、友善、节约等是设计师的基本职业操守。

7. 进行有效沟通的能力

设计过程中需要大量的沟通，部分工作无法继续或不被认可，往往是由于沟通出了问题。有效发问、换位思考、达成共识在沟通中发挥着重要的作用。

8. 对需求的认识和一种终身学习的能力

工程基于需求，认识需求、解读需求、甄别需求是工程设计的第一步，在此基础上选择需求、挖掘需求可以提高或加快业主决策力，对需求的审视离不开不断地学习，丰富的知识有助于提高对需求的理性认识。

9. 对工程发展方向的认识

工程的建设彰显了时代的主题，工程设计师应捕捉未来工程发展方向、布局、资金、技术、资源等要素，适应市场需求，引领工程建造。

10. 使用技术、技能和现代工具的能力

技术是工程活动的基本要素，工程设计中必然要采用某种技术或成套技术，为有效实现工程建造方案，还会采用更加精妙的技能以及先进的工具。这种使用技术、技能以及工具的能力构成了工程设计手段。

2.2 设计之源

2.2.1 解读工程

1. 科学、技术、工程

追溯工程设计之源，首先需要解读工程。工程、科学、技术有本质的不同。

"科学"源于拉丁文"scientia"，本义是知识和学问，通常认为，科学以探索发现为核心，唯真理性的。

"技术"由希腊文"techne"（工艺、技能）和"logos"（词、讲话）构成，意为工艺、技能。一般认为，技术以发明革新为核心，着重解决"做什么、怎么做"的问题。

"工程"一词，最早产生于18世纪的欧洲，其本义是兵器制造、军事目的的各项劳作，后扩展到许多领域，如制造机器、架桥修路等。一般认为，工程着重解决"做出了什么"的问题。

从目的和过程来看，科学是开发未知领域的，提供精神财富；技术和工程是满足人类现实需要的，提供物质财富。科学研究需要比较长的研究周期，而技术研发和工程建造，往往都来自人类经济社会发展的直接需求，都需要取得立竿见影的应用效果，具有紧迫性。

从成果和评价来看，科学更关乎文化，是体现一个国家文明程度的重要标志，一般可划在文化和社会事业的范畴；技术、工程本身更多地考虑经济

2 问道设计

效益,一般可划在与经济建设紧密结合的范畴。科学活动成果的主要形式是科学概念、科学定律、科学理论,常以论文、著作、报告等形式表现全人类的共同财富;技术活动成果的主要形式是专利、图纸、工法证书、技术诀窍等;工程活动成果的主要形式是物质设施,一般来说是"属于"某个特定的"主体"的,其评价更多地参考工程实体的质量和水平。技术和工程都注重应用部门、用户和市场评价。

工程离不开科学和技术,科学是工程的理论基础和必须遵循的原则。科学发展的日新月异推动了工程集成建造模式的创新;技术是工程活动的基本要素,从知识角度看,工程可以看成是核心专业技术加上相关配套的专业技术知识和其他相关知识所构成的集成性知识体系。

2. 工程的构建性和实践性

工程活动具有主体构建性和直接的实践性,并且表现为构建性与实践性的高度统一。

任何一个工程过程首先突出地表现为一个构建过程。这种构建一方面体现了创造一个全新的工程物,但更多的是对以往的同类或相似工程进行不断改造、创新和完善。

工程都是通过具体的规划、决策、设计、建造等实践过程来完成的。它是实践主体根据自己的意图,确定工程目标、进行工程设计,将现有的技术资源和物质资源重新整合、构建并实施建设的过程;同时也是通过物质流、能量流和信息流生产预期实物,形成经济效益和社会效益的过程;它还是一个具体的管理运行过程,通过工程的良性运行取得好的效益。

3. 工程的集成性和创造性

工程是通过将各种科学知识、技术知识转化为工程知识并形成现实生产力从而创造社会、经济、文化效益的活动过程,体现了系统集成性和创造性的高度统一。

任何一个工程过程都集成了各种复杂的异质要素。集成性体现了工程的知识系统性、系统复杂性。

工程不仅仅是建造，更应该是创造。由于不同工程的"边界条件"不同，每个工程都是独一无二的。尤其对重大工程而言，每一项都是创造性产物，其创造性往往体现在工程理念、工程设计、工程实施和工程运行、工程管理等工程活动的全过程。由于工程活动是通过各种要素的组合创造新的存在物，因此工程创新，特别是集成创新，其特点表现在构建出特定"边界条件"下新的社会存在物，带来新的经济社会效果。

4. 工程的科学性和经验性

现代工程活动都必须建立在科学性的基础之上，但同时又离不开工程设计经验，两者是辩证统一的。

任何一个工程建造都有其科学原理的根据，特别是工程中运用的关键性技术都存在自然科学、社会科学原理。工程是在一定约束条件下的技术集成与优化，必须正确应用和遵循科学规律，一个违背科学性的工程，注定是要失败的。同时，随着科学技术的迅速发展，人类建造的工程无论在规模上还是在技术复杂程度上，都不断地达到一个又一个新的高度。现代工程活动涉及的因素众多、关系复杂、规模宏大，工程设计各个环节所需要的知识超出了个人的经验能力，都必须依据一定的科学理论，尤其是工程科学、系统科学的理论和方法。此外，还要考虑到管理、组织等社会科学的要素以及环境科学的制约，只有这样，才能把大量的不同性质的工程要素，集合成一个具有特定结构与功能且能实现一定目的的工程系统。

此外，由于工程建设是一个直接的物质实践活动，因此具体参与工程活动主体的实践经验是工程活动的另一重要因素，它是工程活动中的科学性原则的重要补充。工程经验是工程活动中不可或缺的，并常常是一种难以言表的知识。

工程活动中的科学性与经验性是相互依存、相互包含和相互转化的，随着工程活动过程中的科学进步，工程活动中的个体经验所包含的科学因素也将会不断丰富，工程经验的内涵会不断深化，经验水平也会得到不断提升。

5. 工程的复杂性和系统性

工程活动的复杂性与系统性是密切结合的，其中，工程系统自身的特点决定了它的复杂性。而工程的系统性不同于自然事物的系统性，它包含了自然、

2 问道设计

科学、技术、社会、政治、经济、文化等诸多因素,是一个远离平衡态的复杂系统。工程系统的构成过程和发展变化的复杂性程度远远超出了自然事物的复杂性程度,因为它是在自然事物的复杂性基础上加上了社会的复杂性,是这两类复杂性的复合。

6. 工程的社会性及公众性

社会性也是工程最重要的特征之一。工程是因为人类的需要而开展的,并因此获得价值。没有人类的需要,没有社会赋予的意义,一切工程都是多余的,也不可能开始。从工程定义可以看出,工程活动是一个将技术要素和非技术要素集成起来的综合性的社会活动,任何工程项目都必须在一定时期和一定社会环境中存在和展开,工程活动是社会主体进行的社会实践活动。

工程也具有公众性特征。当一项工程诞生时,公众以工程所带来的社会、经济、文化、环境、伦理等正负面效应出发,从工程与个人生存、发展状况的关系角度出发,评判工程对自己的生活与工作环境的影响。他们会讨论工程的风险状况、对生态环境的影响,以及工程所引发的社会、环境伦理问题等。公众所感受到的社会经济文化影响与工程的真实社会经济作用不一定是一致的,公众对工程效应的理解与工程本身的真实效应也并不总是一致的。重要的问题是,尽管公众对工程效应的理解并不一定科学,但公众舆论会影响工程决策、工程建设与工程运行。

7. 工程的效益性和风险性

工程都有明确的效益目标。在工程实践中,效益与风险是相关联的。工程效益主要表现为经济效益、社会效益和生态效益。对于经济效益来说,其总是伴随着市场风险、资金风险、环境负荷风险;对于社会效益来说,则伴随着就业风险、区域风险、劳动安全风险;对于生态效益来说,又伴随着成本风险、能耗风险等。

2.2.2 复杂系统

工程是复杂的,体现了不确定性、非线性,每一项铁路工程几乎都在复杂性研究的对象之内。探索复杂性,有助于实现铁路工程的自然性与社会性融合,寻找它们之间相互联系的统一机制,促进自然与社会的辩证统一。

铁路工程设计系统是一个包含工程本身、工程所处环境等多重因素的复杂系统。首先,铁路工程设计包括线路、桥梁、隧道、机辆等多个专业;其次,每个专业又包含了庞大的知识体系,让如此庞大的知识体系进行融合、形成合力,显然是复杂的;再次,铁路工程所处的艰险山区、湿陷黄土、高寒高原等复杂自然环境,以及经济、社会、文化等复杂社会环境,需要设计工程师反复斟酌、充分验证,使得提出的方案可以适应环境;最后,工程设计还需延伸考虑咨询、评审、建造、运营等过程,每个过程包含了多种因素、多方利益,每个微小的扰动,都有可能引起系统的蝴蝶效应。综上,铁路工程设计无疑是一个巨大的复杂系统。

在具体的工程设计中,绝不是"分析需求—按照规范—画图写文件"如此简单,工程中引入的新科技、建造水平、运营需求都会影响设计的可行性与合理性。

工程设计的复杂性体现在以下6个方面:

1. 非简单性

工程设计的特征是在多要素的自然、社会约束下构造多目标的工程价值。

工程设计就是要根据水文、气象等自然环境,结合政治、经济、文化等社会因素,整合线路、站场等多个专业技术,满足投资、建设、施工、运营等多方需求。面对如此众多的要素和目标,工程设计无法是某一种的理想设计,设计师可能面临无数个可行的方案,但设计师必须选择一个而且只能是一个方案用于实施。判断是简单的,但选择是困难的,即对最优方案准确预期。

从《铁路建设项目预可行性研究、可行性研究和设计文件编制办法》中,很直观地体现了非简单性,比如项目可行性研究阶段,设计内容包括17篇涉及线路、桥涵等多个工程专业技术,还有环境保护、水土保持、节约能源、融资方案、财务分析、经济效益分析等内容。

2. 多次迭代性

从数值分析角度研究，一维迭代可表示为 $x_{n+1}=f(x_n)$，n 次迭代可表示为 $f^{(n)}(x_0)=f\{f\{\cdots f\{f(x_0)\}\cdots\}\}$。

每次迭代产生一个新数，n 次迭代不断累积后结果变得复杂，可能偏离真实的数据，甚至完全背离。若是二次函数、三次函数，迭代后则变得更复杂。

工程设计的复杂性体现在不是一次求解，而是多次迭代计算。面对如此复杂的体系，很多设计师可能束手无策。

川青铁路的跃龙门隧道是我国建设铁路过程中最为艰难的越岭隧道之一。龙门山地处汶川地震灾害核心区，地形陡峻，峡谷高差大，地质灾害频发，具有"四极三高五复杂"的特点。其中，四极为地形切割极为强烈，构造条件极为复杂活跃，岩性条件极为软弱破碎，汶川地震效应极为显著；三高为高地壳应力、高地震烈度、高地质灾害风险；五复杂为项目辅助坑道规模位居全国第一，早古生界非煤有害气体逸出段落长度位居全国第一，五亿年前寒武系高地应力软岩在变形段落的长度位居全国第一，单隧穿越地质地层时空长度居全国第一，是我国在建铁路最为艰难的越岭隧道之一。面对如此众多难题的多次迭代，跃龙门隧道的工程设计异常艰难。

事实上，复杂的事物或现象背后存在简单的规律或规则，复杂性是某种简单的事物不断重复、长期演变的结果，即简单性是事物发展的初级阶段，复杂性是事物发展的高级阶段，也是世界的本质和发展趋势。因此，设计师要善于追溯各专业的单一技术，推演迭代过程，循迹复杂演化机理。

3. 非线性

从数学上看，线性表现为直线，非线性表现为曲线；从系统论上看，线性系统的整体等于部分之和，遵循叠加定理，非线性系统的整体不等于部分之和，非线性系统的各部分相互作用，具有相干性、协同性和长程相关性；线性是严格的决定论，非线性存在不确定性或随机性。

铁路工程方案设计过程中，即使是一个简单的调整，往往也需要较长的时间。这是因为各个专业存在相干性，这种相干性若是单向开环的，处理起来可能还比较简单；若是闭环的，可能存在多次反馈，使得系统更加复杂，必须用整合的思维方式去研究这种关系以及组成部分与整体之间的非线性关系。这就是设计师为什么需要参与，甚至面对面进行无数次交流。

4. 不可逆性

用户的意见具有可逆性，今天推荐的方案，明天可能被推翻，后天可能被再度启用。但工程设计具有不可逆性，其表现在一旦项目获批或开工建设，除发生或预期未来发生重大质量安全事故外，一般很难对原有方案进行更改。因此，对于用户的设计理念，在设计过程中，必须与用户进行充分的沟通。

5. 层次性

复杂系统由若干子系统组成，这些子系统又包括它们的子系统。从设计专业组成看，铁路工程包括线路、桥梁、机辆等多个专业，其中机辆包括设施布局、性质、规模等3个内容，布局包括枢纽线网、交路、机辆选型等3个模块（见图2.2.1）。按照每个专业相同的复杂度，简单测算，在一条铁路

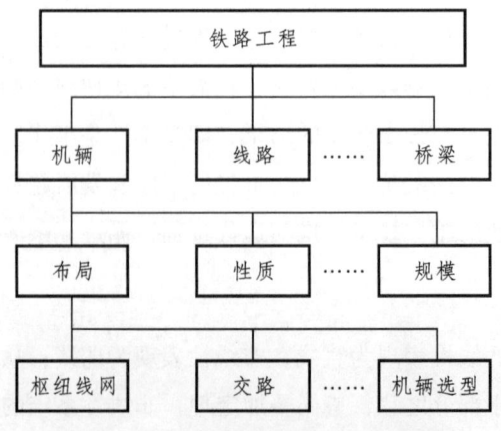

图 2.2.1 铁路设计专业设计构成图

设计中，项目设计负责人需要面对许多个模块，而且每个层次可能用不同的维度、尺度表征。清晰梳理其层次性、特征性、逻辑性，方可识别事物的本质。

6. 开放性

完全封闭的系统是理想的，真实世界的系统是开放的，与外界存在物质、能量、信息交互。系统的开放程度、开放特征直接影响着系统的复杂性，为了适应这种开放复杂性，系统必须调整姿态适应环境的影响。铁路工程与自然、社会、经济、政治、文化、科技等交互，铁路工程在这些因素的相互影响下构成开放的系统，铁路工程要素关联图如图 2.2.2 所示。一个卓越的设计方案应该是具有强适应性的。

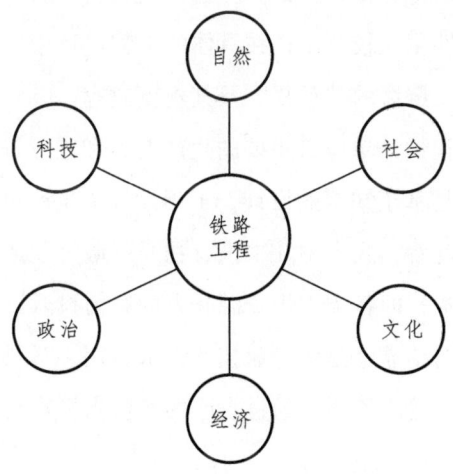

图 2.2.2　铁路工程要素关联图

2.2.3　知识赋能

工程设计体现了知识型特点，知识的充分积累、有效管理，可以让知识本身发挥更大价值，实现知识赋能。

1. 知识型特征

（1）知识存在于工程设计的全过程。

在工程前期阶段，知识表现出较强的借鉴性，可以充分利用过去的积累，包括成熟项目设计资料，对专业知识的要求要低一些。而在工程方案设计阶段，则具有很高的专业知识和经验要求，往往具有丰富经验的资深工程师才能胜任。在关键环节，知识的投入将会获得巨大回报，促进工程设计高效率、高质量完成。

（2）业务模式以提供知识产品为主。

工程设计业务模式以提供知识产品为主。在设计技术上，体现了相关专业技术的集成，有具体的目标性，并且要在一定的资金或条件的约束下争取价值最大化或方案取得优化；在设计服务中，它比较依赖于工程师及其经验，解决问题的方案个性化比较突出；在具体的工程设计中，它依赖于信息技术和团队协作，具有一定量的"重复"及其规模效应。

（3）知识是工程设计单位最重要的生产要素和无形资产。

现代工程设计是基于知识的设计，工程设计的生产过程特点是成本小、产出高。从投入角度看，成本中几乎没有物质资源等硬成本或有形资产，绝大部分成本是软成本，即各类知识资源和人的智力投入。从产出角度看，设计产品是智力劳动的结晶，是各专业技术人员运用多学科、多专业的知识与技能，利用各类设计输入资料，通过自己的经验水平进行创新的技术成果，表现形式是图纸、文件、报告等。

2. 工程知识层级

知识管理系统中将人的认知从低到高划分为数据、信息、知识、智慧四个层级，如图2.2.3所示。

数据是反映事物运动状态的一种非物质材料，主要表现为数字、词语、声音、图像等四种形式。数据具有离散、孤立的特点，缺乏关联性和目的性。

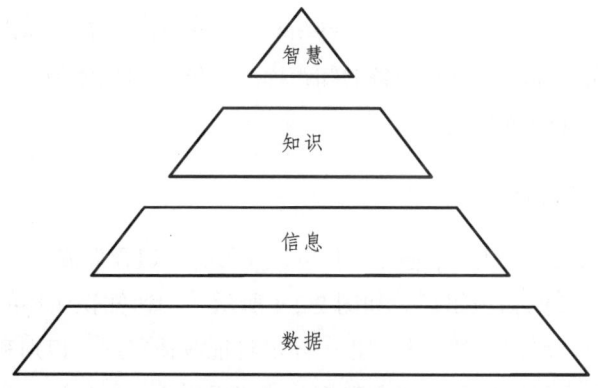

图 2.2.3　四个层级

信息是已经排列成有意义的形式的数据，提供了何时、何地、何人、何事以及简单的事件因果联系。信息通过人的认知对数据进行系统的组织、整理和分析，使其产生关联性的结果，体现了主体的辨识性。

《韦氏大学英语词典》中对知识的定义是：知识是通过实践研究、联系或调查获得的关于事物和状态的认识，是对科学或技术的理解，是人类获得的关于真理和原理的认识的总和。知识是用于生产的有价值的信息，是被选择出的能为未来创造价值的信息，体现了信息的能动性。柏拉图认为知识是经过证实的正确的认识，他认为知识的最高形式是智慧。

智慧是人类所表现出来的一种独有的思维能力，主要表现为收集、加工、传播、应用信息和知识的能力，以及对事物发展的前瞻性看法。智慧是迅速地正确认识、判断和发明、创造事物的能力，是将知识综合应用的创造思维能力。

在当前的信息化时代，获取数据、信息并不困难，每个企业、团队通过各种途径，都可以收集到大量数据信息，若只在技术上实现数据信息获取、存储、整理，而不能保证数据信息被高效地分享、应用和创造，那只能是"有用而无效"的信息，无法成为"有效"的知识。

因此，对数据信息的整理、筛选、分享、应用，创造新的价值，实现知识的潜在价值，是工程设计企业必须重视的工作。但很多企业数据信息的存储散落在各个工程师的电脑里或大脑里，这显然与当前的快速发展的社会节奏是不匹配的。在面对以数字化、网络化、智能化为表征的铁路运营维修以及用户定制化的需求，没有完备的知识库、系统的知识体系，很难胜任未来世界定义的设计师角色。

3. 有效的知识管理

建立知识识别、获取、存储、共享、应用的知识管理流程，创造价值链，并形成螺旋上升的知识闭环，如图 2.2.4 所示。加速知识闭环的运转会提升设计效率。通过对设计的业务流程、知识特征等情况逐一识别和梳理，实现效率、能力、质量的提升，建立起相关的知识通道，通过进一步加强核心知识的转化，进一步提升知识应用的效率和便捷性，推动企业内部知识闭环快速运转，为企业管理与业务赋能。

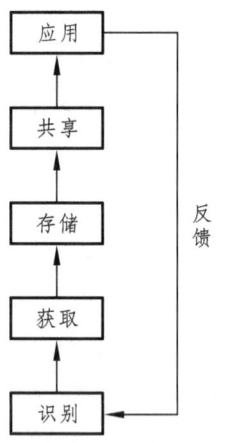

图 2.2.4　知识管理流程

1）识　别

从上节工程的知识体系和工程技能中，可以容易地识别出工程设计所需要的知识范围。就铁路设计工程而言，在专业技术方面，包括：专业技术、总体技术、通用技术；在知识来源方面，包括：设计法规和规范、前人的成功案例成果、运营单位现场生产经营、供应商先进的设备技术；在行业对标方面，包括：科研、专利、论文、专著、获奖等。因此，设计师在有限的时间和精力范围内，识别和遴选对工程设计有价值的知识是重要的。

2　问道设计

2）获　取

建立开放的数据信息获取通道，通过自有信息汇编、网络检索、标准查阅、出版物查阅、同行对标等方式获取数据。

3）存　储

对于大多数设计企业，在知识识别和获取方面都不同程度地开展了相关工作，这主要源于设计师知识型的工作特点。在日常工作中，设计师常常会遇到各种问题，需要查阅资料和相关文献予以解惑。但是在相关知识的存储方面，很多企业存在以下两大问题：

（1）知识散落在各个设计师的电脑中，甚至脑海中。很多企业都存在这种情况，虽然设计师可相互借鉴知识，但效率不是很高，并且若员工离职，还存在丢失资料的风险。

（2）虽建立了数据库，但只是简单的堆积。相比上述情况有所改善，但是企业虽然及时存储了资料，却未形成系统。

4）共　享

共享真正地实现了知识赋能。建立数据库，专人管理，采用引导式共享方式，使得设计团队及时使用成果，避免重复劳动，提高生产效率。

共享的知识包括成功经验，也包括失败的教训。分享成功经验可使得知识得以传承，而部分工程师更倾向于对失败设计的研究。在他们看来，失败带给设计者的启示要远远多于成功带来的启示，成功的设计只会让设计者盲目复制过去的经验。杜克大学土木工程学和历史学教授——亨利·佩绰斯基（Henry Petroski）认为过去的成功，无论是多么的不计其数，多么的普通，都不会保证在另一个新的未来情景下同样会获得成功，真正的成功的改进是那些专注于局限性（也就是失败）的改进。

5）应　用

在应用环节，主要是存储资料的反馈，以便修订、补充，满足知识的有效性，实现知识价值最大化。

4. 知识融合

工程设计的知识强调结构化、层次化，片段的、孤立的知识是不能嵌入工程设计的。

设计师最初学习和掌握的往往是片段性的知识，工程设计过程实际上就是将不同学科、不同门类、不同专业的碎片化知识进行有序化、结构化的集成过程。这种集成体现了因果规律、相互关系和目的性。因果规律体现了工程的客观必然性，相互关系体现了优化的可能性，因果性与相互关系结合，体现了要素的选择和合理配置，进而形成有层次的结构系统，实现工程的价值。

2.2.4 逻辑思维

工程设计是物化过程的起始性、定向性、指导性的环节，工程设计通过图形、文字等表达了计划、规划、设想，预先构建了未来工程物的形态、功能，甚至建造、运营流程。这种构建以及表达构建的过程必须具有逻辑性，为决策、实施、运营提供有价值的产品服务。这就要求工程设计需要将逻辑思维贯穿在规划、设计、呈现等各个环节。

逻辑思维是指人们运用概念、判断、推理等思维类型反映事物本质与规律的认识过程，包括：澄清概念、设定判断、构建系统。它与形象思维不同，是用科学的抽象概念、范畴揭示事物的本质，表达认识现实的结果。卓越的工程师与一般工程师的区别在于文化、观念，以及思维模式的不同。

1. 概　念

铁路工程有庞大的概念体系，《铁路工程基本术语标准》（GB/T 50262）中记录了一千多种铁路概念。

2. 判　断

必须对事物判断，如判断真假，简单说就是要有结论。在工程设计中，对事物准确地判断，可以提高决策能力。判断常采用以下方法：

（1）基础逻辑：抽象与概括、分析与综合、归纳与演绎、求同与求异、原因与结果。

（2）系统：上下层次的事物是归属关系，同一层次的事物是并列关系，同时注意系统是变化的。

（3）矛盾的同一性和斗争性，矛盾相互补充或相互消减。

（4）静止与运动（不变与变化）：增、删、改（变化类型），量变与质变（变化类型），相对与绝对（变化类型），现象与本质（变化类型），内因与外因（变化原因），偶然与必然（变化原因）。

（5）结构：一对一（线状结构、环状结构），一对多（一分为多的事物彼此并列，树状结构，星状结构），多对一（并列的事物结合为一），多对多（网状结构）。在专业交互中诠释了结构特点，体现了系统的复杂性。

（6）判定与筛选：是否的判定、条件的判定，判定起到了筛选作用。

（7）逻辑与、逻辑或、逻辑非，充分条件、必要条件、充要条件。

（8）假设法、排除法、反证法。

（9）同一律：任何一个思想与其自身是等同的。在一个思维过程中，概念必须保持确定、同一、前后一致。

（10）矛盾律：在同一个思维过程中，一个命题不可能既是真的又是假的。换句话说，如果一命题为真，那么与之矛盾或反对的命题则必为假。

（11）排中律：在同一个思维过程中，两个相互矛盾的思想不能同假，必有一真，即"要么 A 要么非 A"。

3. 推　理

采用归纳与演绎、分析与综合、抽象与概括、求同与求异、原因与结果等基本过程，揭露活动的本质特征和运动规律。

（1）归纳与演绎。

归纳指从多个个别的事物中获得普遍的规则，归纳法包括完全归纳法和不完全归纳法。演绎与归纳相反，是从普遍的规则推导出个别的规则。

在工程设计中，多采用演绎推理，主要表现在设计师利用规范开展每个独立的项目设计。而在科研中更多地采用了归纳法。

（2）分析与综合。

分析是把事物分解为各个部分、侧面、属性，分别加以研究，是认识事物整体的必要阶段。综合是把事物各个部分、侧面、属性按内在联系有机地统一为整体，以掌握事物的本质和规律。

在工程设计中，多采用分析方法，各个行业（专业）一般都有比较固定的部分组成，逐个分析即可。综合是提炼、总结代表事物属性的要素，其过程是比较困难的，往往需建模，在科研中对关键技术的研究就是采用综合的方法。

（3）抽象与概括。

抽象是从众多的事物中抽取出共同的、本质性的特征，而舍弃其非本质的特征。抽象是人们在实践的基础上，对于丰富的感性材料通过"去粗取精、去伪存真、由此及彼、由表及里"的加工制作，形成概念、判断、推理等思维形式，以反映事物的本质和规律。

概括是形成概念的一种思维过程和方法，即从思想中把某些具有一些相同属性的事物的本质属性抽取出来，推广到具有这些属性的一切事物，从而形成关于这类事物的普遍概念。

（4）比较思维。

按照对象，分为同类事物之间的比较和不同类事物之间的比较。按照形式，分为求同比较和求异比较。

在工程设计中对投资控制的研究，往往采用比较的方法。

（5）因果逻辑。

因果逻辑即"因为A，所以B"。因果逻辑包括：一因一果、多因一果、一因多果、多因多果。工程设计比较复杂，多体现为多因多果。

工程设计体现了很强的逻辑性，明确逻辑性可以有效地解决许多问题。

（6）顺向与逆向。

顺向思维指按照因果关系或层次关系等方式，一步一步地推理。逆向思维法与因果思维法相反，逆向思维法是由结果推理原因。

工程设计多采用顺向思维，逆向思维可有效地解决问题。

2.2.5 理性设计

工程设计是人的主观外化,不同的设计师针对同一需求,设计成果是不尽相同的,体现了设计师的主观能动性,但这并不意味着工程设计是异想天开、不切实际的。工程设计是理性的,设计师不仅要考虑是否顺应客观世界事物存在和发展的规律性,还要考虑设计是否满足人们生产生活的需要,是否有利于人类自身的发展和完善,是否有利于人类文明的传承。工程设计具有自然性、社会性、科学性、选择性、妥协性。

1. 基本属性

(1)自然性。

工程设计遵循自然规律,水文、气象、地质等因素,体现了"当时当地性"。

(2)社会性。

工程设计是由设计团队完成的,他们可能具有不同的教育经历、社会阅历、个人兴趣等,即使对同一个设计目标,也可能提出不同的方案。不同的业主对设计成果,也会出现不一样的诉求。

(3)本体性。

工程有自身存在的根据,有自身的结构、运行和发展规律,有自身的目标指向和价值追求,工程设计就直接体现并印证了工程的这一本体地位。

工程是通过设计完成了从抽象的功能需求到具体的现实可能性的。工程师在设计过程中会按照需要调度、选择并使用科学知识、技术装备、结构材料等多方面的资源,并将各种资源按照动态、有序、协调的方式集成起来,实现运行中各工序能力上的配合、优化,确保物质流和能量流的连贯,从而达到多目标群的优化。

(4)科学性。

现代的工程设计是基于科学计算,以验证设计的合理性和正确性。当然,经验的积累和传承也是相当重要的。

（5）创造性。

工程设计创造出先前不存在的甚至不存在人们观念中的新东西，这种创造性思维渗透和贯穿于工程设计的全部环节。而社会需求则为工程设计提供了最基本的驱动源。

（6）复杂性。

工程设计是具有多变量、多参数、多目标和多重约束条件的复杂问题，工程设计面对的往往是一些定义不清楚或结构不完善的问题，而这种定义不清楚或结构不完善使得问题分析和求解更加复杂、困难。

（7）非唯一性。

工程设计的非唯一性表现为：一是表征问题的方式不是唯一的；二是对问题的任何一种表述包含不一致性；三是解决问题的路径不是唯一的。

（8）选择性。

在集成构建的多个方案中，工程师必须在许多方案中作出选择，工程设计是经过分析、推理、判断等一系列思维活动对技术进行合理抉择。

在不确定条件下如何作出判断和决策是一个富有前景和重要意义的课题，有时候重要的不是选择什么，而是如何选择。由于设计师个体思维能力的差异性和局限性，常常导致作出的决策不是最佳选择。

决策能力不是被简单地"植入"到设计师大脑，作出合理的选择是一种需要学习的技能。和其他技能一样，决策技能也会随着经验的丰富而改善。

（9）妥协性。

在选择过程中，总会遇到安全与经济之间的矛盾，安全与可持续性之间的矛盾，以及各利益相关方之间的矛盾冲突，这就需要在多个相互冲突的目标及约束条件之间进行权衡和折中。

（10）不确定性。

现实世界不是确定的，往往存在不确定性。诺贝尔文学奖获得者伯特兰·罗素说过：教导人们在不确定情境下的生存之道，使人们不至于因犹豫不决而不知所措。

2. 设计目标

工程设计的目标一般包括 9 个方面：

（1）符合国民经济和社会发展的需要，并且要符合国家及地方的法律法规要求。

（2）生产规模、产品方案、产品质量要符合市场需求，并且应具有市场竞争力。

（3）采用先进、适用、经济、可靠的生产工艺技术和装备。

（4）工程设计方案必须经过多方案权衡、比选、综合、集成，采用最优化的设计方案。

（5）工程设计应达到生产效能高、产品质量优、能源消耗低、过程排放少、生产成本低、环境/生态友好等多目标群优化效果。

（6）工程建造的资金投资和各项建设条件应满足项目实施的需求。

（7）能识别出工程建造过程中的各类风险并能够采取行之有效的规避措施。

（8）工程建成以后，资源、能源的供给和相关配套条件必须满足连续稳定生产的需要。

（9）工程建成以后，经济效益、社会效益、环境效益等应满足各方面的需要。

3. 深度思考

工程设计需要思考，《好好思考》中把思维模型分为四种：经验技巧型、方法流程型、学科原理型、哲学视角型。

经验技巧是工程设计的基本技能，充分利用前人成功经验、技巧，避免重复劳动，提高设计效率。

方法流程表征了工程设计几乎所有环节都体现了逻辑、时间顺序的特点，厘清其中的关系，可以有效、有序地开展工程设计。

当深入研究专业技术时，都是从学科原理中寻找答案，理论是工程实践的基础。

当做大项目、大工程时，必须从哲学视角去思考问题，方能提升高度。思考肤浅，可能导致我们在错误的指导下工作，甚至导致南辕北辙。深度思考，可以让我们在行动前作出合理的判断，有时候深度思考比勤奋工作更重要。

4. 科学方法

德尔菲法又称专家调查法，主要依靠专家经验，让专家在掌握一定客观情况和资料的基础上预测未来的发展趋势。基本程序为：确定调研题目、收集专家的意见资料、汇总反馈、收集专家修改的意见资料。与德尔菲法相似的有头脑风暴法、专家咨询法，这两种方法不需要反复问卷调查。

5. 理性选择

古典经济学家亚当·斯密发展了理性人的观点，理性人的基本特征就是：每一个从事经济活动的人所采取的经济行为都是力图以自己的最小经济代价去获得自己的最大经济利益。工程设计中存在大量选择，选择是一种复杂的心理活动，选择一个方案，同时意味着就要放弃另一个方案，工程设计师需要充分认识局面，作出最佳选择。

（1）马斯洛需要层次论。

马斯洛需求理论认为人有五个层次需求：生存需要、安全需要、情感需要、自尊需要、自我实现需要。随着社会的发展，生存、安全的低级需求基本已经满足，逐渐向情感、自尊、自我实现的高级需求发展。在项目管理和沟通中有效利用需求层次，解决问题可以事半功倍。

（2）奥卡姆剃刀定律。

奥卡姆剃刀定律称为"如无必要，勿增实体"，即"简单有效原理"。越简单的越好，复杂的世界源于简单，应把握关键，化繁为简。

（3）木桶定律。

木桶定律认为，一只水桶能装多少水，取决于它最短的那块木板。千里之堤毁于蚁穴，往往是个别短板限制了一个项目的成败，故应补齐短板，实现设计价值最大化。

2 问道设计

（4）瓦拉赫效应。

瓦拉赫效应是指个体的发展都是不均衡的，都有个体的强点和弱点，善于找到个体最佳点，使潜力得到充分的发挥。在当前设计丛林时代，人们都在寻找第二曲线，跨界开拓新的业务，但盲目开拓新市场，很容易丢弃了自己的长处，如此走向失败的案例比比皆是。因此，做好自己本职工作，懂得经营自己的长处才是立足之本。

（5）权威效应。

权威效应是指一个人要是地位高、有威信、受人敬重，那他所说的话及所做的事就容易引起别人重视，并让他们相信其正确性，即人贵言重。在工程设计中，特别在重大方案决策或科技开发中，往往需要邀请行业重量级专家把关，可有效地推进项目进展。

（6）模糊理论。

模糊理论，简单说就是不确定性。在处理复杂事物时，精确性和可行性之间存在着矛盾。科学的方法应当是精确性和可行性综合最优的方法，任何一种方法，结果的精确性常常以方法的复杂性为代价。描述的不确定性并不是坏事，相反，它能用较少的代价传递足够的信息，并能对复杂事物作出高效的判断和处理。也就是说，模糊有助于提高效率。

（7）解释性深度错觉。

解释性深度错觉认为大多数人觉得他们对世界的了解非常详细、连贯和深入，然而世界远远超出了他们实际了解的程度。解释性深度错觉经常出现在资深的设计师认知中，《弟子规》曰"闻誉恐，闻过欣"，虚心听取意见、接受批评可让设计工作走得更远。

2.3 设计应走向何方

2.3.1 构建系统技术

系统性是工程的显著特点，系统论认为一切事物，只有从宏观、系统的角度去考察认识才能把握它的本质。

工程往往会涉及科学、技术、社会、经济、文化、政治、生态等因素。铁路工程是一个复杂系统，需构建系统技术。

纵观工程建造的每一次重大创新，无非是由一些基本元素按照不同的方式，遵从一定的规律组建而成。部分工程设计方案无法满足业主的差异性需求，主要原因是设计经验和技术支离破碎、散落在各个角落，没有形成系统性知识体系，没有进行知识的总结和挖掘，使得原本有价值的知识没有有序地重组，形成合力，逐渐演化到无序状态，使得设计成果低质化。

面对复杂的工程，应构建基于多因素、多专业、多阶段的系统技术。其系统技术主要有四个特点：第一，以满足各种自然场景和用户需求为根本出发点；第二，子系统的选择不一定需要最好的，而是要选择最适合用户功能需求和投资规模的技术、产品及工程资源；第三，成套技术不是简单的子系统或集成单元间的组装或连接，更多是体现出接口完备、技术标准制定、子系统优化设计；第四，工程系统集成的内容包含技术、管理等多个层面，是一项综合性的系统。

系统时代，整合为王，整合的必要性条件就是具有连通性。客观世界是由物质、能量和信息构成的，连通使得系统实现预期价值和效率。印度佛教哲学家龙树说过：事物是通过相互依赖获得自己的存在和性质，它们本身一无所有。

构建系统技术，并在此基础上不断演化发展，适应新的环境变化。利用系统技术可实现在较短时间、较低成本、利用优秀技术和资源构建符合用户需求的系统。

1. 系统构成

系统包括五个基本要素：功能 F、组成 C、结构 S、环境 E、边界 B，用函数表述如下：

$$F = f(C, S, B, E)$$

系统在与环境相互作用中表现出某种功能，系统的功能性体现了工程价值所在。功能主要体现于外部环境之中，一个实物生存在一定环境中的意义就在于其功能。功能的实现，特别是新功能的实现往往带来行业变革性的利用发展，比如：南京长江大桥是长江上第一座由中国自行设计和建造的双层式铁路、公路两用桥梁（其中铁路桥长 6 772 m），是中国桥梁建设的重要里程碑，1960 年以"世界最长的公铁两用桥"载入《吉尼斯世界纪录大全》。

系统由两个或两个以上的元素组成，单一元素不构成系统。系统内部各元素之间的关系就是系统的结构，系统结构是功能的依据和基础，边界和环境是系统结构变化和缔造新结构的根本原因。例如：荣获 2020 年"国家科学技术进步奖二等奖"的"高速铁路Ⅲ型板式无砟轨道系统技术及应用"项目，首创了"垂向双层复合、纵向应力放散"的无砟轨道复合结构体系，实现了应力释放、保持轨道几何形位及各结构层同寿命。

系统处于一定的环境之中，系统与环境发生物质流、能量流、信息流；环境对系统进行选择，控制着系统的发展，加速或延缓着系统演化的过程。

系统与环境存在边界，系统内部各子系统存在边界，边界体现了质的区别，也体现了联系通道。在研究铁路工程设计中，系统边界划分变得很重要，因为边界涉及关联性。边界划分得太窄，一些对系统行为有显著影响的因素未被认真分析和对待，就不能发现事物的本质；若系统边界划得太宽，则系统分析过于庞杂，堆积了大量信息，可能遮掩了问题的真实答案。边界是厘清系统的范围，对于不同边界的限制条件，系统需构建相应的内部结构。

环境和边界是系统功能存在和得以实现的条件，虽然同一结构，在不同的环境和边界条件下，可以产生不同的功能，但结构决定了系统功能的内因。结构和功能是辩证的，结构是功能的内在基础，功能是结构的外在表现。例如：青藏铁路的建设攻克了多年冻土、高原缺氧、生态脆弱三大世界性环境难题。

2. 系统特点

系统性具有整体性、层次性、相关性、目的性、适应性五个特点。

（1）整体性：又称全局性、系统性。一个系统由各种要素、各个部分组成，这些要素和部分之间有着或紧密或松散的各种关联。立足于全局，从总体上衡量一切，考虑总体性能指标决策取舍。

（2）层次性：系统内部是有层次的，不同的层次会表现出系统的不同特性。层次总是有序的，发现这种有序性，是解开系统谜团的钥匙。

（3）关联性：系统的各个部分之间、系统各部分与外部之间有着相互作用、相互依存、相互制约、相互协调、相互联系的关系。

（4）目的性：系统是为了一个共同的目的，把有关的各部分（因素、要素）组织起来一起运行的整体。

（5）适应性：任何一个系统都存在于一定的物质环境中，因此它必然要与外界产生物质的、能量的，甚至信息的交换，以适应外部环境的变化。

3. 构建系统方法

美国系统工程专家霍尔提出了三维结构模型：知识维、时间维、逻辑维。

（1）知识维体现了知识性，是指处理问题所需要的知识，除包括系统内的专业知识外，还包括经济、环境、法律、社会、心理和艺术等多领域知识。

（2）时间维体现了工作阶段，包括规划阶段、决策阶段、设计阶段、实施阶段、运营阶段、更新阶段。

（3）逻辑维反映了思维过程，包括发现问题、明确目标、构建系统、分析系统、优化系统、决策分析、实施计划。

系统工程不仅涉及各种技术方面的"硬"因素，还涉及社会、心理、文化等"软"因素。这些软因素机理不明、难以量化，故系统工程师需要通晓人情世故，进行有效沟通。

4. 关键技术

关键技术是指在一个系统或一个环节或一项技术领域中起到重要作用且不可或缺的技术，可以是技术点，也可以是对某个领域起到至关重要作用的知识。

关键技术是对系统技术的精华总结，它无疑是系统技术中最闪耀的、最扣人心弦的地方。特别在科研中，关键技术直接呈现了科研的高度和价值。因此，在系统技术中识别关键技术、提炼关键技术是科研最重要的内容。

2.3.2 追踪重大方向

工程设计应追踪重大方向,推动铁路高质量发展。国家铁路局《"十四五"铁路科技创新规划》(国铁科法〔2021〕45号)中规划了2025年主要目标和科技重点任务的发展方向和内容。其中,科技创新主要目标见表2.3.1。

表2.3.1 2025年科技创新主要目标

方向	2025年科技创新主要目标
技术装备	复兴号中国标准动车组谱系化更加完善,速度400 km/h级高速轮轨客运列车、3万吨级重载列车、高速轮轨货运列车等装备研制实现重大突破
工程建造	掌握复杂地质30 km以上长大隧道建设技术,突破岩爆与大变形隧道设计施工、深切峡谷特大跨度桥梁建造等一系列技术难题,并逐步形成更高速度铁路设计建造成套技术
运输服务	铁路高效、快捷、精细化运维水平明显提高,掌握高速铁路更小追踪间隔技术并推广应用,旅客联程运输网络构建与协同运输组织技术实现突破,客货运服务技术进一步提升
智能铁路	智能铁路成套技术体系不断完善,北斗卫星导航、第五代移动通信技术(5G)、人工智能、大数据等信息技术在铁路实现更广泛、成体系应用,各种交通方式信息共享水平明显增强
安全保障	风险预测预警与防控的一体化主动安全防控技术体系基本形成,应对各类重大风险能力显著提高,铁路本质安全水平、设施设备运维养护能力、应急处置及救援技术水平全面提升
绿色低碳	铁路能源供给技术取得显著进展,高能效和智能化的牵引供电核心装备技术达到世界一流水平,能源系统综合损耗逐年降低,生态环保修复和污染综合防治关键技术得到普遍应用
创新体系	企业主体、市场导向、产学研用深度融合的技术创新体系更为健全,科技创新体制机制更加完善,综合评价指标体系基本形成,铁路技术标准体系自主完备、世界领先,建成50个以上铁路科技创新基地,人才队伍建设成效显著

科技重点任务的发展方向和内容见表2.3.2。

表2.3.2 科技重点任务的发展方向和内容

方向	内　容
技术装备	实施CR450科技创新工程
	建设时速400千米级高速列车全流程试验验证平台
	建立时速400千米高速铁路技术标准体系
	实施装备轻量化技术升级工程
	开展具备无人自主作业能力的施工和养护装备应用示范
	研制高速铁路新型箱梁制运架、超大型架梁起重机、变跨缆载吊机等新型桥梁运架装备
	实施高速列车转向架用轴承关键核心技术攻关工程，建成产品创新能力平台
	研制新型中国列车运行控制系统（CTCS）
	实施高速列车用IGBT芯片成套技术提升工程
	建设铁路电磁环境效应研究与测试平台
工程建造	依托沪渝蓉沿江高速铁路等工程项目开展CR450科技创新工程基础设施工程化技术验证
	建立25~40吨轴重重载铁路系列化技术体系
	研发智能科技和空天地信息一体化等技术的勘察、测绘、选线技术平台
	建成基于建筑信息模型（BIM）技术的铁路工程多专业协同的信息化设计施工管理平台
	研发复杂艰险山区高精度地理地质多元信息获取分析与山地灾害综合防控技术平台
	研发复杂深部环境隧道灾害评价系统
	研发高原高寒地区桥隧冻融劣化机理与防控技术
	研发沿江沿海和跨江越海深水复杂环境水下隧道建造技术
	研发大跨度深水深基础桥梁建造技术
	研发装配式无砟轨道系统
	研发特殊气候与地质条件下路基结构设计、施工工艺、结构变形控制等技术
	研发铁路基础设施耐久性提升关键技术和智能诊断预警平台
	建设铁路客站、大跨度桥梁、复杂边坡、长大隧道和轨道等结构健康监测、预警系统

2 问道设计

续表

方向	内 容
运输服务	实施中国铁路客户服务系统（12306）优化升级工程
	实施中国铁路货运电子商务系统（95306）优化升级工程
	推广应用智能综合调度系统、智能调度集中系统
	应用大型编组站智能"管控体"调度指挥系统
智能铁路	依托成渝中线高速铁路建设实施智能铁路 2.0 示范应用工程
	推进铁路 5G 专网技术体系及关键核心技术研究
	完成北斗铁路行业综合应用示范工程
	研发铁路通信信号工业互联网示范平台
	研发应用智能建造数字孪生平台
	研发铁路通信信号系统和牵引供电系统数字孪生应用示范平台
	研发智能城际关键技术及成套系统
	构建高速重载全自动驾驶技术平台
	开展重载铁路移动装备智能运维成套技术研究及示范应用
	研发基于多模式交通运输大数据共享的铁路旅客无缝出行、货物一单到底服务平台
安全保障	研发新一代更高速度综合检测车
	优化升级供电检测监测（6C，高速弓网性能综合检测、接触网安全状态巡检、接触网运行状态检测、接触网悬挂状态检测监测、接触网与受电弓滑板监测、接触网及供电设备地面监测 6 个系统）、机车安全防护［6A，实现以中央处理平台（CPP）集合机车空气制动安全监测子系统（ABDR）、机车防火监控子系统（AFDR）、机车高压绝缘检测子系统（AGDR）、机车列车供电监测子系统（APDR）、机车走行部故障监测子系统（ATDR）、机车自动视频监控及记录子系统（AVDR），实现综合诊断、统一存储、集中显示和车地通信等功能］、列车在途检测监测等系统
	研发覆盖高铁全线综合视频监控与智能分析应用系统
	研发铁路安全云平台
	研发列车运行控制信息智能安全保障系统
	研发高海拔恶劣地质环境条件下铁路主动安全保障与防灾救援系统
	研发高原、峻岭、海底等严酷特殊环境下大型基础设施运维系统
	研发数据和算法驱动的工电供一体化智能运维系统

223

续表

方向	内容
绿色低碳	制定铁路碳排放达峰行动实施方案
	建立健全铁路能耗计量统计监测体系
	构建"车-线-网-图"综合和"源-荷-储-运-网-维"贯通的大系统综合节能解决方案
	开展贯通式同相供电工程化技术研究与示范应用
	建设重载铁路"源-网-储-车"相协同的多源供电系统
	开发网络化牵引供电系统和大功率、长寿命、高可靠性燃料电池动力系统
	研制电力电子变压器和基于电电混合的新型机车车辆
	研发铁路传染性污染物在途处理设备设施

2.3.3 推进创新引领

创新是引领发展的第一动力，工程的灵魂在于创新，而工程始于设计，因此工程设计与创新息息相关。工程创新不只是简单地从科学发现到技术发明再到工程应用的线性过程，工程创新本身包括丰富的内涵，从理念、规划、设计、实施到运行、管理的全过程中，每个环节和每个因素都可能发生或大或小、或全局或局部性的创新。"创新之父"熊彼特认为创新不过是旧事物的破坏与重新组合的过程。

工程设计并不是完全、凭空地去创造一个全新的研究对象或研究问题。工程创新重要的是体现集成性创新、合理的要素选择和多维构建。创新具有普遍性和特殊性，包括要素创新和集成创新、引进消化吸收再创新和原始创新、突破创新和渐进创新。值得一提的是，在突破创新中，颠覆性技术创新是最具彻底的，也是最困难的，一旦被成功使用，将给行业带来革命性的变化。

创新需要设计工程师的综合分析力、理性评判、灵感等，考量一个工程师对未知的探索力。工程师的激情、积极思考对工程创新有较大的启发。

《交通强国建设纲要》将科技创新作为重要手段，提出要强化前沿关键科技研发，大力发展智慧交通，完善科技创新机制，提升科技创新在交通强国中的引领作用。

1. **科技创新**

铁路工程建设技术一般以增量式、渐进式创新为主，工程发展水平、质量主要取决于投资的规模。未来铁路工程建设将出现以科技创新为动力，以数字技术、平台载体等为特征的颠覆性的科技创新引起工程建造的变革。

从路径方向，科技创新可表现为两种形式：一是，科学→技术→工程，即从科学发现到技术发明再到工程应用的路径。二是，工程→技术→科学，即从工程的实际需要出发，在现有的科技知识中搜寻并加以应用，若现有的科技知识不能满足需要，则进一步开展技术研发甚至科学研究，从而形成工程需要到技术研发再到科学研究的路径。实际上，第二种路径才是工程创新活动经常发生的主要路径。在大型工程设计中，这两种路径往往相互交织并用，导致工程的科技创新呈现复杂而有序的局面。对多种原有技术的创造性综合集成应用，也是工程技术创新不可忽视的重要形式。

相比于继承既有的成熟项目经验，科技引领更具活力，更能适应业主定制化要求。科技的首要工作在于选题，科技选题的基本原则包括：需要性、创造性、合理性、可行性等。

2. **管理创新**

工程设计在决策、设计、建造、运行的每个环节都离不开严格的工程管理，不断创新管理方式、模式、制度等，以确保工程按期完成、保证质量、投资可控。很多项目无法顺利推进，甚至失败，很大部分原因是项目管理出了问题。

3. **经济创新**

设计的工程物实现了预想的工程价值，体现了投入—产出的转化，工程物的运行带来的经济效益和社会效益佐证了设计方案的优劣，工程的投资模式、偿债模式、收益分享模式等投融资方案极大地影响着工程的立项决策。

4. 生态创新

设计的工程物最终立足于自然环境之中，并运行于自然，发生着物质、能量、信息交换，并对生态环境产生正面或负面的影响。如何走资源节约、环境友好的绿色工程建设之路，是当代生态文明建设的重要命题。

5. 社会创新

工程活动给当地社会环境带来深刻的影响，有正面的也有负面的。选择合理创新的工程方案，弱化负面社会影响，强化正面社会影响是设计师必须考虑的问题。

6. 智能创新

智能设计是未来工程技术的革命性变更，是具有方向性和引领性的前沿技术，基于BIM、数字孪生技术将工程设计、建造、运维整合在一起，实现工程全寿命周期的管理。

面向生产需求的设计理念将成为未来的发展方向，调整规范与运营的逻辑顺序逆向设计，立足生产需求规范检验，最大化适应生产需求。当然，还需深入剖析需求的合理性、科学性，避免放大主观性、失去客观性。

2.3.4 探索技术前沿

收集技术情报主要的作用有：一是辅助技术战略决策，帮助组织确定自身的技术定位，为组织的战略决策和技术发展战略规划提供支持；二是监测外部技术状况，监测外部环境中技术变化，为组织提供技术方面的预警信息；三是支持研发管理，根据组织研发活动需求，提供必要的技术竞争情报，为组织开展计划研发活动提供支持。

在收集技术情报中，探索工程技术前沿尤为重要，先进的技术无疑是工程的强大推手，可引领工程技术发展。

从工程建造来看，先进的设备技术带动了站后工程建造水平，先进的施工技术推动了站前工程建造水平，不论是站前还是站后，探索工程技术前沿毫无疑问是重要的基础工作。

2 问道设计

1. 人工智能

1956年，人类历史上第一次人工智能研讨会在美国达特茅斯学院举行，这场会议由麦卡锡、明斯基、罗切斯特、香农等人发起。人工智能经过了三次浪潮，逐渐形成三个学派：一是符号主义，又称逻辑主义，强调基于逻辑推理的智能模拟方法；二是联结主义，源于仿生学派或生理学派，强调神经网络及神经网络间的连接机制与学习算法；三是行为主义，又称进化主义，源于控制论，强调基于"感知—动作"的行为智能模拟方法。

2018年，欧盟25个国家签署了人工智能合作宣言，发布了《人工智能合作宣言》草案。

2019年世界各国纷纷推出新一轮人工智能举措，英国发布《人工智能：未来决策制定的机遇与影响》《机器人技术和人工智能》；德国发布《国家工业战略2030》；日本提出"人工智能战略"；俄罗斯总统普京批准《2030年前人工智能发展国家战略》；美国斯坦福大学发布的《2019全球人工智能报告》显示，全球活跃的人工智能企业达到5 386家，全球私有人工智能投资超过700亿美元，在语音识别、图像识别和深度识别方面成效显著。

我国也高度重视人工智能的发展，2016年《"互联网+"人工智能三年行动实施方案》和《"十三五"国家战略性新兴产业发展规划》已开始布局人工智能。

2018年7月，中国铁路总公司（现国铁集团）副总经理王同军发布了《智能铁路总体架构与发展展望》，建立了智能铁路框架，包括：智能建造、智能装备、智能运营三个部分，推动了铁路智能化发展。

2. 新能源

2020年9月22日，中国政府在第七十五届联合国大会上提出："二氧化碳排放力争于2030年前达到峰值，努力争取2060年前实现碳中和"。绿色低碳、可持续再生能源成为时代的主题，如何利用太阳能、氢能源、生物能等逐渐成为人类追求的新领域。从国家战略层面看，发展新能源可以摆脱石油

"卡脖子"的问题，使得国家战略不再受控于美元结算的石油系统，可以不受能源输送通道地域限制。

3. 装配式技术

装配式建造有着巨大的节能减排作用，装配式施工期间占用场地较小；施工过程全部机械化，大大提高了施工效率，缩短了施工周期，充分体现了绿色建筑"四节一环保"的特点。采用装配式车站结构施工工艺的施工工期比传统方法至少节省 10 个月，材料堆放、加工等厂区面积小，对周边单位影响小。预制装配式结构在现场基本为拼装的工序，无大量混凝土施工，对环境的破坏小，安全风险较低，节省了钢筋、混凝土等材料用量，不消耗木材，建筑垃圾产生可减少 80%，特别是在现场施工劳动力的使用上可以节省 50% 以上。

4. 仿真技术

采用以计算机技术为核心的现代高科技手段生成逼真的视觉虚拟环境，为用户提供可视化、直观性的产品，提高了产品的品质。视景仿真在工程设计中主要用于桥隧等大型构筑物的建造流程、机辆检修生产工艺流程、教培产品等。比如 Plant Simulation 仿真软件，用于检修厂房、生产线以及物料运输仿真。

5. 数字孪生

数字孪生是将工业产品、制造系统、城市等复杂物理系统的结构、状态、行为、功能和性能映射到数字化的虚拟世界，通过实时传感、连接映射、精确分析和沉浸交互来刻画、预测和控制物理系统，实现复杂系统虚实融合，从而使系统全要素、全过程、全价值链达到最大限度的闭环优化。其能够以数字化的方式描述和映射对象、人员和流程，并以可理解和进一步处理的格式提供各种信息；除数据之外，其还可进行算法分析、模拟仿真等，以描述和影响所代表对象在过去、当前或未来的属性和行为。

铁路系统数字孪生是以实时监控、测量、诊断等系统提供的数据为基础创建的；通过对这些数据进行分析和评估，能够预测车辆及铁路基础设施的故障，实现其预测性维修，从而降低维修成本，提高维修质量和效率。铁路系统数字孪生还将在调度中发挥重要作用。在未来，列车调度决策将以运营数据和人工智能（Artificial Intelligence，AI）模拟为基础。利用数字孪生可以实时检测运营中出现的故障并将其整合到模型中，从而达到故障自动处置的目标。

6. 无人驾驶

1983年，法国建造了全球第一条无人驾驶地铁线路——法国里尔1号线。截至2022年6月，全球地铁无人驾驶总里程达到1 800 km。根据国际自动化工程师学会制定的标准，无人驾驶分为6个等级，见表2.3.3。

表 2.3.3　无人驾驶等级划分

无人驾驶等级		名称	概念
驾驶员执行部分或全部动态驾驶任务	Level 0	无自动化	由人类驾驶员全程操控车辆，但可以得到主动安全系统的辅助信息
	Level 1	驾驶支援	利用环境感知信息对转向或纵向加减速进行闭环控制，其余工作由人类驾驶员完成
	Level 2	部分自动化	利用环境感知信息，同时对转向或纵向加减速进行闭环控制，其余工作由人类驾驶员完成
自动驾驶系统执行全部动态驾驶任务	Level 3	有条件自动化	由自动驾驶系统完成全部驾驶操作，人类驾驶员根据系统请求进行干预
	Level 4	高度自动化	在限定道路和功能条件下，由自动驾驶系统完成全部驾驶操作，无需人类驾驶员进行任何干预
	Level 5	完全自动化	由自动驾驶系统完成全部的驾驶操作，人类驾驶员能够应付的全部道路环境，系统都能自动完成

当前全球无人驾驶技术最高可达到Level 4级。在铁路工程行业，在地铁列车正线运行以及车辆基地调车、物流方面正在推进无人驾驶。全球无人驾驶产业链正在形成，其中全球无人驾驶产业链主要企业见表2.3.4。

表2.3.4　全球无人驾驶产业链主要企业

领域	主要企业
激光雷达	Velodyne、大陆Continental、博世、法雷奥Valeo
毫米波雷达	大陆Continental、博世
车载摄像头	大陆Continental、博世
红外与夜视	FLTR、Adasky
路边智能感知	万集科技、金溢科技、千方科技
高清地图	四维图新、高德地图、百度地图、深动科技、千寻位置
芯片算法	Mobileye、英伟达、高通

2.3.5　提供优质服务

工程设计的首要问题是设计成果合法合规，满足质量要求。"十四五"提出高质量的发展需求，其中高质量不仅包括成果高质量，也包括服务高质量。优质服务越来越受到行业内的重视，设计师应具备服务意识，提供优质服务，才能使高质量的成果体现更大的价值。

1. 提供保质保量的设计成果

工程设计中常存在一个错觉，那就是：业主更关注把工程做差的人，而较少关注优秀的工程人。工程设计保质保量成为职业的红线、底线。

（1）按期完成。

工程建造的基本程序是先设计、再审批、后实施，因此设计对工期具有先决性。及时设计，可使得工程建设有序进行，因此设计工程师应按照预定时间按时完成设计工作。这就需要设计工程师充分调动资源、组织团队，按时完成。

（2）保证质量。

质量是工程的底线，是决定工程成败的关键因素。设计师应充分征询、仔细研究、依法合规，保证设计质量。

（3）控制投资。

工程是在一定的约束条件下建造而成的，其中就包括投资，每一个工程都有投资总额限制。设计师应多方案比选，优化设计，节约投资，在有限的投资范围内，设计一套最优方案。

2. 提供优质服务

（1）决策阶段，为业主的正确决策提供信息。

工程决策阶段虽然时间短、投入量小，但会影响全局。设计师应充分调研市场、研究方案、评价经济等，为业主提供充分决策的信息，使业主能够快速决策。

（2）设计阶段，为业主的合理选择提供依据。

设计阶段，根据相关规范、技术经验，专业组合，优化设计，提供全套设计成果，让业主知道怎么做。

（3）实施阶段，为业主工程的顺利实施提供助力。

在实施阶段，按时提供设计成果，辅助业主开展工程建造管理工作。

3. 实现投资价值

从工程价值分析，设计包括功能实现、规模达成、效率（效益）优先、影响凸显四要素。

（1）功能实现。

工程因功能而存在，一个没有实现预定功能的工程是失败的。功能实现又是以可靠的质量、安全保证的。

（2）规模达成。

规模表征了工程物的生产硬能力，规模也直接关联工程投资。

（3）效率（效益）优先。

效益体现了工程的软实力，软能力。在一定的规模下，实现高效生产，如此可实现生产能力最大化。

（4）影响凸显。

工程建造可实现经济效益，更重要的是实现影响，即在区域、地位、人文等方面的影响力。其体现了工程的无形价值。

4．折射优秀人格品质

优秀的职业品格是设计师一道靓丽的风景线，是树立企业品牌的先决条件。

（1）工匠精神。

工匠精神是设计师优秀的品质，包括专注、执着、细致、耐心、坚守、创新、精益求精等品质。对工匠精神的解读是多方面的，图2.3.1从六个方面解读工匠精神。

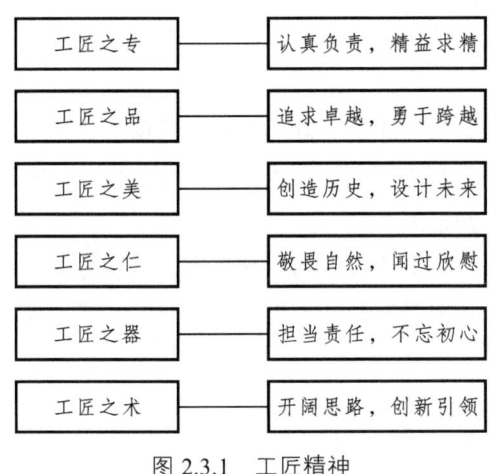

图2.3.1　工匠精神

（2）坚守岗位。

由于项目工期要求，工程设计师需要在约定的时间内完成工作；为控制投资，需反复研究多个方案；为满足项目属地化要求，设计师需长期派驻到某个地区，在坚守岗位的过程中经历了磨砺、无奈、孤独，练就了设计师忠诚、韧性的品格，这也是设计师光辉之处。

（3）善于沟通。

工程设计体现了社会性，承载了人类的心理活动，展现了需求、欲望、价值、信念、判断、决策、竞争、合作、冲突、博弈等，使得我们的生活更加丰富多彩，更加复杂多变，需要更多的智慧、理性、善良、宽容和理解。工程设计师要善于沟通，全面实现工程设计价值。

2.3.6 开拓工程咨询

工程咨询师遵循独立、公正、科学的原则，综合运用多学科知识、工程实践经验、现代科学和管理方法，为经济社会发展、境内外投资建设项目决策与实施活动中为投资者和政府部门提供阶段性或全过程咨询和管理的智力服务。

工程咨询主要包括：规划咨询、项目咨询、项目评估咨询、全过程咨询等。

1. 规划咨询

规划咨询包括总体规划、专项规划、区域规划及行业规划。

2. 项目咨询

项目咨询包括投资机会研究、投融资策划、项目建议书（预可行性研究）、可行性研究报告、项目申请报告、资金申请报告、PPP（Public-Private Partnership，公共-私营合作制）项目咨询。

3. 项目评估咨询

项目评估是对规划、项目建议书、可行性研究报告、项目申请报告、资金申请报告、PPP 项目实施方案、初步设计的评估，包括规划和项目中期评价、后评价、项目概预决算审查及履行投资管理职能所需的专业技术服务。

4. 全过程工程咨询

全过程工程咨询是指对建设项目全生命周期提供组织、管理、经济和技术等各有关方面的工程咨询服务。涉及建设工程全生命周期内的策划咨询、前期可研、工程设计、招标代理、造价咨询、工程监理、施工前期准备、施工过程管理、竣工验收及运营保修等各个阶段的管理服务。

全过程咨询可实现更快的工期、更小的风险、更省的投资和更高的品质等目标。在国外，大型工程基本采用全过程咨询，但全过程咨询在国内才刚刚起步。国际上有McKinsey麦肯锡（美国）、Ipsos益普索（法国）、zwzyzx中为咨询（中国）、GfK捷孚凯（德国）、Frost&Sullivan沙利文（美国）、Synobate思纬（英国）等顶级咨询企业。

2019年，国家发改委和住建部两部委联合发布《国家发展改革委 住房城乡建设部关于推进全过程工程咨询服务发展的指导意见》（发改投资规〔2019〕515号），重点培训发展投资决策综合性咨询和工程建设全过程咨询，适应投资者或建设单位在固定资产投资项目决策、工程建设、项目运营综合性、跨阶段、一体化全过程工程咨询服务模式。

2022年，住建部发布《"十四五"工程勘察设计行业发展规划》，支持勘察设计企业向产业链前后延伸，发展涵盖投资决策、工程建设、运营等环节的全过程工程咨询服务模式。鼓励政府投资项目和国有企业投资项目带头推行全过程工程咨询。

不少设计院逐渐向全过程咨询转型，全过程咨询具有要求高、收益好的特点，比如：天水至陇南铁路项目，正线长度215 km，全过程咨询的咨询服务费近2亿元。

全过程咨询对人才提出了更高的要求：

（1）"门门通"高端复合型人才。

在传统的咨询模式中，每个阶段可能由不同的单位负责。在该工程服务模式下，就使得大多单位企业只服务于整个产业链中的某个领域，仅能提供一项或多项专业知识服务，很少有企业完善整个全过程咨询服务的知识体系。

全过程咨询业务的开展并非设计、造价、监理等业务的简单叠加，而是需要熟悉各个专业、各个环节，这就需要"门门通"高端复合型人才。

（2）专精型技术人才。

"门门通"高端复合型咨询为全过程咨询提供了质量保证，但这远远不够，还需要项目管理、设计、采购、施工、控制、财务、合同、风险控制等方面的专业人才。完善的咨询团队需要组织专业技能的"螺丝钉式"人才，这样才能提供专业化过硬的服务。专业人员的业务素质和管理能力在很大程度上直接影响着项目的成败。

2.4 设计积累与价值挖掘

2.4.1 学术论文

1. 学术期刊检索系统

1）世界三大理工类科技文献检索

在理工界，一直认为SCI（Science Citation Index，科学引文索引）、EI（The Engineering Index，工程索引）、ISTP（Index to Scientific and Technical Proceedings，科技会议录索引）三大检索系统的期刊论文代表着专业最高水平，是博士学术论文、科技进步奖申报的必备条件。

（1）SCI。

美国《科学引文索引》是由美国科学信息研究所（Institute for Scientific Information，ISI）于1957年创办的引文数据库。SCI是当代世界最为重要的大型数据库。与铁路工程相关的SCI中国期刊主要有《中国科学：技术科学》（由中国科学院和国家自然科学基金委员会主办）等。

（2）EI。

美国《工程索引》是由美国工程师学会联合会于1884年创办的历史最悠久的一部大型综合性检索工具。EI在全球的学术界、工程界、信息界中享有盛誉，是科技界共同认可的重要检索工具。

（3）ISTP。

美国《科技会议录索引》由美国科学情报研究所于1978年创办。该索引收录生命科学、物理与化学科学、农业、生物和环境科学、工程技术和应用科学等学科的会议文献，包括一般性会议、座谈会、研究会、讨论会、发表会等。

2）核心期刊

核心期刊是某学科的主要期刊，一般是指所含专业情报信息量大、质量高、能够代表专业学科发展水平并受到本学科读者重视的专业期刊。目前，我国理工类学科主要有三大核心期刊遴选体系，不过遴选体系是动态的，每年都有新录入或退出的期刊。

（1）CSCD。

中国科学院文献情报中心的中国科学引文数据库（Chinese Science Citation Database，CSCD）被誉为中国的"SCI"。该数据库创建于1989年，收录了我国数学、物理、化学、天文学、地学、生物学、农林科学、医药卫生、工程技术和环境科学等领域出版的中英文科技核心期刊和优秀期刊千余种。

（2）中文核心期刊。

北京大学图书馆的中文核心期刊，又称北大核心（简称中文核心），是北京大学图书馆主导制作并发布的一份期刊收录建议，用于图书馆收藏、订阅期刊等参考。

（3）中国科技核心期刊。

中国科学技术信息研究所的中国科技论文统计源期刊，又称中国科技核心期刊（简称科技核心），是由中国科学技术信息研究所经过严格的定量和定性分析选取的各个学科的重要科技期刊。学科范畴主要为自然科学领域，是目前国内比较公认的科技统计源期刊目录。2022年度铁路工程方面的主要中文期刊见表2.4.1。

表2.4.1 2022年度铁路工程方面的主要中文期刊

序号	期刊		期刊检索/等级			
	期刊名称	出版周期	EI	CSCD	中文核心	科技核心
1	中国铁道科学	双月刊	√	√	√	√
2	铁道工程学报	月刊		√	√	√
3	工程科学学报	月刊	√	√	√	√
4	铁道学报	月刊	√	√	√	√
5	工程科学与技术	双月刊	√	√	√	√
6	桥梁建设	双月刊	√	√	√	√
7	土木工程学报	月刊	√	√	√	√
8	交通运输工程学报	双月刊	√	√	√	√
9	振动与冲击	半月刊	√	√		√
10	交通运输系统工程与信息	双月刊	√	√	√	

2 问道设计

续表

序号	期刊		期刊检索/等级			
	期刊名称	出版周期	EI	CSCD	中文核心	科技核心
11	西南交通大学学报	双月刊	√	√	√	√
12	建筑结构学报	月刊	√	√	√	√
13	岩土工程学报	月刊	√	√	√	√
14	系统工程理论与实践	月刊	√	√	√	√
15	隧道建设（中英文）	月刊		√	√	√
16	铁道科学与工程学报	月刊		√	√	√
17	工程设计学报	双月刊		√	√	√
18	工程研究——跨学科视野中的工程	双月刊			√	
19	系统工程学报	双月刊			√	
20	地下空间与工程学报	月刊		√	√	√
21	给水排水	月刊			√	√
22	现代隧道技术	双月刊		√	√	√
23	系统工程学报	双月刊		√		√
24	工程设计学报	双月刊	√		√	√
25	北京交通大学学报	双月刊			√	√
26	铁道标准设计	月刊			√	
27	铁道建筑	月刊			√	
28	城市轨道交通研究	月刊			√	√
29	都市快轨交通	双月刊			√	
30	机车电传动	双月刊			√	√
31	铁道运输与经济	月刊			√	
32	世界桥梁	双月刊			√	
33	城市规划	月刊			√	√
34	建筑学报	月刊			√	
35	城市发展研究	月刊			√	
36	建筑科学与工程学报	双月刊			√	√
37	中国给水排水	半月刊			√	√
38	计算机应用	月刊			√	
39	结构工程师	双月刊			√	√
40	铁道车辆	双月				√
41	暖通空调	月刊				√
42	石家庄铁道大学学报	季刊				√

另外，还有武汉大学中国科学评价研究中心（Research Center for Chinese Science Evaluation，RCCSE），也称中国核心或武大核心，期刊分为 A+、A、B+、B、C 等级。

3）核心期刊遴选

北京万方数据股份有限公司的"中国核心期刊（遴选）数据库"是由万方数据公司于 2003 年建成。万方数据以中国数字化期刊为基础，集合多年建设的中国科技文献数据库、中国科技论文与引文数据库以及其他相关数据库中的期刊条目部分内容，形成了"中国核心期刊（遴选）数据库"。该数据库不是核心期刊的预备级，是完全独立的数据库。铁路方面的中国核心期刊（遴选）数据库期刊见表 2.4.2。

表 2.4.2 铁路方面的中国核心期刊（遴选）数据库期刊

序号	期刊名称	出版周期
1	高速铁路技术	双月刊
2	中国铁路	月刊
3	铁路通信信号工程技术	月刊
4	山西建筑	旬刊
5	西部交通科技	月刊
6	铁道技术标准（中英文）	月刊
7	电气化铁道	双月刊
8	交通运输工程与信息学报	季刊
9	铁道建筑技术	月刊
10	山东交通科技	双月刊
11	交通科学与工程	季刊

2．学术论文的编辑方法

1）基本组成部分

学术论文一般包括四部分：研究目的、研究方法、主要结果、结论。

2 问道设计

（1）研究目的。

研究目的是学术论文的前提条件，是研究的背景和动机，即为什么要做这项研究。研究源于发现问题，需要设计工程师有质疑、创新的态度，能打破陈旧的观念，善于思考，勇于探索。

（2）研究方法。

研究方法是学术论文的核心内容，即通过采用何种方法能有效地解决问题，决定了人类探索世界的能力和效果。探索工程的手段主要包括工具和方法，选择工具也是选择合适的方法。

（3）主要结果。

研究发现了什么主要成果，此结果对问题的解决效果。

（4）结论。

结论是学术论文的点睛之处，即为什么这些发现有用或重要，以及论文还存在哪些局限性，还有哪些问题未解决等。

2）基本条件

学术论文的基本条件包括创新性和新颖性。

3）主要类型

学术论文的分类方法有很多种，简单地说可以分为：专题型、综述型、辩论型。

（1）专题型。

专题型学术论文是在分析前人研究成果的基础上，以直接论述的形式发表见解，从正面提出某学科中某一学术问题的一种论文。专题型论文是一种运用所学的理论基础和专业技能知识，独立地探讨或解决本学科某一问题的论文。大部分的学术论文属于专题型论文。部分专题型学术论文如表 2.4.3 所示。

表 2.4.3 部分专题型学术论文

序号	论文名称	作者	发表期刊	发表时间
1	饱和松软土刚性桩复合地基失稳变形特性研究	任华锋	高速铁路技术	2022.12
2	铁路移动终端安全管控方案探讨	余超，等	高速铁路技术	2022.10
3	400 km/h 高速铁路路基地段 CRTS Ⅲ 型板式无砟轨道静力分析	苏乾坤，等	高速铁路技术	2022.10
4	综合超前预报技术在复杂地质隧道中的应用	王凯，等	高速铁路技术	2022.4

（2）综述型。

综述型学术论文是在归纳、总结前人或今人对某学科中某一学术问题已有研究成果的基础上，加以介绍或评论，从而发表自己见解的一种论文。综述型论文是建立在查阅大量文献的基础上编辑的，需要有系统性、顶层领略的视角和能力，其结论往往对行业有指导性、引领性作用。部分综述型学术论文如表 2.4.4 所示。

表 2.4.4 部分综述型学术论文

序号	论文名称	作者	发表期刊	发表时间
1	我国铁路桥梁建造技术的成就与展望	陈良江，等	高速铁路技术	2022.4
2	关于铁路客运车站及配套交通设施提升改造的思考	张旭旻，等	高速铁路技术	2022.6
3	高速铁路引入铁路枢纽线路选线研究	周宏，等	高速铁路技术	2022.10
4	列车自动驾驶技术方案探讨	徐越，等	高速铁路技术	2022.10

（3）论辩型。

论辩型学术论文是针对他人在某学科中某一学术问题的见解，凭借充分的论据，着重揭露其不足或错误之处，通过论辩形式来发表见解的一种论文。常用的术语有商榷、探讨等。

论辩型论文比较少，这是因为别人发表的论文一般是经过大量的研究和仔细的推敲而编辑的，可能论点站位不高或深度不足，但基本是正确的。在此基础上提出更高层级的新论点，相当于超越别人的成果，这种变革性的研究是比较困难的，这就需要作者经过充分研究，谨慎举证。部分论辩型学术论文如表 2.4.5 所示。

表 2.4.5　部分论辩型学术论文

序号	论文名称	作者	发表期刊	发表时间
1	对铁路节能几个争议性问题的思考	周新军	电力需求侧管理	2016.2
2	对 2014 年版《技规》中列车制动部分有关条文的商榷	孙中央，等	铁道机车车辆	2016.2

2.4.2　申报专利

1．专利类型

中国专利法规定可以获得专利保护的发明创造有发明、实用新型和外观设计三种，其中发明专利是最主要的一种。

发明专利是指对产品、方法或其改进所提出的新的技术方案。发明专利一般需要两年左右的时间，从近年来申报通过率只有 10% 可以看出，发明专利的含金量是很高的。发明专利包括产品发明和方法发明。

实用新型专利申请又称为小发明或结构专利，是指产品所具有的、可以从外部观察到的确定的空间形状。对产品形状所提出的技术方案可以是对产品的三维形态的空间外形所提出的技术方案。

外观设计专利是指对产品的整体或者局部的形状、图案或者其结合以及色彩与形状、图案的结合所作出的富有美感并适于工业应用的新设计。

2．基本条件

申请专利需要三个基本条件：新颖性、创造性和实用性。

3．主要方法

苏联发明家阿里特舒列尔提出发明问题解决理论 TRIZ(теории решения изобретательских задач，发明家式的解决任务理论，拉丁语标音读为 Teoriya Resheniya Izobreatatelskikh Zadatch，缩写为 TRIZ)，提炼出 40 种发明方法，为技术发明指引了方向，TRIZ 发明方法内容见表 2.4.6。

表 2.4.6　TRIZ 发明方法

序号	原则	内容
1	分割	将事物分成互不相关的各部分，或使物体成为可拆卸的
2	拆出	从物体中拆出有干扰的部分（性质），或者相反，只分出需要的部分或性质
3	局部性质	从物体或外界环境（作用）的一致结构过渡到不一致的结构
4	不对称	从物体的对称形式转变到不对称形式
5	联合	把相同的或指定做辅助性操作的物体联合起来，或在时间上将相同的或辅助性的操作联合起来
6	通用性	一物体执行若干个不同的功能，因此就不再需要其他物体
7	插入	一物体放在第二个物体内，而第二个物体又放在第三个物体内，如此类推
8	反重力	与具有上升力的另一物体相结合以抵消物体的重量
9	预先反作用	如按课题的条件必须完成某种作用，则应预先完成反作用
10	预先作用	预先完成所需要的作用（完全完成或部分完成）
11	预先塞枕头	用预先准备好的应急措施，来抵消一事物相当低的可靠性
12	潜在能力均等	由于改变工作条件，使得物体上升或下降
13	相反	不实现课题条件所要求的作用，而实现相反的作用
14	圆曲形	从直线部分过渡到曲线部分，从平面过渡到球面，从正方体或平行六面体部分过渡到球形结构；利用辊子、球体、螺旋；从直线运动过渡到旋转运动，利用离心力
15	活动性	如果整个物体是不活动的，就把它改为能活动的、能移动的

续表

序号	原则	内容
16	局部作用或过剩作用	如果很难取得100%所要求的效果,那么就应当得到"略少一点"或"略多一点"的效果,这时可能将课题大大简化
17	向另一个维次过渡	与物体沿直线运动(或配置)时联系上有困难,如果这物体获得在两个维次内(平面上)移动的可能性,则可能消除这个困难。与此相应的是,与物体在一平面上运动(或配置)时联系上有困难,则可通过过渡到二维空间来消除这个困难
18	利用机械振动	使物体发生机械振动;增加它的频率(直到达到超声频);利用共振频率;利用电压振子;利用超声振动
19	周期作用	从非周期作用过渡到周期作用(脉动作用)或改变它的周期;利用脉动的间隙完成其他作用
20	不间断有益作用	让工作不间断地进行或消除空转和间歇性的行程
21	跃滑过去	用很快的速度进行一过程,或者它的个别阶段(例如有害的或危险的阶段)
22	变害为利	利用有害的因素(作用)以达到有益的效果
23	反向联系	进行反向的联系
24	中介	利用转移或传递某种作用的中间物
25	自我服务	物体应执行辅助性和修理性的工作,以进行自我服务;利用废物(能量、物质)
26	代用	不用难以得到的、复杂的、贵重的、不方便的或脆弱的物体,而用它的简单的、便宜的复制品
27	用廉价的不持久性代替昂贵的持久性	用一套廉价的物体代替贵重的物体,但这样做时就放弃了某些品质(例如持久性)
28	代替机械学的设计	用光学的、声学的或"味觉的"设计,来代替机械学的设计,或从固定的过渡到时间上变化的,从无结构的过渡到有一定结构的

续表

序号	原则	内容
29	利用气动和液压结构	利用气体及液体的部件，代替物体的固体部件，例如充气的和充液体的部件、气枕、静液部件和液体反冲部件
30	利用薄壳或薄膜	利用薄壳或薄膜代替普通的结构或将物体与外界环境隔开
31	采用多孔的物质	使物体成为多孔的，或利用添加的多孔物（嵌入物、被覆物等）
32	改变颜色的原则	改变物体或外界环境的颜色、透明程度；利用有色添加剂或荧光粉观察看不见的过程
33	均质	与指定的物体相作用的物质，应该用同种材料做成
34	部件的剔除与再生	物体完成了自己的使命部分，应当在工作过程剔除（蒸发、溶解）或直接发生变化。物体的消耗部分应当在工作中直接再生
35	物体聚合态的改变	不仅仅是普通的聚合态的改变，例如从固态转变到液态，而且也包括"假态"（比如"假液态"）和中间态（例如利用有弹性的固体）
36	应用相转变效应	利用物体相转变时发生的现象，例如体积的变化、热量放出与吸收等
37	利用热膨胀	利用物质的热膨胀（或收缩）
38	应用强氧化剂	用浓缩的空气代替一般的空气
39	利用惰性介质	用惰性介质代替普通介质
40	利用混合物质	从同种物质转向混合物质

4．申报流程

发明专利申请的审批程序包括受理、初审、公布、实审以及授权五个阶段。实用新型或者外观设计专利申请在审批中不进行公布和实质审查，只有受理、初审和授权三个阶段。

发明专利申报包括请求书、说明书、权利要求书、说明书摘要，有附图的可同时提交说明书附图和摘要附图。申报文件可以自己编辑，也可以找专业的代理公司办理。

2.4.3 科学研究

科学研究的主要目的是：第一，揭示自然现象和社会现象的奥秘以及它们发展变化的规律；第二，在建立正确认识的基础上，进一步探索如何利用自然、适应社会，以解决现实中的各种理论问题和技术问题；第三，让研究成果成为社会的新观念、新方法，成为生产的新工艺、新产品，即转化为生产力，以推动社会的物质文明和精神文明发展。

工程设计离不开科研的引领，特别是重大工程项目，采用传统的工程技术往往难以完成工程建造、难以有效实现工程价值。

1. 科研特点

科研具有继承性、探索性、创造性、严密性、高深性的特点。

（1）继承性。

科研工作一般都是基于在前人研究成果上开展的，正如牛顿所言："如果我看得更远，那是因为我站在巨人的肩膀上。""国内外研究现状"是科研的必备内容。

（2）探索性。

科研的基本任务就是探索未知，提出前人从未提出过的问题或解决前人没有解决的问题。在探索的过程中，有开拓，即在错综复杂的矛盾中，研究选择新方向、新领域、新方法、新工艺；有变动，即根据实际需要改变研究方案、方法和设计构思等；有抢抓机遇，即遇到超过预定目的而具有科学价值的事件，要迅速捕捉到这种"偶然现象"；有失败，即探索难免要有失败的经历，这是科学研究中的正常现象，关键在于善于总结，找出失败的原因，找出正确解决问题的途径。可见，探索贯穿于科学研究的始终。

（3）创造性。

工程科学研究中的创造性包括两个方面的内容：发明和创新。对自然和社会原先不存在的东西，通过科学技术劳动而创造出来的，就是发明；对现有知识水平的提高和更新，包括科学技术、生产工艺等领域的更新，就是创新。衡量科学研究水平的高低，最重要的是看其中创造性成分的大小。发明和创新的成分越大，水平就越高，其成果的价值就越大。科学研究最根本的目的就是为了创造新知识、研制新产品。所以说，创造性是科学研究的灵魂。

（4）严密性。

科学研究是一种有意识、有目的、有计划、有步骤的严密性活动，从课题的确定到计划的实施，每个环节、每种手段都是经过深思熟虑和精心设计的；从研究对象的客观方面来说，科研是按一定规律运动、变化和发展的，研究活动必须去适应它，才能揭示它。

（5）高深性。

科学研究要有高度。瞄准国家急需、世界前沿、热点、难点的方向和领域，以解决重大基础科学问题和工程发展瓶颈，引领关键核心技术等，敢于挑重担、破难题、创一流。具有站位顶峰、立足前沿、卓尔不群的独特学术品质，能够独立思考、超越自我、寓研于乐投入科研工作。

科学研究要有深度。能够透过现象看本质，善于立足工程向基础问题追根溯源，将诸多复杂现象背后的基础问题，用简明的数学形式表达出来，进而指导工程实践。

2. 科研境界

中国工程院院士、北京理工大学教授周立伟提出了"科研四境界"。

第一境界："昨夜西风凋碧树，独上高楼，望尽天涯路。"科研的准备阶段需要迎着困难，勇于攀登，高瞻远瞩，苦苦思索。

第二境界："衣带渐宽终不悔，为伊消得人憔悴。"科研的探索阶段需要追求真理，百折不挠，无论多大挫折，终不后退，冥思苦想，孜孜以求。

第三境界："众里寻他千百度，蓦然回首，那人却在，灯火阑珊处。"要到科研的豁朗阶段需要几经艰苦奋斗，突然受到启发、恍然大悟、茅塞顿开、灵感突现。

第四境界："行到水穷处，坐看云起时。"科研的验证阶段需要实践检验、理论升华，创造性思维豁然贯通，仅是创造端倪初露，尚要验证、发展和加工扬弃。

3．科研选题原则

科研首要工作是选题，选题不是一件容易的事情，至少具备以下四个原则：

（1）需要性原则。

需要性原则又称必要性原则、意义原则。工程科研着眼于工程建造的需求，看其是否有实际价值、经济价值。

（2）创造性原则。

科研选题应体现创造性，科研的灵魂在于创造，技术的创造在于发明，工程的创造在于构建和集成。

（3）科学性原则。

课题应有科学理论依据，可经实践检验而证实，利用客观规律认识世界，改造世界。

（4）现实可行性原则。

选择的课题应考虑具备预期完成的主观、客观条件。还需考虑团队的知识结构、科研能力，科研所需的设备、经费、时间、协作条件等。

4．科研选题方法

选题要准确，选题方法因人而异，可从以下五个方面着手：

（1）从工程实践中发现问题。

在工程建造过程中，从设计、建设、实施、运营等流程环节着手，发现问题。

（2）从工程的内部矛盾中寻找问题。

很多课题是从工程内部矛盾中找到的，比如不同设计单位存在的不同观点,不同参建单位存在不同要求,不同时期对工程技术的需求不同。在深入分析这些矛盾时,部分理论可能存在缺陷,甚至是错误的;可能发现存在知识差异或盲区;技术可能零散片面,未形成成套技术。抓住需要解决的问题,从而提出课题研究方向。

(3)从工程技术发展的主流同步去选题。

工程技术发展日新月异,只有适应其发展趋势,把握住科技发展主流,选择的课题才最有价值。比如当前的铁路智能建造技术、低碳建造技术。

(4)从多专业交叉技术融合的领域中选题。

辩证唯物论认为,物质世界是统一的。工程技术专家善于把本专业技术向纵深方向探索,但工程往往体现了多专业集成和构建,专业之间的壁垒、认识片面,很容易造成知识空白,最终构想的工程物是由多个专业简单拼凑而成,没有体现系统性,多专业技术融合也是当前铁路行业最薄弱的环节。

(5)从扩大问题范围中选题。

工程实践是无限的,探索也是无穷的,在研究过程中,可设法扩大课题范围,探索新规律、新工艺、新材料、新方法,进而得到新的验证。

5. 材料编撰

1)必备条件

材料编撰的必备条件包括1~2年的实践检验,创新点,获得第三方认可,具有显著的经济、社会效益。

2)思　路

技术领域要关系国计民生、"四个面向"(面向世界科技前沿、面向经济主战场、面向国家重大需求、面向人民生命健康),凸显项目的重要性与紧迫性。

创新点之间、创新点与科学问题/技术问题之间一般要有清晰的逻辑关系,必须是解决行业瓶颈的关键技术,才能引领行业科技进步。

2 问道设计

成果必须是具有社会贡献的创新性工作，研究成果的每个创新内容部分之间必须有环环相扣或者递进式的逻辑关系。

3）撰写要点

（1）基本要点。

申报材料的准备应以主要技术创新点为核心，围绕成果的创新性、先进性、难度及复杂性、重现性和成熟度、实用性、效益性等来撰写，其具体要求如下：

① 创新性：是否有突破或创新、完全自主创新等。

② 先进性：技术水平是否领先，性能指标是否优越等。

③ 难度及复杂性：是否有自创的理论、模型，领域内技术能否实现等。

④ 重现性和成熟度：是否规模化生产，转化程度高等。

⑤ 实用性：是否应用面广泛、应用前景好等。

⑥ 效益性：所取得的经济、社会效益。

成果申报材料还要充分体现出成果的经济和社会效益、应用和推广价值。依据事实，用数据、指标说话，比较成果应用前后或同其他项目相比所取得的经济、社会效益。

（2）语言范式。

申报材料时最重要的信息要最先展现，应突出体现项目在相关专业领域的代表性和引领性。项目经实践检验，可用横向、纵向比较的方式，展示项目的作用和意义。

项目简介以不泄露项目核心技术为前提，简明扼要介绍项目所属科学技术领域、任务来源、背景及意义、主要技术内容（技术创新点）、促进行业科技进步作用及应用推广情况等。项目简介应包括技术领域：本项目属×××领域；任务来源：任务来源于国家×××计划/项目列入国家×××计划；背景及意义：在×××背景下，该项研究在×××领域有×××样的意义；主要技术内容（技术创新点）：项目实现了×××研究目标，攻克/解决了××× 关键技术，发明了×××方法，首创/提出了×××技术，填补了×××空白,打破国外×××垄断等;促进行业科技进步作用及应用推广情况:项目申请国家发明专利×××项,授权×××项,发表论文×××篇,SCI收录×××篇,出版专著×××部,项目成功应用于×××项目,新增经济效益×××万元,利润××万元。

主要技术创新是申报材料的核心部分,也是评价项目、遴选专家、处理异议的主要依据。简明、准确、完整地阐述项目的立项背景、具有创造性的关键技术。创新点应以支持其创新成立的附件材料为依据,包括专利、验收报告、论文等,以及对比国内外同类技术主要参数,数据要客观、翔实,标注来源(以图表形式表现最好)。

第三方评价是指项目完成单位、完成人和具有直接利益相关者之外第三方对项目技术内容等做出的具有法律效力或公信力的评价文件。第三方评价,邀请高水平专家(如院士等)进行评价,往往可以引导第三方评委对项目的正面认知,潜意识提高项目的技术水平。如某省级一等奖提名项目,邀请5位以上院士进行成果评价。

推广应用情况、经济效益和社会效益体现项目研究的意义。推广应用情况应选取在行业内有代表性或者有显著特色的多个项目。经济、社会效益证明须加盖应用单位公章。

6. 铁路工程科研视角

在铁路行业普遍认为施工装备技术推动了站前专业设计技术,比如架桥机、盾构机、大型起重船等施工装备技术有力地推动了长大桥隧建造技术。设备技术也推动了站后专业设计技术,比如交直交变频、永磁、磁浮技术推进了列车运行速度。

基于技术的工程科研是硬科研,对工程设计具有变革性的作用,其多以具体数据表征,而且这些数据是可以被实验验证的。工程评价、管理决策、系统控制等属于软科学,偏理论创新。

如果说设计工作是被动接受型,那么科研工作就可以认为是主动探索型。被动型的设计工作基本有章可循,按照成熟案例、设计规范、相关流程开展即可。主动型的科研工作有时不知道从何入手,不知道什么是问题才是最大的问题。从近年来铁路工程科研课题特点分析,科研主要在以下五个方面开展:

(1)特殊环境下系统功能技术研究(案例见表2.4.7)。

针对长、大、高、深等特殊环境,采用传统的工程建造技术可能无法实现承载力、稳定性、形变量等基本功能需求,这就需要延长技术线,满足特殊环境下工程建造功能需求。

表2.4.7 科技进步奖课题案例1

序号	课题名称	提报单位
1	高寒深季节冻土区快速轨道交通建造岩土关键技术集成	哈尔滨工业大学
2	强箱弱桁组合梁公铁两用矮塔斜拉桥建造技术	中铁大桥勘测设计院集团有限公司
3	高海拔大跨越特高压输电线路工程配套金具关键技术及应用	中国电建集团成都电力金具有限公司
4	西南地区大断面富煤偏压软岩隧道修建关键技术及应用	西安建筑科技大学
5	湿陷黄性黄土地区超高层建筑施工关键技术研究	陕西建工集团有限公司
6	强台风腐蚀环境跨海公铁两用大桥施工关键技术研究	中铁铁建大桥工程局集团有限公司
7	高原山区强震与峡谷风影响下的接触网关键技术及应用	中铁二院工程集团有限责任公司

(2)复杂边界中系统适应技术研究(案例见表2.4.8)。

面对多维度、非静态、跨系统等工况,常规的工程建造技术可能无法实现预期效果(效益),工程建造技术有待优化,需提高适应性,拓宽技术面。

表 2.4.8　科技进步奖课题案例 2

序号	课题名称	提报单位
1	京张高铁复杂敏感环境地下站隧智能化建造关键技术与应用	中国铁路建设管理有限公司
2	大型复杂高层建筑组合结构高效抗震体系及关键技术	北京大学
3	多模态跨领域信息智能处理关键技术研究及产业化应用	太极计算机股份有限公司
4	面向复杂交通场景的自动驾驶系统研发及产业化	北京百度网讯科技有限公司
5	跨系统协作业务的数据安全关键技术与应用	航天信息股份有限公司

（3）新技术、新材料、新理念、新工艺技术研究（案例见表 2.4.9）。

纳米、磁浮、智能等新技术引入工程建造，研究技术的相融性和效益性。

表 2.4.9　科技进步奖课题案例 3

序号	课题名称	提报单位
1	智慧燃气管网安全运行保障关键技术与装备及工业化应用	北京市燃气集团有限责任公司
2	基于 ADPSS 仿真装置与同步信号源注入法的稳控系统测试技术	国网陕西省电力公司电力科学研究院
3	环境友好型快速成膜抑尘剂及建筑施工现场扬尘综合防控技术	成都建工第三建筑工程有限公司

（4）系统功能实现关键技术研究（案例见表 2.4.10）。

基于工程的复杂性、多专业性、多工况等特点，从系统角度整体研究某一学科、某一专项工程技术。

表 2.4.10　科技进步奖课题案例 4

序号	课题名称	提报单位
1	地铁火灾与客流疏运安全关键技术及应用	中国安全生产科学研究院
2	现代铁路客站客运无线通信系统关键技术与工程应用研究	中铁二院工程集团有限责任公司

续表

序号	课题名称	提报单位
3	城市轨道交通多维融合评价体系和关键技术研究与应用	北京城建设计发展集团股份有限公司
4	列车控制系统状态监测与智能运维关键技术及应用	西安理工大学
5	高速列车运行控制系统关键技术研究及应用	中国铁道科学研究院集团有限公司
6	千米级公铁两用斜拉桥建造关键技术	中铁大桥勘测设计院集团有限公司

（5）专业技术机理、仿真、演化研究（案例见表2.4.11）。

研究工程机理及演化，就是基于历史发展进程和逻辑思维进程相结合的思路，试图对不同时期、不同地域、不同形态的工程演化过程进行归纳、概括、总结，从中研究工程演化的本质、机制、特征和规律，为工程评价以及工程决策提供建议。

表2.4.11 科技进步奖课题案例5

序号	课题名称	提报单位
1	新型碳材料微纳结构调控和性能研究	华南农业大学
2	低碳环保性能橡胶再生混凝土本构理论研究	广东工业大学
3	以液相微连续相的碳酸化反应核心装备技术开发与应用	中国成达工程有限公司
4	基于综合效能的高速铁路通过能力智能计算仿真与利用技术及应用	中国铁道科学研究院集团有限公司
5	轨道交通车辆态势感知与智能控制技术研究及应用	中车大连电力牵引研发中心有限公司
6	基于数字孪生的特长隧道交通运行预警管控关键技术及应用	重庆交通大学

2.4.4 评优评奖

1. 申报类别

工程评优评奖类别见表 2.4.12。

表 2.4.12　工程评优评奖类别

序号	类别	申报对象
1	优秀工程勘察奖	项目勘察成果（项目竣工后 1 年）
2	优秀工程设计奖	项目设计成果（项目竣工后 1 年）
3	优秀咨询奖	项目前期阶段研究成果（预可行性研究、可行性研究、规划设计等）
4	优秀工程标准设计	标准图、设计标准
5	优秀工程设计软件	勘察设计软件
6	中国专利奖	发明专利、实用新型专利
7	技术发明奖	科研项目
8	科学技术进步奖	科研项目（项目竣工后 2 年）

2. 报送单位

报送单位主要包括各省勘察设计协会，其他省部级协会（如铁道学会、中国科学协会等），股份公司等。

2.5　工程设计成果鉴赏

2.5.1　工程设计理论篇

1. 奠定了"工程哲学"概念的科学性，剖析工程思维的特性——《我造物故我在》（"哲学家与工程师的对话"中的演讲报告，1993 年，李伯聪）

哲学是科学的科学，工程设计离不开哲学，但一直以来哲学和工程是两个相对独立的系统。李伯聪教授（工程院院士）在 20 世纪 90 年代第一次提出"工程哲学"。工程界、哲学界普遍认为哲学是道，工程是器，一个是形而上者,一个是形而下者。针对如何能融合为"工程哲学"的难题,李伯聪教授借用了禅宗的一个理论观点——"佛法在世间",即哲学就在工程之中,从理论上夯实了"工程哲学"概念的科学性。

李伯聪教授在报告中分析了科学思维、工程思维、艺术思维。三者都体现了人类的活动,人的思维渗透其中。当然,三者也是有区别的。科学思维具有反映性、定向性特征,要反映客观世界,科学问题是有答案的。工程思维是造物思维,没有唯一答案,也可以认为造物思维就是在一定的约束条件下,寻求出从当前状态到未来设计状态的可行的、合理的操作程序和路径。工程思维具有设计性和实践性特征。艺术思维具有虚构性特征,不接受实践检验。李伯聪教授强调"工程师需要具有说服力",项目设计需通过有决策权的领导审定,以前领导是"听专家的",现在讲和谐社会,领导是"听群众的",因此工程师不仅要说服领导,还要有说服群众的能力。

工程是从无到有创造一个实体。工程哲学是发现事物之间存在的内在必然规律,是从方法论的角度认识所处领域的特殊性和特点。工程哲学可以帮助我们更好地找到处理技术问题的方式和方法,做工程,特别是做大工程离不开哲学的指导。

2. 全面诠释了总体的职责和能力要点,为培养总体指出了方向——《铁路建设项目总体设计负责人相关问题的探讨》(《铁道经济研究》,2014年第4期,毛斌)

在项目管理理论中,其实是没有总体设计负责人(以下简称总体)这个角色的,很多人把总体当作项目经理,其实两者还是有区别的。该论文全面诠释了总体的职责和能力要点,为培养总体指出了方向。

总体定位和作用:总体为核心的总体设计组是项目系统化程度最大化,勘测设计投入最小化,项目推进快速化的关键之一;总体是生产经营和企业管理的关键,是团队运作的领军人、信息传递的中间人、形象展示的代言人、进度质量控制的关键人、行为尺度的代表。

总体具备的条件:政策水平和专业知识、必要的组织协调和管理能力、较好的表达能力、综合决策能力、较强的事业心和责任心。

随着业主差异化需求、设计智库化需求的高涨，要求总体向全才方向发展，一个技术全面的总体在项目决策、质量控制、项目管理、项目服务，以及项目经营中占据优势。

3. 工程史是研究工程的一个很好视角，解读历史，启发未来——《桥梁工程史研究浅议》(《工程研究——跨学科视野中的工程》，2016年12月，尹德兰)

历史是人类文明发展的轨迹，相比较科学研究、社会研究，工程史研究工作异常困难。这是因为，它不像科学研究可采用设定研究边界、除去一些影响较小的因素、保留关键因素、建立模型，对于工程史，几乎都是重要因素，因此不能简单套用科学研究的方法。从桥梁工程的演变过程看，是力学理论、结构形式、材料、设计、制造、架设方法的组合，应分类研究。另外也需要从社会人文和经济发展方面研究桥梁的发展，探讨工程师与社会的互动。

对于集自然与社会一体的工程，研究者可能经受作为工程师的"理性"和作为人文学者的"感性"的困扰。在某种程度上，如何对史实选取和解读，取决于研究者胸中的沟壑，取决于其眼界以及对工程认识的深浅程度。

"批判的"和"哲学的"头脑，是阅读史实的眼镜；桥梁工程的知识背景，是研究者理解事件关联的逻辑工具。研究桥梁工程史，就是利用哲学的思辨和工程科技的逻辑，对浩如烟海的事件作出统计，将杂乱无章的混乱材料厘清，在这些事实中寻找有价值的观点。

从史论角度审视工程，追寻工程之源，厘清演化之脉，探索工程发展。工程建造技术就是在不断总结、探索中前进。

2.5.2　工程设计方法篇

1. 构建工程方法体系，系统化研究铁路工程——《略论铁路建设工程方法体系的构建》(《工程研究——跨学科视野中的工程》，2018年12月，王孟钧，钱应苗，袁瑞佳)

根据工程哲学，以铁路工程思维为逻辑起点，以工程方法论为理论依据，建立了规划决策方法、设计优化方法、组织管理方法、目标管理方法、技术创新方法、动态验收方法6个内容体系。

规划决策方法包括线路比选、重大决策。线路比选常用的方法为综合效益评价、遗传算法等。重大决策主要有多方案比选、专家评估法等，基于决策主观性与客观性的关系，经过前期规划、论证，从技术、经济、社会、环境保护等方面综合比选，科学民主决策，为后续铁路工程活动的开展提供依据和指导。

设计优化方法是铁路建设工程的可靠保证，主要有技术标准优化、地质勘察优化和工程设计优化等方法。工程设计优化方法是基于系统工程的思想，注重阶段优化与全寿命周期优化、局部优化与整体优化的关系。

组织管理方法是铁路建设工程的重要保障，按照一定规则和程序设置岗位结构与人员安排，明确责权关系，有效配置资源，确保组织目标的高效实现。

目标管理方法是铁路建设工程管理的主要内容，以质量、安全、工期、投资、环保五大目标为主要对象。

技术创新方法是铁路建设工程成功的关键，由思维创新、协同创新、试验先行等方法组成。

动态验收方法是铁路建设工程的检验手段，竣工验收是从铁路工程建设阶段转入运营阶段的关键环节。

这6个方面为工程设计以及工程评价建立了基础体系。

2. 跳出设计的常规范围，从全寿命周期更高的视角提出选线方法——《复杂艰险山区铁路减灾选线》(《高速铁路技术》，2018年12月，朱颖、魏永幸)

研究山区铁路选线技术史，经历了由"地形选线"到"地质选线"再到"减灾选线"三个发展阶段。减灾选线是以规避、防范铁路全寿命周期（建设及运营期间）可能发生的地质灾害为根本目的和出发点，运用系统工程、风险管理等先进的理论、方法，对灾害风险进行判断，并在此基础上科学选择铁路线位、工程方案及灾害防控措施的技术过程。

工程项目周期可划分为前期阶段、准备阶段、实施阶段、投产运营阶段，传统的设计方案关注点主要集中在准备阶段和实施阶段，比较重视方案的质量、投资、工期因素。该论文跳出了传统的节约投资局限范围，更加关注运营角度研究设计方案。

环境影响评价包括：现状调查与评价、环境影响预测与评价等。风险分析包括：风险识别、风险估计、风险评价、风险对策（包括规避、减轻、转移、接受）。文章综合了环境影响评价和风险分析理论提出减灾选线流程：识别风险→规避重大地质灾害风险措施→防控措施。

2.5.3　工程设计系统篇

1. 顶层设计，提出智能铁路框架——《智能铁路总体架构与发展展望》（《铁路计算机应用》，2018年7月，王同军）

文章从国内外智能信息化发展，提出智能铁路概念、目标、特征、内涵，并建立了总体架构，由智能感知层、智能传输层、数据资源层、智能决策层、智能应用层等组成。智能铁路系统由智能建造、智能装备、智能运营三个子系统组成，包括通用技术、处理技术、专用技术等技术体系。

文章从顶层设计，建立了智能铁路框架，具有指导性、前瞻性、战略性的特点，为铁路的发展指出了方向。

2. 专注重载板块，探索技术前沿——《我国铁路重载发展研究与思考》（《中国重载铁路技术交流暨大秦重载铁路运营三十周年论坛》，2018年，申瑞源）

该文分析了美国、加拿大、澳大利亚、南非、巴西等重载铁路的发展情况，目前，其轴重基本在30~40 t。

总结了我国重载货车技术现状。研制的27 t轴重的C_{80E}已在大秦线投用，轴重30 t的HX_D1F、HX_D2F电力机车已完成运用考核并通过技术评审，质量30 t载重96 t的运煤专用敞车正在瓦日线进行运用考核。大轴重货车使用的交叉支撑式、摆动式、副构架式 3 种型式转向架,采用轮对弹性定位、侧架弹性连接、侧架摆动等技术,降低了轮轨动作用力。打造大秦、唐呼、瓦日、蒙华运煤通道,稳步推进 27 t 轴重货车,新开通的运煤通道采用 30 t 轴重标准。

探索重载铁路从以下 6 个方面研究:超长重载列车综合试验,深化长大列车纵向动力学、重载铁路轮轨关系和车网匹配等基础理论研究;重载列车智能辅助驾驶技术;重载列车智能辅助驾驶技术;重载列车故障预测和健康管理技术;重载铁路工务设备智能运维技术;大载流不断电过分相技术。

3. 系统研究高速铁路技术——《高速铁路设计标准优化研究》(《铁道工程学报》,2020 年 10 月,孙海富)

从技术标准研究高铁设计技术,体现了工程的顶层设计理念,对工程设计具有指导性作用。

文章从科研成果、标准体系、国际化对标、技术经济性、智能技术等 5 个方面提出优化原则。对总体设计、最小追踪间隔、线路、轨道、路基、桥梁、隧道、站场、工点、信号、智能化等 11 个方面进行系统优化研究,重点从工程经济性方面研究标准优化技术。

文章在系统总结的基础上,进一步提出了优化意见,升华了成果价值。

2.5.4 工程设计辩论篇

深入研究低碳设计技术,倡导节能减排理念——《对铁路节能几个争议性问题的思考》(《电力需求侧管理》,2016 年 2 月,周新军)

在铁路节能理论中,作者大胆提出三个问题:高速铁路是否节能?电力牵引是否产生碳排放?在综合运输中铁路单耗是否最低?这种对传统理论提出异议的精神是值得推崇的,敢于发问、敢于质疑,体现了设计师严谨的工作作风。

2.5.5 铁路专业技术篇

1. 追问未来高速动车组将走向何方——《下一代高速列车关键技术的发展趋势与展望》(《机车电传动》，2018年1月，张卫华，缪炳荣）

高速动车组已成为我们重要的出行方式，中国动车组经过消化、吸收、再创新，已经形成成熟的技术。目前第三代动车组命名为"复兴号"，复兴号CR400、CR200已经投产运营，CR300正在试验阶段；就速度方面，已形成200 km/h以下，200~300 km/h，300~400 km/h三个等级。未来高速动车组将走向何方呢？该文章提出6个发展方向，带大家去探索。

（1）更高速。

我国的下一代高速列车速度指标为：设计速度达400 km/h以上，线路试验速度达440 km/h以上。当前，高速列车可划分为轮轨、磁浮两种。成渝中线开启探索速度400 km/h的轮轨高速列车，探索更高速度主要转向磁浮技术。

（2）更安全。

与既有高速列车相比，下一代高速列车的脱轨系数、轮重减载率等安全性指标应降低10%，安全预警能力与指标应提升50%，通过结构实现脱轨不脱线的安全性能力应提升50%，地震响应时间与列车制动距离应缩短约5%，列车的百万千米故障率应下降10%。

（3）更环保。

下一代高速列车的研制应该争取更先进的环保性指标：运行阻力降低5%~10%；运行能耗减少10%~15%；车外噪声降低2~3 dB，车内噪声降低3~5 dB；可再生材料的应用率提高10%，通过材料轻量化实现轴重减少5%~10%；车内外电磁辐射减小10%。

另外，据有关资料，Roland Berger咨询公司预测2030年在欧洲市场，氢燃料动车组占份额按保守估计、可能估计、乐观估计分别为11%、20%、41%。

西班牙Talgo公司开发新一代高铁轮对系统，通过使用碳纤维增强聚合物（Carbon Fiber Reinforced Polymer，CFRP）复合材料使质量减轻50%。

（4）更经济。

下一代高速列车一定会具有更好的经济性。下一代高速列车相比现有中国标准动车组的全生命周期成本应降低 10%~15%，其中，维修成本应下降 20%，车辆可用性应提升 5%~10%。

另外，技术专家也在探索更高效率的电力电子器件，提升列车牵引传动系统的能源转换效率，比如 SiC（碳化硅）、GaN（氮化镓）等材料在高速列车牵引变流器中的使用，将会在高耐压、大容量、低损耗、小体积等多方面带来技术提升。在车体轻量化方面，可利用新材料、新结构，以降低车体质量，比如镁合金、铝蜂窝、碳素纤维等。

德国自 2019 年 1 月起开始推出一款轨道车辆模块化车体，将以下两种新材料作为主要应用对象：① 具有聚氨酯基体的 FRP（Fiber Reinforced Polymer，纤维增强复合材料）拉挤型材。其具有非常高的比刚度、良好的防火性能（主要通过玻璃纤维和聚氨酯基体实现）及优异的功能集成性，可大幅减少组件的数量和组装工作。② 泡沫铝夹芯板。由于其采用金属芯结构，因此具有出色的防火性能、抗压比强度、声学性能及能量吸收能力；此外，还可通过更换其面层材料（铝、钢、FRP），得到所需的特性，如高比刚度和高比强度、高抗侵入性、强隔热性、高可连接性、良好触感等。

（5）更舒适。

下一代高速列车乘坐舒适性指标，除车内噪声降低 3~5 dB 外，车辆运行平稳性（舒适性）指标应提升 10%，车厢内温度均匀性应提升 10%，车厢窗户面积应增加 10%~20%，车内反映空气质量的二氧化碳与有害气体含量应降低 10%。

另外在平稳性、车内温度、车内光线、旅客界面等方面，基于人因工程，全面适应人的需求，提高舒适度。

（6）更友好。

下一代高速列车将采用更加先进的走行部技术，通过降低轴重、簧间和簧下质量来减小轮轨相互作用，同时运用悬挂控制技术来提高列车对线路的适应性；通过车体外形、材料与结构（包括表面微结构）设计，来降低气动作用。

另外，随着铁路向高寒、高原等地区延伸，比如川藏、滇藏、新藏铁路，以及跨越喜马拉雅山脉的铁路，动车组制造需重点从如何适应恶劣环境方面研发。

2. 用哲学思维解读工程设计——《铁路机辆设备工程工艺设计哲学思想》(《中国勘察设计》，2020年4月，王利锋)

工程设计要想走更远，应抛开具体工作，从顶层去关注。作者提出机辆工艺设计的价值体现在三个方面：功能、能力、效率，并进一步建立工艺设计评价体系：是否具备需求的功能、是否达到预期的检修能力、是否实现生产效率最大化。

离开哲学，人生是盲目的，设计是肤浅的。培养思考习惯，不要把一切视为理所当然，要在不疑之处存疑；掌握整体观点，学会辩证看待问题，跳出局限看待问题；确立价值取向，工程设计不是选择最正确的，而是从众多方案中选择一个最合理的方案。柏拉图的对话录《理想国》曾说："哲学者，择善之学，与善择之学也。"选择合理，合理选择，两者配合。

3. 综述中国高速铁路线路技术——《中国高速铁路线路工程技术创新与发展》(《高速铁路技术》，2020年2月，刘晓光，蔡超勋，卢春房)

该文章包括发展历程、重大技术成就、发展展望三个板块。线路发展历程总结为技术积累阶段→积极推进阶段→自主提升阶段→智能化阶段，与我国动车组制造等技术发展路线基本相同，符合我国高速铁路技术发展路线，反映了我国制造业发展的成熟路线。在重大技术成就板块，按照线路技术组成，分别阐述了基础理论、系统集成、轨道、路基、桥梁、隧道方面取得的成就。这种全局性的总结对工程设计以及工程建造相关领域都具有非常重要的指导意义。在发展展望板块，宏观上提出智能化、绿色化、装配化、精细化的指导方针，又对线形、轨道、路基、桥涵、隧道方面进行了具体工作探索，宏观和微观结合。

2 问道设计

2.6 致敬最美设计师

2.6.1 创造历史

1. 推动社会发展的直接参与者

工程是社会存在和发展的物质基础,是直接生产力,而设计师就是工程建造的策划者,是推动社会发展的直接参与者。在人类文明演化丰碑里,镌刻着每一位设计师的名字。

2. 格物致知,自强不息

《礼记·大学》:"格物致知",《弟子规》:"闻誉恐,闻过欣"。这两句名言也诠释了设计师的职业操守。设计师常常冥思苦想、精雕细琢、通宵达旦地研究方案,体现了一个设计工程师对自然的敬畏之心和认真负责的工作态度。设计师还应有坚强的执着意志、深沉的忧患意识、慷慨的刚烈之气、自我完善的高洁精神。

3. 追求卓越,勇于跨越

工程设计体现了系统性、复杂性,需要多学科融合、多部门协同,这种合作跨越了职务、年龄的限制,融合了自然、社会、文化等多种要素,酝酿出卓越的理念和方案。让工程设计的成果优质,更让设计工程师的思维得到质的提升,用系统性、复杂性思维去感知未知世界,设计不再简单,人生更加精彩。

4. 梦想变成现实

设计工程师经过前期的思考、审核、实施、运营,理论到实践,工程设计实现了自然物向人工物的转变,人工物实现了社会价值,这样的人工物在运行中,不是简单地体现自然科学规律,还载入了人的情感、意识、行动,也实现了个人价值。

263

2.6.2 追问设计

1. 博学慎思，人生几何

《礼记·中庸》："博学之，审问之，慎思之，明辨之，笃行之。"学而不思则罔，思考设计，何去何从。

一位先哲说过：人生就是对真、善、美的追求。追求真理，探究世界，追求并实现自我行为对于客观必然性的适合；以能最大限度地满足社会和他人的需求为尺度，选择问题，选择解决问题的方式；以某种方式解决问题而能达到的一种自由境地，以简洁、生动、漂亮的形式表现出来，处理和解决问题达到更高的境界。

陈继儒在《小窗幽记》中说："不担当，则无经世之事业；不摆脱，则无出世之襟期。"不仅要勇于担当，而且要百折不挠，天薄我福，吾厚吾德以通之。设计师不仅要有追求真善美的初心，也要有释怀的淡然心态。

歌德说过：没有在长夜痛哭过的人，不足以淡人生。经过了磨难，让我们成长，不再轻狂、浮躁，生命才能变得厚重久远。

2. 审视世界，探究设计

在茫茫人海，我们只是一粒尘埃；在广袤的大自然中，人类只是渺小的一部分；在浩瀚宇宙中，地球只是一点。苏格拉底说过：未经审视的生活是不值得过的。审视世界，我们将何去何从。仅靠单一技能将无法适应未来的世界，追逐完善的知识结构、极强逻辑思考力和高感知力，不要停下前进的脚步，勇于探索未知的世界，人生变得更加充实和精彩。

问道设计，我是谁？我从哪里来？我要到哪里去？这是一个很难回答清楚的问题，仁者见仁，智者见智。维特根斯坦在《逻辑哲学论》中说：人生问题的解答在于对这个问题的消除。当我们人海沧桑之后，不再问这个问题的时候，或许就意味着已经找到了答案。

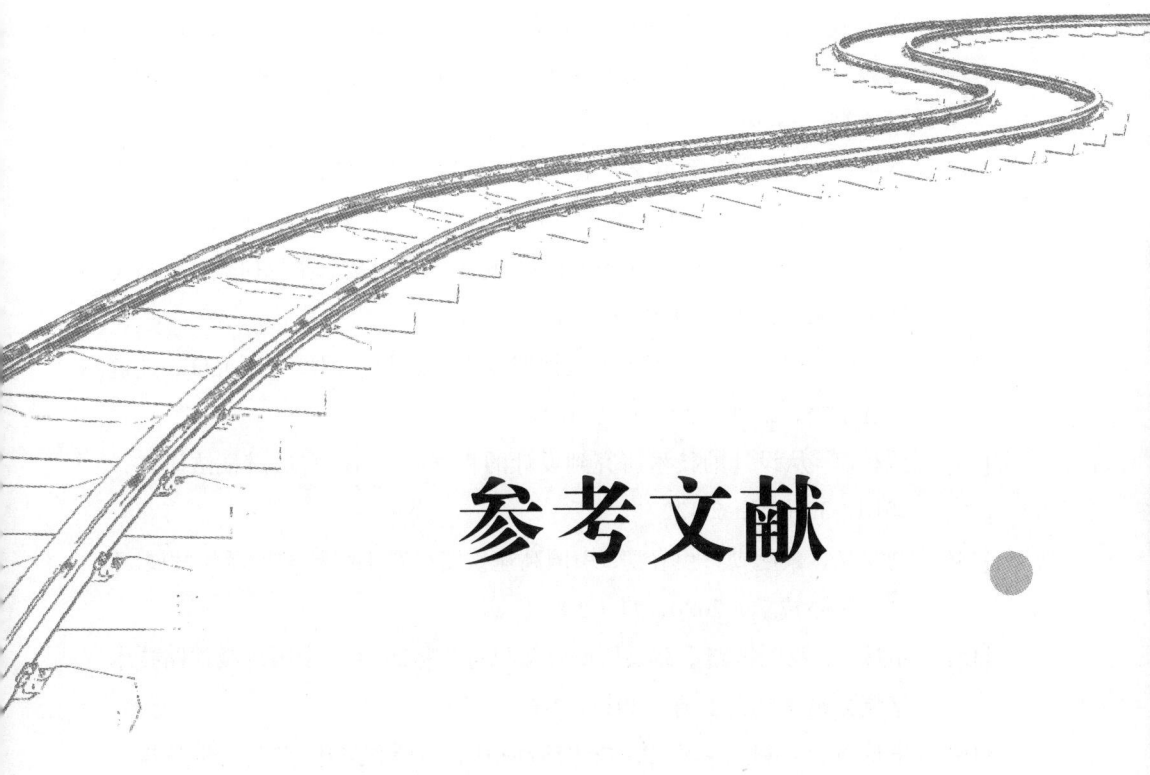

参考文献

[1] 包景东. 格物致理：批判性科学思维[M]. 北京：科学出版社，2014.

[2] 徐飞. 世界交通运输的发展趋势与挑战[J]. 人民论坛·学术前沿，2020（4）：78-84.

[3] 中铁二局股份有限公司，卿三惠，等. 高速铁路建造技术：施工卷[M]. 北京：中国铁道出版社，2013.

[4] 朱颖，许佑顶，林世金，等. 高速铁路建造技术：设计卷[M]. 北京：中国铁道出版社，2013.

[5] 邱邵峰，许克亮. 大功率电力机车检修基地工程设计与技术创新[M]. 成都：西南交通大学出版社，2018.

[6] 傅佩荣. 心灵的旅程[M]. 上海：东方出版社，2012.

[7] 王振华. 匠人精神[M]. 北京：北京时代华文书局，2017.

[8] 周国平. 人生哲思录[M]. 修订版. 上海：上海辞书出版社，2011.

[9] 谢毅，肖杰. 高速铁路发展现状及趋势研究[J]. 高速铁路技术，2021，12（2）：23-26.

[10] 赵勇，田四明. 截至2018年底中国铁路隧道情况统计[J]. 隧道建设（中英文），2019，39（2）：324-335.

[11] 徐银光，李艳. 成渝中线400 km/h轮轨动车组技术指标研究[J]. 高速铁路技术，2020，11（3）：7-11.

[12] 余浩伟，章玉伟，陈粒. 齿轨铁路技术特点与应用展望研究[J]. 铁道工程学报，2020，37（10）：6-10.

[13] 贾林海. 从设计的技术研究到设计的哲学研究[J]. 自然辩证法研究，2016，32（2）：29-32.

[14] 刘晓光，蔡超勋，卢春房. 中国高速铁路线路工程技术创新与发展[J]. 高速铁路技术，2020，11（2）：1-6.

[15] 申瑞源. 我国铁路重载发展研究与思考[C]//2018年中国重载铁路技术交流会论文集：上册，2018：1-6.

[16] 罗玲玲，于淼. 浅议工程技术活动中的设计哲学[J]. 东北大学学报，2005，7（3）：157-160.

[17] 陈良江. 我国高速铁路桥梁技术的发展与实践[J]. 高速铁路技术，2020，11（2）：27-32.

[18] 魏永幸. 我国无砟轨道铁路路基技术的进步与发展[J]. 高速铁路技术，2020，11（2）：33-39.

[19] 尤昌龙. 夯实高速铁路路基生命力的基础——地基处理[J]. 高速铁路技术，2020，11（2）：59-67.

[20] 邱邵峰，许克亮. 大功率电力机车检修基地工程设计与技术创新[M]. 成都：西南交通大学出版社，2018.

[21] 黄彦全. 铁路供变电技术[M]. 北京：中国铁道出版社，2012.

[22] 龙章勇，卜爱琴. 铁路通信概论[M]. 北京：中国铁道出版社，2014.

[23] 董宝田. 铁路信息化概论[M]. 北京：中国铁道出版社，2014.

[24] 郭进. 铁路信号基础[M]. 北京：中国铁道出版社，2010.

[25] 中国国家铁路集团有限公司. 快速发展的中国高速铁路[M]. 北京：中国铁道出版社，2019.

[26] 易思蓉. 铁道工程[M]. 北京：中国铁道出版社，2012.

[27] 陆东福. 打造中国高铁亮丽名片[J]. 一带一路报道（中英文），2021，31（5）：93-97.

[28] 刘振标，文望青，陈良江. 铁路混合梁斜拉桥设计创新与实践[J]. 铁道工程学报，2019，5：30-36.

[29] 牟瑞芳，黄振晖. 现代有轨电车概论[M]. 成都：西南交通大学出版社，2015.

[30] 中国科学院，中国工程院. 百名院士谈建设科技强国[M]. 北京：人民出版社，2019.

[31] 焦莹，王存贵，徐利. 城市轨道交通工程关键技术研究：线上部分[M]. 武汉：华中科技大学出版社，2018.

[32] 殷瑞钰，李伯聪，汪应洛，等. 工程方法论[M]. 北京：高等教育出版社，2017.

[33] 殷瑞钰，李伯聪，汪应洛，等. 工程演化论[M]. 北京：高等教育出版社，2011.

[34] 殷瑞钰，汪应洛，李伯聪，等. 工程哲学[M]. 3版. 北京：高等教育出版社，2018.

[35] 殷瑞钰，李伯聪，栾恩杰，等. 工程知识论[M]. 北京：高等教育出版社，2020.

[36] 贲德. 大国重器：图说当代中国重大科技成果[M]. 南京：江苏凤凰美术出版社，2018.

[37] 朱逸云. 第四代高铁枢纽综合体开发与运营实践[M]. 北京：人民邮电出版社，2019.

[38] 于跃斌，雷恩强. 新常态下我国铁路货车技术发展分析[J]. 铁道车辆，2015（12）：1-2.

[39] 赵会东. 铁路上承式混凝土拱桥极限跨径的分析[J]. 高速铁路技术，2017，8（6）：29-32.

[40] 皮尔. 积极思考就是力量[M]. 张雅萍，李小重，译. 南昌：江西人民出版社，2003.

[41] 邓江涛. 高温超导磁浮系统中磁场波动对悬浮力的影响[D]. 成都：西南交通大学，2013.

[42] 白春礼. 科学与中国：院士专家巡讲团报告集·第十辑[M]. 北京：科学出版社，2015.

[43] 海斯蒂，道斯. 不确定世界的理性选择——判断与决策心理学：第2版[M]. 谢晓非，李纾，等，译. 北京：人民邮电出版社，2013.

[44]《中长期铁路网规划研究》编委会. 中长期铁路网规划研究[M]. 北京：铁道出版社，2018.

[45] 王安. 中咨研究智库观察[M]. 北京：人民出版社，2020.

[46] 李远富. 铁路规划与建设[M]. 2版. 成都：西南交通大学出版社，2020.

[47] 张昆仑. 高速磁浮铁路技术[M]. 北京：中国铁道出版社，2021.

[48] LUSTING D，刘志荣. 北美内燃牵引的前景[J]. 国外铁道机车与动车，2020，473（5）：8-9.

[49] 成甲. 好好学习[M]. 北京：中信出版集团，2017.

[50] 成甲. 好好思考[M]. 北京：北京联合出版公司，2019.

[51] 福岛隆文，彭德尼. 新型车辆N700S投入商业运营[J]. 国外铁道机车与动车，2021，477（3）：20-23.

[52] BRIGINSHAW D，张建平. 西门子公司Velaro系列高速列车的新进展[J]. 国外铁道机车与动车，2020，472（3）：9-12.

[53] 李国豪. 国内外大跨度桥梁发展概略[C]//中国土木工程学会. 中国土木工程学会第四届年会论文集. 北京：中国铁道出版社，1988.

[54] 严国敏. 试谈四种桥型的最大可能跨度[C]//中国土木工程学会. 中国土木工程学会桥梁及结构工程学会第九届年会论文集. 北京：中国铁道出版社，1990.

[55] 陈良江，阎武通. 我国铁路超千米跨度桥梁的实践与发展[J]. 中国铁路，2021，9：26-31.

[56] 美国项目管理协会. 项目管理知识体系指南（PMBOK 指南）：第 5 版[M]. 许江林，等，译. 北京：电子工业出版社，2013.

[57] 刘树勇，王洪见，杨燕南. 中国高铁[M]. 石家庄：河北科学技术出版社，2020.

[58] 陈绍华. 隧道建设话今昔[J]. 铁道知识，2021，1：52-5.

[59] 陆东福. 奋力开启铁路高质量发展新征程[J]. 铁道知识，2021，2：1-4.

[60] 卢春房. 传承"成昆精神"让中国铁路的明天更辉煌[J]. 铁道知识，2021，4：6-10.

[61] 范建国，王东元. 中国高铁土建技术[M]. 北京：人民交通出版社，2019.

[62] 王萌. 屡破全球纪录总数超百万座世界桥梁还看中国[J]. 人民周刊，2018，13：44-47.

[63] 吴今培，李雪岩，赵云. 复杂性之美[M]. 北京：北京交通大学出版社，2017.

[64] 沃尔德罗普. 复杂：诞生于秩序与混沌边缘的科学[M]. 陈玲，译. 北京：生活·读书·新知三联书店，1997.

[65] 湛庐文化. 那些比答案更重要的好问题[M]. 杭州：浙江教育出版社，2020.

[66] 廖伯琴. 理性与震撼[M]. 北京：科学出版社，2021.

[67] 田丰，成龙，冯立鳌. 问题的哲学[M]. 北京：社会科学文献出版社，2012.

[68] 尹喻. 旅行的意义[M]. 北京：新世界出版社，2012.

[69] 吴国林. 自然辩证法[M]. 北京：清华大学出版社，2014.

[70] 许克亮. 总体工程设计[M]. 武汉：湖北科学技术出版社，2015.

[71] 刘涟清，蒲琪，孙章. 中国高铁发展战略[M]. 上海：上海科学技术文献出版社，2018.

[72] 胡启洲. 筑梦超级高铁[M]. 成都：西南交通大学出版社，2021.

[73] 陈绍华，张剑.铁路隧道的勘测与设计：中[J].铁道知识，2021，3：26-31.

[74] 王洪昆，韩俊峰，李文全.国内外货车列车车载智能监测系统研究[J].国外铁道机车与动车，2022，1：2-3.

[75] PRENLELOUP P，赵忠红.利用蓄电池驱动铁路车辆的可行性[J].国外铁道机车与动车，2022，481（1）：9-11.

[76] 张静.具有市场前景的氢能列车[J].国外铁道机车与动车，2021，6：1-6.

[77] 赵一新.2020中国城市轨道交通工程建设发展报告[M].北京：中国建筑工业出版社，2020.

[78] 郑健，王峰，钱桂枫，等.高铁线路工程[M].上海：上海科学技术文献出版社，2019.

[79] 郑晓东.工程设计领域的知识管理——从信息化到知识化的实践智慧[M].南京：东南大学出版社，2017.

[80] 王海星.铁道概论[M].北京：中国铁道出版社有限公司，2020.

[81] 文森蒂.工程师知道什么以及他们是如何知道的——基于航空史的分析研究[M].周燕，闫坤如，彭纪南，译.杭州：浙江大学出版社，2010.

[82] 布罗克曼.那些让你更聪明的科学新概念2[M].高见，刘淑华，闫疏，译.郑州：河南科学技术出版社，2021.

[83] 中铁第六勘察设计院集团有限公司.悬挂式单轨交通关键技术[M].北京：人民交通出版社，2021.

[84] 钱清泉，高仕斌.中低速磁浮交通发展战略研究[M].成都：西南交通大学出版社，2019.

[85] 张振刚，余传鹏.国际前沿技术发展研究[M].广州：华南理工大学出版社，2021.

[86] 徐成永，佟鑫.都市圈轨道交通发展研究及对策[J].现代城市轨道交通，2022（3）：1-8.

[87] 洪开荣. 我国隧道及地下工程近两年的发展与展望[J]. 隧道建设，2017，2：123-134.

[88] 丁滨，莫志松，李开成. 高速铁路信号系统智能技术应用及发展[J]. 铁道学报，2019，3：1-9.

[89] 徐吉庆，周勇，陈明亮. 我国大中城市中运能轨道交通系统制式选择分析[J]. 现代城市轨道交通，2022（1）：7-13.

[90] 中国城市轨道交通协会. 城市轨道交通 2022 年度统计和分析报告（2023-03-31）[2023-05-01][R/OL]. https://www.camet.org.cn/tjxx/11944.

[91] 全国能源信息平台. 撰写科技奖励申报材料的"思路""要点"与"技巧"（2022-01-19）[2023-05-01][Z/OL]. https://baijiahao.baidu.com/s?id=1722363754663612085&wfr=spider&for=pc.

[92] 铁路建设规划. 创 3 个世界第一！这座公铁两用大桥主体施工完成（2023-01-04）[2023-05-12][Z/OL]. https://mp.weixin.qq.com/s/W5O46FRTD1XX3wFjNSEvhA.

[93] 陈振虹. CRH 高速动车组技术原理与趣谈[M]. 北京：中国铁道出版社，2013.

[94] 龚建玲，谭瑞杰，纪丽君. 图说国民铁路[M]. 北京：中国铁道出版社，2011.

[95] 王利锋，李豫，徐久勇，等. 高速铁路动车运用所工程设计关键技术[M]. 成都：西南交通大学出版社，2019.